Mrs. Catherine Findler

Nouvelles françaises

Nouvelles Françaises

(19ᵉ — 20ᵉ siècles)

Edited by
Marie-Louise Michaud Hall
Department of Romance Languages, Dartmouth College

THE ODYSSEY PRESS . New York

Preface

«La nouvelle traduit un événement, extérieur, intérieur, réel ou imaginaire, sans se préoccuper ni de questions de langage, ni de théories précises, à condition aussi que cet événement puisse tenir dans une anecdote ou une humeur unique et n'ait pas les ramifications en tous sens d'une œuvre ... » (Alain Bosquet)

This book is designed for second and third year students in college, and third and fourth year students in high school. Its purpose is to offer material which will increase the student's vocabulary and his knowledge of French constructions; it is hoped that it will also enlighten and entertain him. I have refused to follow a recent trend of presenting material from the more difficult writers such as Samuel Beckett and Natalie Sarraute. That the student will eventually read them is to be hoped, but there is no reason to handicap intermediate students with too many extraneous difficulties.

This does not mean that the student should not be offered the best that he is capable of understanding. In this connection, length is important in itself. Even if a story is difficult, and there are some in this collection that are difficult, the student is able to see a beginning, a middle, and an end more clearly than he can in a longer work.

Although there are stories from both the nineteenth and twentieth centuries, I have included more of the latter because I believe that most teachers today prefer modern material. However, the masters of the last century are not ignored.

The stories cover a wide range of human experience and feeling, such as crime and punishment, and humor and irony. All except the Balzac story are reproduced as they were written, and only some purely descriptive passages have been cut from this one. The stories are arranged chronologically rather than by degree of difficulty. The more difficult ones are edited more fully than the others so that the student will have sufficient help in reading them. The introductions have been kept as short as is consistent with giving the student adequate information about the authors. The vocabulary, on the other hand, is substantially complete.

I would like to express my appreciation to Professor François Denœu for taking time out from his own work to answer questions and read proof, and to Professor Ramon Guthrie for his helpful suggestions. Special thanks go to my husband, Vernon Hall, Jr., whose scholarship and knowledge have been of great help, and to my daughter, Anne-Marie, for her patience.

MARIE-LOUISE MICHAUD HALL

Contents

Contents

Nouvelles françaises

Un Drame au Bord de la Mer

par

Honoré de Balzac

(1799–1850)

Honoré de Balzac (1799–1850),

un des plus grands romanciers — avec Flaubert et Stendhal — du 19ᵉ siècle, naquit à Tours, où son père était administrateur de l'hôpital et adjoint au maire. Le vrai nom de son père était Balssa et il l'avait changé en Balzac. Il eut deux sœurs, dont l'une, Laure, fut son biographe, et un frère qui eut une vie peu recommandable. A quinze ans, Honoré va à Paris, avec sa famille. Il y mène une existence agitée, souvent malheureuse. Il est d'abord clerc de notaire, pour faire plaisir à son père, puis imprimeur, homme d'affaires, éditeur même. Il fait faillite à chaque entreprise et se met à écrire pour payer ses dettes. De 1822 à 1828 il publie des romans-feuilletons sous divers pseudonymes. Il essaie de vivre à Paris avec peu d'argent et beaucoup d'ambition. Entre 1830 et 1850 il écrit ses meilleurs romans qu'il réunit sous le titre de La Comédie humaine. *Sous ce titre il décrit toutes les classes de la société de la première moitié du 19ᵉ siècle. Parmi ses meilleurs romans citons:* Eugénie Grandet *(1833),* Le Père Goriot *(1834),* Grandeur et décadence de César Birotteau *(1837),* Les Paysans *(1844),* La Cousine Bette *(1846). Victor Hugo a écrit de l'œuvre de Balzac: «Tous ces livres ne forment qu'un livre — livre vivant, lumineux, profond, où l'on voit aller, venir, marcher, avec je ne sais quoi d'égaré et de terrible mêlé au réel, toute notre civilisation contemporaine.»*

Un Drame au Bord de la Mer

Les jeunes gens ont presque tous un compas avec lequel ils se plaisent à mesurer l'avenir; quand leur volonté s'accorde avec la hardiesse de l'angle qu'ils ouvrent, le monde est à eux. Mais ce phénomène de la vie morale n'a lieu qu'à un certain âge. Cet âge, qui pour tous les hommes se trouve entre vingt-deux et vingt-huit ans, est celui des grandes pensées, l'âge des conceptions premières,[1] parce qu'il est l'âge des immenses désirs, l'âge où l'on ne doute de rien ... qui dit doute dit impuissance.

Je mesurais ce qu'une pensée veut de temps pour se développer; et, mon compas à la main, debout sur un rocher, à cent toises [2] au-dessus de l'Océan, dont les lames se jouaient dans les brisants, j'arpentais mon avenir en le meublant d'ouvrages, comme un ingénieur qui, sur un terrain vide, trace des forteresses et des palais. La mer était belle; je venais de m'habiller après avoir nagé. J'attendais Pauline, mon ange gardien, qui se baignait dans une cuve de granit pleine d'un sable fin, la plus coquette baignoire que la nature ait dessinée pour ses fées marines. Nous étions à l'extrémité du Croisic,[3] une mignonne presqu'île de la Bretagne; nous étions loin du port, dans un endroit que le fisc [4] a jugé tellement inabordable que le douanier n'y passe presque jamais. ... Quand je voulus chercher autour de moi quelque présage pour les audacieuses constructions que ma folle imagination me conseillait d'entreprendre, un joli cri, le cri d'une femme qui vous

---

[1] *conceptions premières,* conceptions of first importance.

[2] *toises,* fathoms (1 fathom = 6 feet).

[3] *Croisic,* promontory on the coast of Brittany, just north of the mouth of the Loire.

[4] *le fisc,* public treasury, Internal Revenue.

appelle dans le désert, le cri d'une femme qui sort du bain, ra-
nimée, joyeuse, domina le murmure des franges incessamment
mobiles que dessinaient le flux et le reflux sur les découpures de
la côte. En entendant cette note jaillie de l'âme, je crus avoir vu
dans les rochers le pied d'un ange qui, déployant ses ailes, s'était
écrié: — Tu réussiras! Je descendis, radieux, léger; je descendis
en bondissant comme un caillou jeté sur une pente rapide. Quand
elle me vit, elle me dit: — Qu'as-tu? Je ne répondis pas, mes yeux
se mouillèrent. La veille, Pauline avait compris mes douleurs,
comme elle comprenait en ce moment mes joies, avec la sensibilité
magique d'une harpe qui obéit aux variations de l'atmosphère.
La vie humaine a de beaux moments! Nous allâmes en silence
le long des grèves.... Nous allions ainsi. Au moment où les
toits de la ville apparurent à l'horizon en y traçant une ligne
grisâtre, nous rencontrâmes un pauvre pêcheur qui retournait
au Croisic; ses pieds étaient nus, son pantalon de toile était dé-
chiqueté par le bas, troué, mal raccommodé; puis, il avait une
chemise de toile à voile, de mauvaises bretelles en lisière,[5] et pour
veste un haillon. Cette misère nous fit mal comme si c'eût été
quelque dissonance au milieu de nos harmonies. Nous nous regardâmes pour nous plaindre l'un à l'autre de ne pas avoir en ce
moment le pouvoir de puiser dans les trésors d'Aboul-Casem.[6] ...

— Vous avez fait une belle pêche ce matin, mon brave homme?
dis-je au pêcheur.

— Oui, monsieur, répondit-il en s'arrêtant et nous montrant
la figure bistrée [7] des gens qui restent pendant des heures entières
exposés à la réverbération du soleil sur l'eau.

Ce visage annonçait une longue résignation, la patience du
pêcheur et ses mœurs douces. Cet homme avait une voix sans
rudesse, des lèvres bonnes, nulle ambition, je ne sais quoi de
grêle, de chétif.[8] Toute autre physionomie nous aurait déplu.

[5] *bretelles en lisière,* cloth suspenders.
[6] *Aboul-Casem,* very wealthy character in *The Arabian Nights.*
[7] *la figure bistrée,* the swarthy face.
[8] *je ne sais quoi de grêle, de chétif,* a sort of indescribable frailness and
weakness.

— Où allez-vous vendre ça?

— A la ville.

— Combien vous paiera-t-on le homard?

— Quinze sous.

— L'araignée?

— Vingt sous.

— Pourquoi tant de différence entre le homard et l'araignée?

— Monsieur, l'araignée (il la nommait une *iraigne*) est bien plus délicate! puis elle est maligne comme un singe, et se laisse rarement prendre.

— Voulez-vous nous donner le tout pour cent sous? dit Pauline.

L'homme resta pétrifié.

— Vous ne l'aurez pas! dis-je en riant, j'en donne dix francs. Il faut savoir payer les émotions ce qu'elles valent.

— Eh! bien, répondit-elle, je l'aurai! j'en donne dix francs deux sous. — Dix sous. — Douze francs. — Quinze francs. — Quinze francs cinquante centimes, dit-elle. — Cent francs. — Cent cinquante.

Je m'inclinai. Nous n'étions pas en ce moment assez riches pour pousser plus haut cette enchère.[9] Notre pauvre pêcheur ne savait pas s'il devait se fâcher d'une mystification ou se livrer à la joie, nous le tirâmes de peine [10] en lui donnant le nom de notre hôtesse et lui recommandant de porter chez elle le homard et l'araignée. . . .

— Enfin, l'un portant l'autre,[11] que gagnez-vous par jour?

— Onze à douze sous. Je m'en tirerais, si j'étais seul, mais j'ai mon père à nourrir, et le bonhomme ne peut pas m'aider, il est aveugle.

A cette phrase, prononcée simplement, nous nous regardâmes, Pauline et moi, sans mot dire.[12] . . .

---

[9] *pour pousser plus haut cette enchère,* to bid any higher.
[10] *nous le tirâmes de peine,* we explained matters to him.
[11] *l'un portant l'autre,* on an average.
[12] *sans mot dire = sans dire un mot.*

— Et comment deux personnes peuvent-elles vivre avec douze sous par jour?

— Oh! monsieur, nous mangeons des galettes de sarrasin [13] et des bernicles que je détache des rochers. . . .

J'avais pensé bien des drames; Pauline était habituée à de grandes émotions, près d'un homme souffrant comme je le suis; eh bien, jamais ni l'un ni l'autre nous n'avions entendu de paroles plus émouvantes que ne l'étaient celles de ce pêcheur. Nous fîmes quelques pas en silence, mesurant tous deux la profondeur muette de cette vie inconnue, admirant la noblesse de ce dévouement qui s'ignorait lui-même; la force de cette faiblesse nous étonna. . . .

— Buvez-vous quelquefois du vin? lui demandai-je.

— Trois ou quatre fois par an.

— Hé bien, vous en boirez aujourd'hui, vous et votre père, et nous vous enverrons un pain blanc.

— Vous êtes bien bon, monsieur.

— Nous vous donnerons à dîner si vous voulez nous conduire par le bord de la mer jusqu'à Batz,[14] où nous irons voir la tour qui domine le bassin et les côtes entre Batz et Le Croisic.

— Avec plaisir, nous dit-il. Allez droit devant vous, en suivant le chemin dans lequel vous êtes, je vous y retrouverai après m'être débarrassé de mes agrès et de ma pêche. . . .

— Pauvre homme! me dit Pauline avec cet accent qui ôte à la compassion d'une femme ce que la pitié peut avoir de blessant, n'a-t-on pas honte de se trouver heureux en voyant cette misère?

— Rien n'est plus cruel que d'avoir des désirs impuissants, lui répondis-je. Ces deux pauvres êtres, le père et le fils, ne sauront pas plus combien ont été vives nos sympathies que le monde ne sait combien leur vie est belle, car ils amassent des trésors dans le ciel. . . .

Nous avions déjà dépassé la ville, et nous étions dans l'espèce de désert qui sépare Le Croisic du bourg de Batz. En voyant cette savane terminée par l'Océan sur la droite, bordée sur la

---

[13] *des galettes de sarrasin,* buckwheat cakes.
[14] *Batz* [ba] = *Bourg-de-Batz,* ancient port, west of Saint-Nazaire.

gauche par le grand lac que fait l'irruption de la mer entre Le Croisic et les hauteurs sablonneuses de Guérande,[15] au bas desquelles se trouvent des marais salants dénués de végétation, je regardai Pauline en lui demandant si elle se sentait le courage d'affronter les ardeurs du soleil et la force de marcher dans le sable.

— J'ai des brodequins, allons-y, me dit-elle en me montrant la tour de Batz. Nous fîmes quelques pas pour aller nous asseoir sur la portion d'une roche qui se trouvait encore ombrée, mais il était onze heures du matin, et cette ombre, qui cessait à nos pieds, s'effaçait avec rapidité. . . .

Nous entendîmes le pas pressé de notre guide; il s'était endimanché.[16] Nous lui adressâmes quelques paroles insignifiantes; il crut voir que nos dispositions d'âme avaient changé; et avec cette réserve que nous donne le malheur, il garda le silence. Quoique nous nous pressassions de temps en temps la main pour nous avertir de la mutualité de nos idées et de nos impressions, nous marchâmes pendant une demi-heure en silence, soit que nous fussions accablés par la chaleur qui s'élançait en ondées brillantes du milieu des sables, soit que la difficulté de la marche employât[17] notre attention. . . .

— Nous nous reposerons là-bas, dis-je en montrant un promontoire composé de rochers assez élevés pour faire supposer que nous y trouverions une grotte.

En m'entendant, le pêcheur, qui avait suivi la direction de mon doigt, hocha la tête, et me dit: «Il y a là quelqu'un. Ceux qui viennent du bourg de Batz au Croisic, ou du Croisic au bourg de Batz, font tous un détour pour n'y point passer.»

Les paroles de cet homme furent dites à voix basse, et supposaient un mystère.

— Est-ce donc un voleur, un assassin?

Notre guide ne nous répondit que par une aspiration creusée qui redoubla notre curiosité.

[15] *Guérande,* small town on the Atlantic, near Saint-Nazaire. It is surrounded by beautiful ramparts of the 15th century.

[16] *il s'était endimanché,* he had put on his best clothes.

[17] *employât = occupât.*

— Mais, si nous y passons, nous arrivera-t-il quelque malheur?

— Oh! non.

— Y passerez-vous avec nous?

— Non, monsieur.

— Nous irons donc, si vous nous assurez qu'il n'y a nul danger pour nous.

— Je ne dis pas cela, répondit vivement le pêcheur. Je dis seulement que celui qui s'y trouve ne vous dira rien et ne vous fera aucun mal. Oh! mon Dieu, il ne bougera seulement pas de sa place.

— Qui est-ce donc?

— Un homme!

Jamais deux syllabes ne furent prononcées d'une façon si tragique. En ce moment nous étions à une vingtaine de pas de ce récif dans lequel se jouait la mer; notre guide prit le chemin qui entourait les rochers; nous continuâmes droit devant nous; mais Pauline me prit le bras. Notre guide hâta le pas, afin de se trouver en même temps que nous à l'endroit où les deux chemins se rejoignaient. Il supposait sans doute qu'après avoir vu l'homme, nous irions d'un pas pressé. Cette circonstance alluma notre curiosité, qui devint alors si vive, que nos cœurs palpitèrent comme si nous eussions éprouvé un sentiment de peur. Quand nous eûmes fait un pas dans l'espace qui se trouvait devant la grotte, espèce d'esplanade située à cent pieds au-dessus de l'Océan et défendue contre ses fureurs par une cascade de rochers abrupts, nous éprouvâmes un frémissement électrique assez semblable au sursaut que cause un bruit soudain au milieu d'une nuit silencieuse. Nous avions vu, sur un quartier de granit, un homme assis qui nous avait regardés. Son coup d'œil, semblable à la flamme d'un canon, sortit de deux yeux ensanglantés, et son immobilité stoïque ne pouvait se comparer qu'à l'inaltérable attitude des piles granitiques qui l'environnaient. Ses yeux se remuèrent par un mouvement lent, son corps demeura fixe, comme s'il eût été pétrifié, puis, après avoir jeté ce regard qui nous frappa violemment, il reporta ses yeux sur l'étendue de l'Océan, et la contempla malgré la lumière qui en jaillissait;[18] comme on dit que les aigles contemplent le soleil, sans baisser ses paupières, qu'il ne releva plus. . . . Je remarquai dans un coin de la grotte une assez grande quantité de mousse, et sur une grossière tablette [19] taillée par le hasard au milieu du granit, un pain rond cassé qui couvrait une cruche de grès. . . . Pourquoi cet homme dans le granit? Pourquoi ce granit dans cet homme? Où était l'homme, où était le granit? Il nous tomba tout un monde de pensées dans la tête.[20] Comme l'avait supposé notre guide, nous passâmes en silence, promptement, et il nous revit émus de terreur ou saisis d'étonnement, mais il ne s'arma point contre nous de la réalité de ses prédictions.[21]

— Vous l'avez vu? dit-il.

— Quel est cet homme? dis-je.

— On l'appelle *l'Homme-au-Vœu.*

Vous figurez-vous bien à ce mot le mouvement par lequel nos deux têtes se tournèrent vers notre pêcheur! C'était un homme simple; il comprit notre muette interrogation, et voici ce qu'il nous dit dans son langage, auquel je tâche de conserver son allure populaire.[22]

— Madame, ceux du Croisic comme ceux de Batz croient que cet homme est coupable de quelque chose, et fait une pénitence ordonnée par un fameux recteur auquel il est allé se confesser plus loin que Nantes.[23] D'autres croient que Cambremer, c'est son nom, a une mauvaise chance qu'il communique à qui passe sous son air.[24] Aussi, plusieurs, avant de tourner sa roche, regardent-

[18] *qui en jaillissait,* which was reflected from it.

[19] *une grossière tablette,* a crude, table-like slab.

[20] *Il nous tomba tout un monde de pensées dans la tête,* A world of thoughts flashed through our minds.

[21] *mais . . . de ses prédictions,* but he did not take advantage of the fact that his predictions had come true.

[22] *son allure populaire,* its popular flavor.

[23] *Nantes,* French city at the mouth of the Loire. Population 225,000.

[24] *à qui passe sous son air,* to the person who passes to leeward of him, through the air he breathes.

ils d'où vient le vent! S'il est de galerne,[25] dit-il en nous montrant l'ouest, ils ne continueraient pas leur chemin quand il s'agirait d'aller quérir un morceau de la vraie croix; ils retournent, ils ont peur. ...

Il est là nuit et jour, sans en sortir. Ces dires ont une apparence de raison.

— Voyez-vous, ajouta-t-il, en se retournant pour nous montrer une chose que nous n'avions pas remarquée, il a planté là, à gauche, une croix de bois pour annoncer qu'il s'est mis sous la protection de Dieu, de la sainte Vierge et des saints.

— Mais, lui dis-je, vous excitez notre curiosité sans la satisfaire. Savez-vous ce qui l'a conduit là? Est-ce le chagrin, est-ce le repentir, est-ce une manie, est-ce un crime, est-ce ...

— Eh! monsieur, il n'y a guère que mon père et moi qui sachions la vérité de la chose. Défunt ma mère servait un homme de justice à qui Cambremer a tout dit par ordre du prêtre qui ne lui a donné l'absolution qu'à cette condition-là, à entendre les gens du port. Ma pauvre mère a entendu Cambremer sans le vouloir, parce que la cuisine du justicier était à côté de sa salle, elle a écouté! Elle est morte; le juge qui a écouté est défunt aussi. Ma mère nous a fait promettre, à mon père et à moi, de n'en rien afférer[26] aux gens du pays, mais je puis vous dire à vous que le soir, où ma mère nous a raconté ça, les cheveux me grésillaient dans la tête.[27]

— Hé! bien, dis-nous ça, mon garçon, nous n'en parlerons à personne.

Le pêcheur nous regarda, et continua ainsi: — Pierre Cambremer, que vous avez vu là, est l'aîné des Cambremer, qui de père en fils sont marins; leur nom le dit, la mer a toujours plié sous eux. Celui que vous avez vu s'était fait pêcheur à bateaux. Il avait donc des barques, allait pêcher la sardine, il pêchait aussi le haut poisson,[28] pour les marchands. Il aurait armé un bâtiment et pêché la morue, s'il n'avait pas tant aimé sa femme, qui était

---

[25] *S'il est de galerne,* If the wind comes from the west-northwest.

[26] *de n'en rien afférer,* not to say anything about it.

[27] *me grésillaient dans la tête,* stood up on end with a crackle.

[28] *le haut poisson,* first-class fish.

une belle femme, une Brouin de Guérande, une fille superbe, et
qui avait bon cœur. Elle aimait tant Cambremer, qu'elle n'a
jamais voulu que son homme la quittât plus du temps nécessaire
à la pêche aux sardines. Ils demeuraient là-bas, tenez! dit le
pêcheur en montant sur une éminence pour nous montrer un
îlot dans la petite méditerranée [29] qui se trouve entre les dunes
où nous marchions et les marais salants de Guérande, voyez-vous
cette maison? Elle était à lui. Jacquette Brouin et Cambremer
n'ont eu qu'un enfant, un garçon qu'ils ont aimé ... comme
quoi dirai-je? dame! comme on aime un enfant unique; ils en
étaient fous. ... Le petit Cambremer, voyant que tout lui était
permis, est devenu méchant comme un âne rouge.[30] Quand on
venait dire au père Cambremer: — «Votre fils a manqué tuer le
petit un tel!» il riait et disait: — «Bah! ce sera un fier marin! il
commandera les flottes du roi.»[31] Un autre: — «Pierre Cambremer,
savez-vous que votre gars a crevé l'œil de la petite Pougaud?»
— «Il aimera les filles,» disait Pierre. Il trouvait tout bon. Alors
mon petit mâtin, à dix ans, battait tout le monde et s'amusait à
couper le cou aux poules, il éventrait les cochons, enfin il se roulait
dans le sang comme une fouine. — «Ce sera un fameux soldat!
disait Cambremer, il a goût au sang.» Voyez-vous, moi, je me
suis souvenu de tout ça, dit le pêcheur. Et Cambremer aussi,
ajouta-t-il après une pause.

A quinze ou seize ans, Jacques Cambremer était ... quoi? un
requin.[32] Il allait s'amuser à Guérande, ou faire le joli cœur [33] à
Savenay.[34] Fallait des espèces.[35] Alors il se mit à voler sa mère,

[29] *la petite méditerranée = la petite mer intérieure.*

[30] *méchant comme un âne rouge,* mean as a pole cat (*lit.* mean as a red
donkey). According to an old superstition, red-haired animals were "children"
of the devil.

[31] *du roi,* The King of France, at the time of this story, was Louis-Philippe
(1830–1848).

[32] *un requin,* a voracious person (*lit.* shark).

[33] *faire le joli cœur,* to show off before the girls.

[34] *Savenay,* small town between Saint-Lazaire and Nantes.

[35] *Fallait des espèces = Il fallait des espèces,* Cash was needed; in
popular talk, the *il* is generally omitted.

qui n'osait rien dire à son mari. Cambremer était un homme
probe à faire vingt lieues pour rendre à quelqu'un deux sous qu'on
lui aurait donnés de trop dans un compte. Enfin, un jour, la mère
fut dépouillée de tout. Pendant une pêche de son père, le fils emporta le buffet, la mette,[36] les draps, le linge, ne laissa que les
quatre murs, il avait tout vendu pour aller faire ses frigousses [37]
à Nantes. La pauvre femme en a pleuré pendant des jours et
des nuits. Fallait dire ça au père à son retour, elle craignait le
père, pas pour elle, allez! [38] Quand Pierre Cambremer revint,
qu'il vit sa maison garnie des meubles que l'on avait prêtés à sa
femme, il dit: — Qu'est-ce que c'est que ça? La pauvre femme
était plus morte que vive, elle dit: — Nous avons été volés. — Où
donc est Jacques? — Jacques, il est en riolle! [39] Personne ne
savait où le drôle était allé. — Il s'amuse trop! dit Pierre. Six
mois après, le pauvre père sut que son fils allait être pris par la
justice à Nantes. Il fait la route à pied, y va plus vite que par
mer, met la main sur son fils et l'amène ici. Il ne lui demande
pas: — Qu'as-tu fait? Il lui dit: Si tu ne te tiens pas sage deux
ans ici avec ta mère et avec moi, allant à la pêche et te conduisant
comme un honnête homme, tu auras affaire à moi. L'enragé,
comptant sur la bêtise de ses père et mère, lui a fait la grimace.
Pierre, là-dessus, lui flanque une morniffle [40] qui vous a mis Jacques
au lit pour six mois. La pauvre mère se mourait de chagrin. Un
soir, elle dormait paisiblement à côté de son mari, elle entend
du bruit, se lève, elle reçoit un coup de couteau dans le bras. Elle
crie, on cherche de la lumière. Pierre Cambremer, voit sa femme
blessée; il croit que c'est un voleur. . . . Pierre cherche Jacques;
il ne trouve point son fils. Le matin ce monstre-là n'a-t-il pas eu
le front [41] de revenir en disant qu'il était allé à Batz. Faut [42] vous

[36] *la mette,* metal, sometimes used as slang for money, cash.
[37] *faire ses frigousses = s'amuser,* have a good time.
[38] *pas pour elle, allez!,* not for herself, to be sure!
[39] *il est en riolle, see note 37.*
[40] *lui flanque une morniffle = lui flanque une gifle,* slaps him.
[41] *n'a-t-il pas eu le front,* didn't he have the nerve.
[42] *Faut = Il faut, see note 35.*

dire que sa mère ne savait où cacher son argent. Cambremer, lui, mettait le sien chez monsieur Dupotet du Croisic. Les folies de leur fils leur avaient mangé des cent écus,[43] des cent francs, des louis d'or, ils étaient quasiment ruinés, et c'était dur pour des gens qui avaient aux environs de douze mille livres, compris leur îlot. Personne ne sait ce que Cambremer a donné à Nantes pour ravoir son fils. Le guignon ravageait la famille.[44] Il était arrivé des malheurs au frère de Cambremer, qui avait besoin de secours. Pierre lui disait pour le consoler que Jacques et Pérotte (la fille au cadet [45] Cambremer) se marieraient. Puis, pour lui faire gagner son pain, il l'employait à la pêche; car Joseph Cambremer en était réduit à vivre de son travail.[46] Sa femme avait péri de la fièvre, il fallait payer les mois de nourrice de Pérotte. La femme de Pierre Cambremer devait une somme de cent francs à diverses personnes pour cette petite, du linge, des hardes, et deux ou trois mois à la grande Frelu qu'avait un enfant de Simon Gaudry et qui nourrissait Pérotte. La Cambremer avait cousu une pièce d'Espagne [47] dans la laine de son matelas, en mettant dessus: «A *Pérotte.*» Elle avait reçu beaucoup d'éducation, elle écrivait comme un greffier, et avait appris à lire à son fils, c'est ce qui l'a perdu. Personne n'a su comment ça s'est fait, mais ce gredin de Jacques avait flairé l'or, l'avait pris et était allé riboter [48] au Croisic. Le bonhomme Cambremer, par un fait exprès, revenait avec sa barque chez lui. En abordant il voit flotter un bout de papier, le prend, l'apporte à sa femme qui tombe à la renverse en reconnaissant ses propres paroles écrites. Cambremer ne dit rien, va au Croisic, apprend là que son fils est au billard; pour lors, il fait demander la bonne femme qui tient le café, et lui dit:

---

[43] *des cent écus = des centaines d'écus,* hundreds of crowns (dollars).

[44] *Le guignon ravageait la famille,* Bad luck harassed the family.

[45] *la fille au cadet = la fille du cadet,* the daughter of the younger brother.

[46] *à vivre de son travail,* to make a living working for others.

[47] *une pièce d'Espagne = un doublon d'or,* a gold doubloon, worth about 5 dollars.

[48] *riboter, see note 37.*

— J'avais dit à Jacques de ne pas se servir d'une pièce d'or avec quoi il vous paiera; rendez-la-moi, j'attendrai sur la porte, et vous donnerai de l'argent blanc pour.[49] La bonne femme lui apporta la pièce. Cambremer la prend en disant: — Bon! et revient chez lui. Toute la ville a su cela. Mais voilà ce que je sais et ce dont les autres ne font que de se douter en gros.[50] Il dit à sa femme d'approprier leur chambre, qu'est par bas;[51] il fait du feu dans la cheminée, allume deux chandelles, place deux chaises d'un côté de l'âtre, et met de l'autre côté un escabeau. Puis dit à sa femme de lui apprêter ses habits de noces, en lui commandant de pouiller[52] les siens. Il s'habille. Quand il est vêtu, il va chercher son frère, et lui dit de faire le guet devant la maison pour l'avertir s'il entendait du bruit sur les deux grèves, celle-ci et celle des marais de Guérande. Il rentre quand il juge que sa femme est habillée, il charge un fusil et le cache dans le coin de la cheminée. Voilà Jacques qui revient; il revient tard; il avait bu et joué jusqu'à dix heures; il s'était fait passer[53] à la pointe de Garnouf. Son oncle l'entend héler, va le chercher sur la grève des marais, et le passe sans rien dire. Quand il entre, son père lui dit: — Assieds-toi là, en lui montrant l'escabeau. Tu es, dit-il, devant ton père et ta mère que tu as offensés, et qui ont à te juger. Jacques se mit à beugler, parce que la figure de Cambremer était tortillée d'une singulière manière. La mère était roide comme une rame. — Si tu cries, si tu bouges, si tu ne te tiens pas comme un mât sur ton escabeau, dit Pierre en l'ajustant avec son fusil, je te tue comme un chien. Le fils devint muet comme un poisson; la mère n'a rien dit.

— Voilà, dit Pierre à son fils, un papier qui enveloppait une pièce d'or espagnole; la pièce d'or était dans le lit de ta mère; ta mère seule savait l'endroit où elle l'avait mise; j'ai trouvé le

---

[49] *de l'argent blanc pour,* some silver pieces for it (*incorrect use of pour*).
[50] *de se douter en gros,* to suspect on the whole.
[51] *qu'est par bas = qui est en bas,* which is downstairs.
[52] *de pouiller, obs.* to get into, put on; *opposite of dépouiller,* to take off.
[53] *il s'était fait passer,* he had been ferried across.

papier sur l'eau en abordant ici; tu viens de donner ce soir cette pièce d'or espagnole à la mère Fleurant, et ta mère n'a plus vu sa pièce dans son lit. Explique-toi. Jacques dit qu'il n'avait pas pris la pièce de sa mère, et que cette pièce lui était restée de Nantes.

— Tant mieux, dit Pierre. Comment peux-tu nous prouver cela?

— Je l'avais. — Tu n'as pas pris celle de ta mère? — Non. — Peux-tu le jurer sur ta vie éternelle? Il allait le jurer; sa mère leva les yeux sur lui et lui dit: — Jacques, mon enfant, prends garde, ne jure pas si ce n'est pas vrai; elle pleura.

— Vous êtes une ci et une ça, lui dit-il, qu'avez toujours voulu ma perte. Cambremer pâlit et dit: — Ce que tu viens de dire à ta mère grossira ton compte. Allons au fait. Jures-tu? — Oui. — Tiens, dit-il, y avait-il sur ta pièce cette croix que le marchand de sardines qui me l'a donnée avait faite sur la nôtre? Jacques se dégrisa et pleura.

— Assez causé, dit Pierre. Je ne te parle pas de ce que tu as fait avant cela, je ne veux pas qu'un Cambremer soit fait mourir sur la place du Croisic. Fais tes prières, et dépêchons-nous! Il va venir un prêtre pour te confesser. La mère était sortie, pour ne pas entendre condamner son fils. Quand elle fut dehors, Cambremer l'oncle vint avec le recteur de Piriac, auquel Jacques ne voulut rien dire. Il était malin, il connaissait assez son père pour savoir qu'il ne le tuerait pas sans confession.

— Merci, excusez-nous, monsieur, dit Cambremer au prêtre, quand il vit l'obstination de Jacques. Je voulais donner une leçon à mon fils et vous prier de n'en rien dire. — Toi, dit-il à Jacques, si tu ne t'amendes pas, la première fois ce sera pour de bon, et j'en finirai sans confession. Il l'envoya se coucher. L'enfant crut cela et s'imagina qu'il pourrait se remettre avec son père.[54] Il dormit. Le père veilla. Quand il vit son fils au fin fond de son sommeil,[55] il lui couvrit la bouche avec du chanvre, la lui

---

[54] *se remettre avec son père,* to get back on good terms with his father.
[55] *au fin fond de son sommeil,* sound asleep.

banda avec un chiffon de voile bien serré; puis il lui lia les mains et les pieds. Il rageait, il pleurait du sang, disait Cambremer au justicier. Que voulez-vous! La mère se jeta aux pieds du père.

— Il est jugé, qu'il dit, tu vas m'aider à le mettre dans la barque. Elle s'y refusa. Cambremer l'y mit tout seul, l'y assujettit au fond, lui mit une pierre au cou, sortit du bassin, gagna la mer, et vint à la hauteur de la roche où il est. Pour lors, la pauvre mère, qui s'était fait passer ici par son beau-frère, eut beau crier grâce! ça servit comme une pierre à un loup.[56] Il y avait de la lune, elle a vu le père jetant à la mer son fils qui lui tenait encore aux entrailles, et comme il n'y avait pas d'air, elle a entendu blouf! puis rien, ni trace, ni bouillon;[57] la mer est d'une fameuse garde, allez! En abordant là pour faire taire sa femme qui gémissait, Cambremer la trouva quasi morte, il fut impossible aux deux frères de la porter, il a fallu la mettre dans la barque qui venait de servir au fils, et ils l'ont ramenée chez elle en faisant le tour par la passe du Croisic. Ah! bien, la belle Brouin, comme on l'appelait, n'a pas duré huit jours; elle est morte en demandant à son mari de brûler la damnée barque. Oh! il l'a fait. Lui, il est devenu tout chose,[58] il ne savait plus ce qu'il voulait; il fringalait [59] en marchant comme un homme qui ne peut pas porter le vin. Puis il a fait un voyage de dix jours, et est revenu se mettre où vous l'avez vu, et, depuis qu'il y est, il n'a pas dit une parole.

Le pêcheur ne mit qu'un moment à nous raconter cette histoire et nous la dit plus simplement encore que je ne l'écris ... Ce récit fut aussi aigrement incisif que l'est un coup de hache.

[Balzac, *Études philosophiques*, 1835]

[56] *ça servit comme une pierre à un loup,* it was no use (*lit.* it was as useless as a stone was to a wolf).

[57] *bouillon,* bubble.

[58] *il est devenu tout chose,* he felt very odd.

[59] *fringalait, colloq.* = *titubait,* staggered.

Questionnaire

1. Après avoir lu la première page, que pouvez-vous dire du caractère du jeune homme?

2. Comment se présente la région où se passe ce conte? Situez la Bretagne géographiquement.

3. Relevez les détails qui vous renseignent sur l'état d'âme du jeune homme.

4. Pourquoi est-ce que l'apparition du pêcheur fait changer le ton de l'histoire?

5. Où est-ce que l'auteur se montre poète en même temps que narrateur dans ce conte?

6. Répétez à votre façon la conversation entre les jeunes gens et le pêcheur.

7. Quel effet les paroles du pêcheur ont-elles sur les deux amis?

8. Pourquoi les jeunes gens voulaient-ils aller à Batz?

9. Pourquoi le pêcheur s'était-il «endimanché»?

10. Quelle note tragique est introduite dans la promenade des deux amis?

11. Pour quelle raison les gens du pays faisaient-ils un détour pour éviter la grotte?

12. Quels sont les sentiments des deux amis en apercevant l'homme?

13. Quelle impression recevez-vous à la vue de cet homme immobile et sombre?

14. Pourquoi l'appelle-t-on «l'homme-au-vœu»?

15. Comment le pêcheur a-t-il appris l'histoire de Cambremer?

16. Pour quelle raison le pêcheur veut-il bien raconter cette histoire qu'il a tenue secrète jusque là?

17. Racontez brièvement la tragédie de l'homme et de son fils.

18. Pour quelles raisons, à votre avis, est-ce que le jeune homme s'est mal conduit?

19. D'après votre expérience de la nature humaine, est-ce que le père s'est conduit comme un père le devrait? Expliquez.

20. Pourquoi peut-on dire que Jacques était un «juvénile délinquent»?

21. Dans quel pays célèbre, d'autrefois, le père avait-il le droit de vie et de mort sur ses enfants?

22. Est-ce que cette histoire vous semble plausible? Croyez-vous qu'elle soit exagérée? Justifiez votre opinion.

La Chambre Bleue

par

Prosper Mérimée

(1803–1870)

Prosper Mérimée (1803–1870)

né à Paris, fils unique du peintre, historien et chimiste Léonor Mérimée, fit de bonnes études au lycée Henri IV. En 1823 il obtint sa licence en droit. En même temps il étudia les littératures classiques et l'archéologie. Il fréquenta les salons, les ateliers de grands artistes (du peintre Delacroix, du sculpteur David d'Angers). Il devint l'ami de Stendhal. En 1829 il publia un excellent roman historique, La Chronique du temps de Charles IX. *La même année parurent en revue plusieurs de ses nouvelles:* Mateo Falcone, l'Enlèvement de la redoute, *etc. Il fit un voyage en Espagne. En 1834 il devint inspecteur des monuments historiques. Il publia la nouvelle* La Vénus d'Ille *(1837). Il se rendit en Corse; de ce voyage il tira un de ses meilleurs romans,* Colomba *(1840), histoire d'une lutte à mort entre deux familles. Il fut élu membre de l'Académie française en 1844.* Carmen, *roman violent inspiré de séjours en Espagne, fut publié en 1845. Dans les dernières années de sa vie littéraire, il traduisit Pouchkine, poète lyrique russe (1799–1837), Gogol, auteur dramatique et romancier russe (1809–1852). Il fut un familier de la cour de Napoléon III aux Tuileries. Il mourut subitement à Cannes, laissant une correspondance volumineuse (*Lettres à une inconnue, *1873;* Lettres à Panizzi, *1881, etc.).*

Mérimée est romantique par son goût pour les histoires sombres et violentes, par les dénouements mystérieux. Il est réaliste par le choix de ses sujets et la précision de son style. Il est vraiment l'initiateur de la nouvelle, *court récit qui demande la rapidité de l'intrigue et un style narratif sans de longs développements. Son besoin d'être exact, et son réalisme pour ainsi dire inné, se concilient à merveille avec son défaut d'imagination.*

La Chambre Bleue

Un jeune homme se promenait d'un air agité dans le vestibule [1] d'un chemin de fer. Il avait des lunettes bleues, et quoiqu'il ne fût pas enrhumé il portait sans cesse son mouchoir à son nez. De la main gauche il portait un petit sac noir qui contenait, comme je l'ai appris plus tard, une robe de chambre de soie et un pantalon turc. De temps en temps il allait à la porte d'entrée, regardait dans la rue, puis il tirait sa montre et consultait le cadran de la gare.[2] Le train ne partait que dans une heure, mais il y a des gens qui craignent toujours d'être en retard. Ce train n'était pas de ceux que prennent les gens pressés: peu de voitures de première classe. L'heure n'était pas celle qui permet aux agents de change [3] de partir après les affaires terminées, pour dîner dans leur maison de campagne. Lorsque les voyageurs commencèrent à se montrer, un Parisien eût reconnu à leur tournure [4] des fermiers ou de petits marchands de banlieue. Pourtant, toutes les fois qu'une femme entrait dans la gare, le cœur du jeune homme aux lunettes bleues se gonflait comme un ballon, ses genoux tremblotaient, son sac était près d'échapper de ses mains et ses lunettes de tomber de son nez, où, pour le dire en passant,[5] elles étaient placées tout de travers.

Ce fut bien pis quand après une longue attente, parut par une porte de côté, venant précisément du seul point qui ne fût pas

---

[1] *le vestibule,* the waiting room. Today we would say, *la salle d'attente.*
[2] *le cadran de la gare,* the station clock.
[3] *agents de change,* stockbrokers.
[4] *à leur tournure,* by their appearance.
[5] *pour le dire en passant,* so to speak.

l'objet d'une observation continuelle, une femme vêtue de noir, avec un voile épais sur le visage, et qui tenait à la main un sac de maroquin brun, contenant, comme je l'ai découvert dans la suite, une merveilleuse robe de chambre et des mules de satin bleu. La femme et le jeune homme s'avancèrent l'un vers l'autre, regardant à droite et à gauche, jamais devant eux. Ils se joignirent, se touchèrent la main et demeurèrent quelques minutes sans se dire un mot, palpitants, pantelants, en proie à une de ces émotions poignantes pour lesquelles je donnerais, moi, cent ans de la vie d'un philosophe.

Quand ils trouvèrent la force de se parler,

— Léon, dit la jeune femme (j'ai oublié de dire qu'elle était jeune et jolie). Léon, quel bonheur! Jamais je ne vous aurais reconnu sous ces lunettes bleues.

— Quel bonheur! dit Léon, jamais je ne vous aurais reconnue sous ce voile noir.

— Quel bonheur! reprit-elle; prenons vite nos places; si le chemin de fer allait partir sans nous! (et elle lui serra le bras fortement). On ne se doute de rien. Je suis en ce moment avec Clara et son mari, en route pour sa maison de campagne, où je dois *demain* lui faire mes adieux ... Et ..., ajouta-t-elle en riant et baissant la tête, il y a une heure qu'elle est partie, et demain ..., après avoir passé la *dernière soirée* avec elle! ... (de nouveau elle lui serra le bras), demain dans la matinée ... elle me laissera à la station où je trouverai Ursule, que j'ai envoyée devant chez ma tante ... Oh! j'ai tout prévu! Prenons nos billets ... Il est impossible qu'on nous devine! ... Ah! si on demande nos noms dans l'auberge? J'ai déjà oublié ...

— Monsieur et Madame Daru.

— Oh! non. Pas Daru. Il y avait à la pension un cordonnier qui s'appelait comme cela.

— Alors Dumont? ...

— Daumont.

— A la bonne heure; mais on ne nous demandera rien!

La cloche sonna, la porte de la salle d'attente s'ouvrit, et la jeune femme toujours soigneusement voilée, s'élança dans une diligence [6] avec son compagnon. Pour la seconde fois, la cloche retentit; on ferma la portière de leur compartiment.

— Nous sommes seuls! s'écrièrent-ils avec joie, mais presque au même moment un homme d'environ cinquante ans, tout habillé de noir, l'air grave et ennuyé, entra dans la voiture et s'établit dans un coin. La locomotive siffla et le train se mit en marche.

Les deux jeunes gens retirés le plus loin qu'ils avaient pu de leur incommode voisin commencèrent à se parler bas, et en anglais par surcroît de précaution.[7]

— Monsieur, dit l'autre voyageur dans la même langue, et avec un bien plus pur accent britannique, si vous avez des secrets à vous conter, vous ferez bien de ne pas les dire en anglais devant moi. Je suis Anglais. Désolé de vous gêner, mais dans l'autre compartiment, il y avait un homme seul, et j'ai pour principe de ne jamais voyager avec un homme seul. Celui-là avait une figure de Jud.[8] Et cela aurait pu le tenter. (Il montra son sac de voyage, qu'il avait jeté devant lui sur un coussin.) Au reste, si je ne dors pas, je lirai. En effet il essaya loyalement de dormir. Il ouvrit son sac, en tira une casquette commode, la mit sur sa tête, et tint les yeux fermés pendant quelques minutes. Puis il les rouvrit avec un geste d'impatience, chercha dans son sac des lunettes, puis un livre grec; enfin il se mit à lire avec beaucoup d'attention. Pour prendre le livre dans le sac il fallut déranger maint objet entassé au hasard. Entre autres il tira des profondeurs du sac une assez grosse liasse de billets de la banque d'Angleterre, la déposa sur la banquette en face de lui, et avant de la replacer dans le sac il montra au jeune homme en lui demandant s'il trouverait à changer des banknotes à N—.

— Probablement. C'est sur la route d'Angleterre.

---

[6] *une diligence,* a first-class car built like a stagecoach.

[7] *par surcroît de précaution,* as an extra precaution.

[8] *Jud,* fourth son of Jacob, who wanted to murder Joseph. The correct spelling is *Jude.*

N— était le lieu où se dirigeaient les deux jeunes gens. Il y a
à N— un petit hôtel assez propret, où l'on ne s'arrête guère que
le samedi soir. On prétend que les chambres sont bonnes. Le
maître et les gens ne sont pas curieux, n'étant pas assez éloignés
de Paris pour avoir ce vice provincial.[9] Le jeune homme que j'ai
déjà appelé Léon, avait été reconnaître [10] cet hôtel quelque temps
auparavant, sans lunettes bleues, et sur le rapport qu'il en avait
fait, son amie avait paru éprouver le désir de le visiter. Elle se
trouvait d'ailleurs ce jour-là dans une disposition d'esprit telle
que les murs d'une prison lui eussent semblé pleins de charmes,
si elle y eût été enfermée avec Léon.

Cependant, le train allait toujours; l'Anglais lisait son grec
sans tourner la tête vers ses compagnons qui causaient si bas que
des amants seuls eussent pu s'entendre. Peut-être ne surprendrai-je
pas mes lecteurs en leur disant que c'étaient des amants dans
toute la force du terme, et ce qu'il y avait de déplorable, c'est
qu'ils n'étaient pas mariés, et il y avait des raisons qui s'opposaient
à ce qu'ils le fussent.

On arriva à N—. L'Anglais descendit le premier. Pendant que
Léon aidait son amie à sortir de la diligence sans montrer ses
jambes, un homme s'élança sur la plate-forme du compartiment
voisin. Il était pâle, jaune même, les yeux creux et injectés de
sang,[11] la barbe mal faite,[12] signe auquel on reconnaît souvent les
grands criminels. Son costume était propre, mais usé jusqu'à la
corde.[13] Sa redingote, jadis noire, maintenant grise au dos et aux
coudes, était boutonnée jusqu'au menton, probablement pour
cacher un gilet encore plus râpé. Il s'avança vers l'Anglais et
d'un ton très humble: «*Uncle . . . ,*» lui dit-il.

—- *Leave me alone, you wretch!* s'écria l'Anglais, dont l'œil gris
s'alluma d'un éclat de colère, et il fit un pas pour sortir de la station.

---

[9] *ce vice provincial,* the curiosity of people in small towns.
[10] *reconnaître,* reconnoiter, investigate.
[11] *injectés de sang,* bloodshot.
[12] *la barbe mal faite,* badly shaven.
[13] *usé jusqu'à la corde,* threadbare.

— *Don't drive me to despair,* reprit l'autre avec un accent à la fois lamentable et presque menaçant.

— Veuillez être assez bon pour garder mon sac un instant, dit le vieil Anglais en jetant son sac de voyage aux pieds de Léon.

Aussitôt il prit le bras de l'homme qui l'avait accosté, le mena, ou plutôt le poussa dans un coin où il espérait n'être pas entendu, et là, il lui parla un moment d'un ton fort rude, comme il semblait. Puis il tira de sa poche quelques papiers, les froissa et les mit dans la main de l'homme qui l'avait appelé son oncle. Ce dernier prit les papiers sans remercier, et presque aussitôt s'éloigna et disparut.

Il n'y a qu'un hôtel à N—; il ne faut donc pas s'étonner si, au bout de quelques minutes, tous les personnages de cette véridique histoire s'y retrouvèrent. En France, tout voyageur qui a le bonheur d'avoir une femme bien mise [14] à son bras, est sûr d'obtenir la meilleure chambre dans tous les hôtels, aussi est-il établi que nous sommes la nation la plus polie de l'Europe.

Si la chambre qu'on donna à Léon était la meilleure, il serait téméraire d'en conclure qu'elle était excellente. Il y avait un grand lit de noyer, avec des rideaux de perse [15] où l'on voyait imprimée en violet l'histoire tragique de Pyrame et de Thisbé. [16] Les murs étaient couverts d'un papier peint représentant une vue de Naples avec beaucoup de personnages; malheureusement des voyageurs désœuvrés et indiscrets avaient ajouté des moustaches et des pipes à toutes les figures mâles et femelles; et bien des sottises en prose et en vers écrites à la mine de plomb se lisaient sur le ciel et sur la mer. Sur ce fond plusieurs gravures: *Louis-Philippe prêtant serment à la Charte de 1830:* [17] la *Première entrevue*

[14] *une femme bien mise,* a well-dressed woman.

[15] *des rideaux de perse,* chintz curtains.

[16] *de Pyrame et de Thisbé,* legendary lovers of ancient Babylon, who were driven to suicide by circumstances beyond their control. Their story has been burlesqued by Shakespeare in his play *A Midsummer Night's Dream.*

[17] *la Charte de 1830,* Louis-Philippe was king from 1830 to 1848. He was proclaimed king after solemnly swearing to uphold the constitution (*la Charte*) of 1830.

de *Julie et de Saint-Preux;*[18] l'*Attente du bonheur et les Regrets,*
d'après M. Dubuffe.[19] Cette chambre s'appelait la chambre bleue,
parce que les deux fauteuils, à droite et à gauche de la cheminée,
étaient en velours d'Utrecht[20] de cette couleur; mais depuis bien
des années, ils étaient cachés sous des chemises de percaline grise
à galons amaranthe.[21]

Tandis que les servantes de l'hôtel s'empressaient autour de la
nouvelle arrivée et lui faisaient leurs offres de service, Léon qui
n'était pas dépourvu de bon sens quoique amoureux, allait à la
cuisine commander le dîner. Il lui fallut employer toute sa rhétorique et quelques moyens de corruption[22] pour obtenir la promesse d'un dîner à part;[23] mais son horreur fut grande lorsqu'il
apprit que dans la principale salle à manger, c'est-à-dire à côté
de sa chambre, MM. les officiers du 3e hussards,[24] qui allaient
relever MM. les officiers du 8e chasseurs[25] à N—, devaient se
réunir à ces derniers, le jour même, dans un dîner d'adieu où
régnerait une grande cordialité. L'hôte jura ses grands dieux
qu'à part la gaieté naturelle à tous les militaires français, MM.
les hussards et MM. les chasseurs étaient connus dans toute la
ville pour leur douceur et leur sagesse, et que leur voisinage
n'aurait pas le moindre inconvénient pour madame, l'usage de
MM. les officiers étant de se lever de table dès avant minuit.

Comme Léon regagnait la chambre bleue, sur cette assurance
qui ne le troublait pas médiocrement, il s'aperçut que son Anglais
occupait la chambre à côté de la sienne. La porte était ouverte.
L'Anglais assis devant une table sur laquelle étaient un verre et
une bouteille, regardait le plafond avec une attention profonde,
comme s'il comptait les mouches qui s'y promenaient.

---

[18] *Saint-Preux,* Julie and Saint-Preux were lovers in Rousseau's famous
novel, *La Nouvelle Héloïse* (1761).
[19] *Dubuffe, Claude-Marie* (1789–1864), painter of portraits and historical
subjects.   [20] *Utrecht,* Dutch city, famous for its velvets.
[21] *percaline grise à galons amaranthe,* gray calico with purple fringes.
[22] *moyens de corruption,* graft, i.e. tips.
[23] *un dîner à part,* a dinner in private.   [24] *hussards,* light cavalry.
[25] *chasseurs,* also light cavalry, but with different uniforms.

— Qu'importe le voisinage! se dit Léon, l'Anglais sera bientôt ivre, et les hussards s'en iront avant minuit.

En entrant dans la chambre bleue, son premier soin fut de s'assurer que les portes de communication étaient bien fermées et qu'elles avaient des verrous. Du côté de l'Anglais il y avait double porte; les murs étaient épais. Du côté des hussards la paroi était plus mince, mais la porte avait serrure et verrou. Après tout, c'était contre la curiosité une barrière bien plus efficace que les stores d'une voiture, et combien de gens se croient isolés du monde dans un fiacre.[26]

Assurément l'imagination la plus riche ne peut se représenter de félicité plus complète que celle de deux jeunes amants, qui, après une longue attente, se trouvent seuls, loin des jaloux et des curieux, en mesure de [27] se conter à loisir leurs souffrances passées et de savourer les délices d'une parfaite réunion. Mais le diable trouve toujours le moyen de verser sa goutte d'absinthe dans la coupe du bonheur. Johnson [28] a écrit, mais non le premier, et il l'avait pris à un Grec, que nul homme ne peut se dire: Aujourd'hui, je serai heureux. Cette vérité reconnue, à une époque très reculée, par les plus grands philosophes est encore ignorée par un certain nombre de mortels et singulièrement par la plupart des amoureux.

Tout en faisant un assez médiocre dîner dans la chambre bleue, de quelques plats dérobés au banquet des chasseurs et des hussards, Léon et son amie eurent beaucoup à souffrir de la conversation à laquelle se livraient ces messieurs dans la salle voisine.

On y tenait des propos étrangers à la stratégie et à la tactique, et que je me garderai bien de rapporter. C'était une suite d'histoires saugrenues, presque toutes fort gaillardes, accompagnées de rires éclatants, auxquels il était parfois assez difficile à nos amants de ne pas prendre part. L'amie de Léon n'était pas une prude,

[26] Refers to the episode in *Madame Bovary*, by Flaubert, in which Emma, the heroine, rides in a *fiacre* (*cab*) with her lover, Léon.

[27] *en mesure de*, capable of.

[28] *Johnson*, famous English lexicographer (1709–1784), whose *Life* was written by Boswell (1740–1795).

mais il y a des choses qu'on n'aime pas à entendre même en tête-
à-tête avec l'homme qu'on aime. La situation devenait de plus
en plus embarrassante, et comme on allait emporter le dessert de
MM. les officiers, Léon crut devoir descendre à la cuisine pour
prier l'hôte de représenter[29] à ces messieurs qu'il y avait une femme
souffrante dans une chambre à côté d'eux, et qu'on attendait de
leur politesse qu'ils voudraient bien faire un peu moins de bruit.

Le maître d'hôtel, comme il arrive dans les dîners de corps,[30]
était tout ahuri et ne savait à qui répondre. Au moment où Léon
lui donnait son message pour les officiers, un garçon lui demandait
du vin de Champagne pour les hussards, une servante du vin de
Porto pour l'Anglais.

— J'ai dit qu'il n'y en avait pas, ajouta-t-elle.

— Tu es une sotte. Il y a de tous les vins chez moi. Je vais
lui en trouver, du porto! Apporte-moi la bouteille de ratafia,[31]
une bouteille à quinze,[32] et un carafon d'eau-de-vie.

Après avoir fabriqué du porto en un tour de main,[33] l'hôte entra
dans la grande salle et fit la commission que Léon venait de lui
donner. Elle excita tout d'abord une tempête furieuse. Puis une
voix de basse qui dominait toutes les autres, demanda quelle
espèce de femme était leur voisine? Il se fit une sorte de silence.
L'hôte répondit:

— Ma foi, messieurs, je ne sais trop que vous dire. Elle est
bien gentille et bien timide. Marie-Jeanne dit qu'elle a une alliance
au doigt. Ça se pourrait bien que ce fût une mariée qui vient ici
pour finir la noce, comme il en vient des fois.

— Une mariée? s'écrièrent quarante voix. Il faut qu'elle vienne
trinquer avec nous! Nous allons boire à sa santé, et apprendre au
marié ses devoirs conjugaux!

A ces mots, on entendit un grand bruit d'éperons, et nos deux
amants tressaillirent pensant que leur chambre allait être prise

[29] *de représenter*, to point out.
[30] *dîners de corps*, regimental dinners.
[31] *ratafia m.*, sweet liqueur made from fruits and spices.
[32] *une bouteille à quinze*, a bottle of cheap wine costing fifteen sous.
[33] *en un tour de main*, in a jiffy.

d'assaut. Mais soudain une voix s'éleva qui arrêta le mouvement. Il était évident que c'était un chef qui parlait. Il reprocha aux officiers leur impolitesse et leur intima l'ordre de se rasseoir et de parler décemment et sans crier. Puis il ajouta quelques mots trop bas pour être entendus de la chambre bleue. Ils furent écoutés avec déférence, mais non sans exciter pourtant une certaine hilarité contenue. A partir de ce moment, il y eut dans la salle des officiers un silence relatif, et nos amants, bénissant l'empire salutaire de la discipline commencèrent à se parler avec plus d'abandon. Mais, après tant de tracas, il fallait du temps pour retrouver les tendres émotions que l'inquiétude, les ennuis du voyage, et surtout la grosse joie de leurs voisins avaient fortement troublées. A leur âge cependant la chose n'est pas très difficile, et ils eurent bientôt oublié tous les désagréments de leur expédition aventureuse pour ne plus penser qu'aux plus importants de ses résultats.

Ils croyaient la paix faite avec les hussards; hélas! ce n'était qu'une trêve. Au moment où ils s'y attendaient le moins, lorsqu'ils étaient à mille lieues de ce monde sublunaire, voilà vingt-quatre trompettes soutenues de quelques trombones qui sonnent l'air connu des soldats français: *La victoire est à nous!* Le moyen de résister à pareille tempête. Les pauvres amants furent bien à plaindre.

. . . . .

Non, pas tant à plaindre, car à la fin les officiers quittèrent la salle à manger, défilant devant la porte de la chambre bleue avec un grand cliquetis de sabres et d'éperons, et criant l'un après l'autre:

— Bonsoir, madame la mariée!

Puis tout bruit cessa. Je me trompe, l'Anglais sortit dans le corridor et cria:

— Garçon, apportez-moi une autre bouteille du même porto.

. . . . .

Le calme était rétabli dans l'hôtel de N—. La nuit était douce, la lune dans son plein. Depuis un temps immémorial les amants se plaisent à regarder notre satellite. Léon et son amie ouvrirent leur fenêtre, qui donnait sur un petit jardin, et aspirèrent avec plaisir l'air frais qu'embaumait un berceau de clématites. Ils n'y restèrent pas longtemps toutefois. Un homme se promenait dans le jardin, la tête baissée, les bras croisés, un cigare à la bouche. Léon crut reconnaître le neveu de l'Anglais qui aimait le bon vin de Porto.

. . . . .

Je hais les détails inutiles, et, d'ailleurs, je ne me crois pas obligé de dire au lecteur tout ce qu'il peut facilement imaginer, ni de raconter, heure par heure, tout ce qui se passa dans l'hôtel de N—. Je dirai donc que la bougie qui brûlait dans la cheminée sans feu de la chambre bleue était plus d'à moitié consumée, quand dans l'appartement de l'Anglais, naguère silencieux, un bruit étrange se fit entendre, comme un corps lourd peut en produire en tombant. A ce bruit se joignit une sorte de craquement non moins étrange, suivi d'un cri étouffé et de quelques mots indistincts, semblables à une imprécation. Les deux jeunes habitants de la chambre bleue tressaillirent. Peut-être avaient-ils été réveillés en sursaut. Sur l'un et l'autre, ce bruit, qu'ils ne s'expliquaient pas, avait causé une impression presque sinistre.

— C'est notre Anglais qui rêve, dit Léon en s'efforçant de sourire.

Mais il voulait rassurer sa compagne, et il frissonna involontairement. Deux ou trois minutes après, une porte s'ouvrit dans le corridor, avec précaution comme il semblait; puis elle se referma très doucement. On entendit un pas lent et mal assuré qui, selon toute apparence, cherchait à se dissimuler.

— Maudite auberge! s'écria Léon.

— Ah! c'est le paradis! répondit la jeune femme en laissant tomber sa tête sur l'épaule de Léon. Je meurs de sommeil!

Elle soupira et se rendormit presque aussitôt.

Un moraliste illustre a dit que les hommes ne sont jamais bavards lorsqu'ils n'ont rien à demander. Qu'on ne s'étonne donc point si Léon ne fit aucune tentative pour renouer la conversation, ou disserter sur les bruits de l'hôtel de N—. Malgré lui, il en était préoccupé, et son imagination y rattachait maintes circonstances auxquelles, dans une autre disposition d'esprit, il n'eût fait aucune attention. La figure sinistre du neveu de l'Anglais lui revenait en mémoire. Il y avait de la haine dans le regard qu'il jetait à son oncle, tout en lui parlant avec humilité, sans doute parce qu'il lui demandait de l'argent.

Quoi de plus facile à un homme jeune encore et vigoureux, désespéré en outre, que de grimper du jardin à la fenêtre de la chambre voisine? D'ailleurs il logeait dans l'hôtel, puisque, la nuit il se promenait dans le jardin. Peut-être . . . , probablement même . . . . indubitablement, il savait que le sac noir de son oncle renfermait une grosse liasse de billets de banque . . . Et ce coup sourd, comme un coup de massue [34] sur un crâne chauve! . . . ce cri étouffé! . . . ce jurement affreux! et ces pas ensuite! Ce neveu avait la mine d'un assassin . . . Mais on n'assassine pas dans un hôtel plein d'officiers. Sans doute cet Anglais avait mis le verrou en homme prudent, surtout sachant le drôle aux environs. Il s'en défiait, puisqu'il n'avait pas voulu l'aborder avec son sac à la main . . . Pourquoi se livrer à des pensées hideuses quand on est si heureux?

Voilà ce que Léon se disait mentalement. Au milieu de ses pensées que je me garderai d'analyser plus longuement, et qui se présentaient à lui presque aussi confuses que les visions d'un rêve, il avait les yeux fixés machinalement vers la porte de communication entre la chambre bleue et celle de l'Anglais.

En France, les portes ferment mal. Entre celle-ci et le parquet, il y avait un intervalle d'au moins deux centimètres. Tout d'un coup, dans cet intervalle, à peine éclairé par le reflet du parquet, parut quelque chose de noirâtre, plat, semblable à une lame de couteau, car le bord, frappé par la lumière de la bougie, présentait une ligne mince, très brillante. Cela se mouvait lentement dans la direction d'une petite mule de satin bleu, jetée indiscrètement

---

[34] *un coup de massue,* a blow from a club.

à peu de distance de cette porte. Était-ce quelque insecte comme
un mille-pattes? ... Non, ce n'est pas un insecte. Cela n'a pas
de forme déterminée ... Deux ou trois traînées brunes, chacune
avec sa ligne de lumière sur le bord, ont pénétré dans la chambre.
Leur mouvement s'accélère, grâce à la pente du parquet ... Elles
s'avancent rapidement, elles viennent effleurer la petite mule.
Plus de doute! C'est un liquide, et ce liquide, on en voyait maintenant distinctement la couleur à la lueur de la bougie, c'était du
sang! Et, tandis que Léon, immobile, regardait avec horreur ces
traînées effroyables, la jeune femme dormait toujours d'un sommeil tranquille, et sa respiration régulière échauffait le cou et
l'épaule de son amant.

. . . . .

Le soin qu'avait eu Léon de commander le dîner dès en arrivant
dans l'hôtel de N—, prouve suffisamment qu'il avait une assez
bonne tête, une intelligence élevée et qu'il savait prévoir. Il ne
démentit pas en cette occasion le caractère qu'on a pu lui reconnaître déjà. Il ne fit pas un mouvement et toute la force de son
esprit se tendit avec effort pour prendre une résolution en présence
de l'affreux malheur qui le menaçait.

Je m'imagine que la plupart de mes lecteurs, et surtout de mes
lectrices, remplis de sentiments héroïques, blâmeront en cette
circonstance la conduite et l'immobilité de Léon. Il aurait dû,
me dira-t-on, courir à la chambre de l'Anglais et arrêter le meurtrier, ou tout au moins tirer sa sonnette et carillonner les gens de
l'hôtel. A cela je répondrai d'abord que, dans les hôtels en France,
il n'y a de sonnettes que pour l'ornement des chambres, et que
leurs cordons ne correspondent à aucun appareil métallique.
J'ajouterai respectueusement, mais avec fermeté, que, s'il est
mal de laisser mourir un Anglais à côté de soi, il n'est pas louable
de lui sacrifier une femme qui dort la tête sur votre épaule. Que
serait-il arrivé si Léon eût fait un tapage à réveiller l'hôtel? Les
gendarmes, le procureur impérial [35] et son greffier [36] seraient ar-

[35] *le procureur impérial,* the public prosecutor.
[36] *greffier,* (court) clerk.

rivés aussitôt. Avant de ui demander ce qu'il av it vu ou entendu, ces messieurs sont, par profession, si curieux qu'ils lui auraient dit tout d'abord:

— Comment vous nommez-vous? Vos pap ers? Et madame? Que faisiez-vous ensemble dans la chambre b eue? Vous aurez à comparaître en cour d'assises [37] pour dire que e tant de tel mois,[38] à telle heure de nuit, vous avez été les témoin s de tel fait.

Or, c'est précisément cette idée de procureur impérial et de gens de justice qui la première se présenta à l'esprit de Léon. Il y a parfois dans la vie des cas de conscience difficiles à résoudre; vaut-il mieux laisser égorger un voyageur inconnu, ou déshonorer et perdre la femme qu'on aime?

Il est désagréable d'avoir à se poser un pareil pr blème. J'en donne en dix la solution au plus habile.

Léon fit donc ce que probablement plusieurs eussent fait à sa place: il ne bougea pas.

Les yeux fixés sur la mule bleue et le petit ruisseau rouge qui la touchait, il demeura longtemps comme fasciné, tandis qu'une sueur froide mouillait ses tempes et que son cœur battait dans sa poitrine à la faire éclater.

Une foule de pensées et d'images bizarres et horribles l'obsédaient, et une voix intérieure lui criait à chaque instant: «Dans une heure, on saura tout, et c'est ta faute!» Cependant, à force de se dire: «Qu'allais-je faire dans cette galère?» [39] on finit par apercevoir quelques rayons d'espérance. Il se dit enfin:

— Si nous quittions ce maudit hôtel avant la découverte de ce qui s'est passé dans la chambre à côté, peut-être pourrions-nous faire perdre nos traces. Personne ne nous connaît ici; on ne m'a vu qu'en lunettes bleues; on ne l'a vue que sous un voile. Nous sommes à deux pas d'une station, et en une heure nous serions bien loin de N—.

[37] *en cour d'assises,* in the Assize Court.

[38] *le tant de tel mois,* on a certain date of a certain month.

[39] *Qu'allais-je faire dans cette galère?,* What in the world was I doing in this mess (*lit.* galley, ship)? The remark first appeared in Molière's play, *Scapin,* written in 1671.

Puis, comme il avait longuement étudié *l'Indicateur* [40] pour organiser son expédition, il se rappela qu'un train passait à huit heures allant à Paris. Bientôt après, on serait perdu dans l'immensité de cette ville où se cachent tant de coupables. Qui pourrait y découvrir deux innocents? Mais n'entrerait-on pas chez l'Anglais avant huit heures? Toute la question était là.

Bien convaincu qu'il n'avait pas d'autre parti à prendre,[41] il fit un effort désespéré pour secouer la torpeur qui s'était emparée de lui depuis si longtemps; mais, au premier mouvement qu'il fit, sa jeune compagne se réveilla et l'embrassa à l'étourdie.[42] Au contact de sa joue glacée, elle laissa échapper un petit cri:

— Qu'avez-vous? lui dit-elle avec inquiétude. Votre front est froid comme un marbre.

— Ce n'est rien, répondit-il d'une voix mal assurée. J'ai entendu un bruit dans la chambre à côté . . .

Il se dégagea de ses bras et d'abord écarta la mule bleue et plaça un fauteuil devant la porte de communication, de manière à cacher à son amie l'affreux liquide qui, ayant cessé de s'étendre, formait maintenant une tache assez large sur le parquet. Puis il entr'ouvrit la porte qui donnait sur le corridor et écouta avec attention: il osa même s'approcher de la porte de l'Anglais. Elle était fermée. Il y avait déjà quelque mouvement dans l'hôtel. Le jour se levait. Les valets d'écurie pansaient les chevaux dans la cour, et, du second étage, un officier descendait les escaliers en faisant résonner ses éperons. Il allait présider à cet intéressant travail, plus agréable aux chevaux qu'aux humains, et qu'en termes techniques on appelle *la botte*.[43]

Léon rentra dans la chambre bleue, et, avec tous les ménagements que l'amour peut inventer, à grands renforts de circonlocutions et d'euphémismes, il exposa à son amie la situation où il se trouvait.

---

[40] *l'Indicateur,* the train timetable.
[41] *pas d'autre parti à prendre,* no other choice to make.
[42] *à l'étourdie,* without thinking.
[43] *la botte,* the grooming of horses.

Danger de rester; danger de partir trop précipitamment; danger encore plus grand d'attendre dans l'hôtel que la catastrophe de la chambre voisine fût découverte.

Inutile de dire l'effroi causé par cette communication, les larmes qui la suivirent, les propositions insensées qui furent mises en avant; que de fois les deux infortunés se jetèrent dans les bras l'un de l'autre, en se disant: «Pardonne-moi! pardonne-moi!» Chacun se croyait le plus coupable. Ils se promirent de mourir ensemble, car la jeune femme ne doutait pas que la justice ne les trouvât coupables du meurtre de l'Anglais, et, comme ils n'étaient pas sûrs qu'on leur permît de s'embrasser encore sur l'échafaud, ils s'embrassèrent à s'étouffer, s'arrosant à l'envi de leurs larmes. Enfin, après avoir dit bien des absurdités et bien des mots tendres et déchirants, ils reconnurent, au milieu de mille baisers, que le plan médité par Léon, c'est-à-dire le départ par le train de huit heures, était en réalité le seul praticable et le meilleur à suivre. Mais restaient encore deux mortelles heures à passer. A chaque pas dans le corridor, ils frémissaient de tous leurs membres. Chaque craquement de bottes leur annonçait l'entrée du procureur impérial.

Leur petit paquet fut fait en un clin d'œil. La jeune femme voulait brûler dans la cheminée la mule bleue, mais Léon la ramassa, et après l'avoir essuyée à la descente de lit, il la baisa et la mit dans sa poche. Il fut surpris de trouver qu'elle sentait la vanille; son amie avait pour parfum le bouquet de l'impératrice Eugénie.[44]

Déjà tout le monde était réveillé dans l'hôtel. On entendait des garçons qui riaient, des servantes qui chantaient, des soldats qui brossaient les habits des officiers. Sept heures venaient de sonner. Léon voulut obliger son amie à prendre une tasse de café au lait, mais elle déclara que sa gorge était si serrée, qu'elle mourrait si elle essayait de boire quelque chose.

Léon, muni de ses lunettes bleues, descendit pour payer sa note. L'hôte lui demanda pardon, pardon du bruit qu'on avait

---

[44] *l'impératrice Eugénie,* Spanish wife of Napoleon III.

fait, et qu'il ne pouvait encore s'expliquer, car MM. les officiers
étaient toujours si tranquilles! Léon l'assura qu'il n'avait rien
entendu et qu'il avait parfaitement dormi.

— Par exemple, votre voisin de l'autre côté, continua l'hôte,
n'a pas dû vous incommoder. Il ne fait pas beaucoup de bruit,
celui-là. Je parie qu'il dort encore sur les deux oreilles.

Léon s'appuya fortement au comptoir pour ne pas tomber, et
la jeune femme, qui avait voulu le suivre, se cramponna à son
bras, en serrant son voile devant ses yeux.

— C'est un milord, poursuivit l'hôte impitoyable. Il lui faut
toujours du meilleur. Ah! c'est un homme bien comme il faut! [45]
Mais tous les Anglais ne sont pas comme lui. Il y en avait un ici
qui est un pingre.[46] Il trouve tout trop cher, l'appartement, le
dîner. Il voulut me compter son billet pour cent vingt-cinq francs,
un billet de la banque d'Angleterre de cinq livres sterling . . .[47]
Pourvu encore qu'il soit bon! . . . Tenez, monsieur, vous devez
vous y connaître, car je vous ai entendu parler anglais avec madame . . . Est-il bon?

En parlant ainsi, il lui présentait une banknote de cinq livres
sterling. Sur un des angles, il y avait une petite tache rouge que
Léon s'expliqua aussitôt.

— Je le crois fort bon, dit-il, d'une voix étranglée.

— Oh! vous avez bien le temps, reprit l'hôte; le train ne passe
qu'à huit heures et il est toujours en retard. Veuillez donc vous
asseoir, madame. Vous semblez fatiguée . . .

En ce moment, une grosse servante entra:

— Vite de l'eau chaude, dit-elle, pour le thé de milord! Apportez
aussi une éponge! Il a cassé sa bouteille et toute sa chambre est
inondée.

A ces mots, Léon se laissa tomber sur une chaise; sa compagne
en fit de même. Une forte envie de rire les prit tous deux, et ils

[45] *bien comme il faut,* very proper, well-mannered.
[46] *un pingre,* a miser, a skinflint.
[47] *cinq livres sterling,* five English pounds, approximately $25.00 at the
official rate of exchange at that time.

eurent quelque peine à ne pas éclater. Le jeune homme lui serra joyeusement la main.

— Décidément, dit Léon à l'hôte, nous ne partirons que par le train de deux heures. Faites-nous un bon déjeuner pour midi.

[Mérimée, *Dernières nouvelles*, Calmann Lévy, Paris, 1889].

Questionnaire

1. Quelle impression avez-vous tout d'abord du jeune homme?
2. Décrivez la jeune femme qui paraît à la porte de la salle d'attente.
3. Quelles sont les réactions des deux jeunes amis quand ils se rencontrent?
4. Décrivez le voyageur qui monte dans leur compartiment.
5. Pourquoi est-ce que l'auteur donne tant de détails sur l'histoire de l'Anglais et de son neveu?
6. A votre avis, pourquoi le neveu a-t-il besoin d'argent?
7. Quelle est l'atmosphère générale, à l'hôtel, quand les jeunes gens arrivent?
8. Pourquoi les officiers sont-ils là?
9. Que fait l'Anglais pendant la soirée?
10. Une fois la paix rétablie, les officiers partis, pourquoi les deux amis se réveillent-ils?
11. Quelle serait l'attitude d'un homme sensé dans la même situation que celle du jeune homme?
12. Comment Mérimée arrive-t-il à donner une impression de mystère à l'égard de ce qui se passe dans la chambre voisine?
13. Pourquoi Léon refuse-t-il de se précipiter dans la chambre d'à côté?
14. Si vous étiez l'auteur de cette histoire, comment l'auriez-vous terminée?
15. En quoi Léon est-il un vrai «romantique»?

Le Curé de Cucugnan

par

Alphonse Daudet

(1840–1897)

Alphonse Daudet (1840–1897),

esprit charmant, fin et vivant, naquit à Nîmes, dans le sud de la France, d'une famille aisée. Son père ayant eu des revers de fortune, il partit pour Paris où il rejoignit son frère aîné Ernest. Il entra dans l'administration et se lança en même temps dans la carrière littéraire, avec un recueil de vers. Le Petit Chose, *roman autobiographique, parut en 1866. Vinrent ensuite* Les Lettres de mon moulin *(1869), recueil de contes méridionaux, écrits dans un style brillant, coloré; les* Contes du lundi *(1874), pleins de finesse et d'émotion;* Tartarin de Tarascon *(1872), suivi de deux autres romans sur Tartarin (1885, 1890), spirituelles satires des gens du Midi de la France. Le héros, Tartarin, est devenu le type populaire du méridional hâbleur mais naïf. Daudet écrivit d'autres romans comme* Fromont jeune et Risler aîné *(1874), drame tragique et touchant de la classe moyenne parisienne,* Jack *(1876), comparable à* David Copperfield, *et* Sapho *(1884).*

Daudet appartient au groupe des romanciers réalistes et naturalistes, mais n'est affilié à aucune école. Il raconte ce qui touche profondément sa sensibilité, mais avec une observation exacte de la réalité. Par ses contes et ses romans, il fit connaître au monde entier la Provence, sa belle province natale. C'est à la vérité de ses personnages et de ses descriptions, tous tirés d'observations personnelles, qu'il doit sa popularité universelle.

Le Curé de Cucugnan[1]

Tous les ans, à la Chandeleur,[2] les poètes provençaux publient
en[3] Avignon[4] un joyeux petit livre[5] rempli jusqu'aux bords
de[6] beaux vers et de jolis contes. Celui de cette année m'arrive
à l'instant, et j'y trouve un adorable fabliau que je vais essayer
de vous traduire en l'abrégeant un peu ... Parisiens, tendez
vos mannes.[7] C'est de la fine fleur de farine provençale qu'on va
vous servir cette fois ...

. . . . .

L'abbé Martin était curé ... de Cucugnan.

Bon comme le pain, franc comme l'or,[8] il aimait paternellement
ses Cucugnanais; pour lui, son Cucugnan aurait été le paradis
sur terre, si les Cucugnanais[9] lui avaient donné un peu plus de
satisfaction. Mais, hélas! les araignées filaient dans son confes-
sionnal, et, le beau jour de Pâques, les hosties restaient au fond
de son saint-ciboire.[10] Le bon prêtre en avait le cœur meurtri,

[1] *Cucugnan,* village 27 miles southeast of Carcassonne.

[2] *la Chandeleur,* Candlemas Day (Feb. 2). On this day, in honor of the
presentation of the infant Jesus in the Temple and the purification of the
Virgin Mary, candles are blessed.

[3] *en = à.* The preposition *en* is used by the people of Avignon and by
some writers.   [4] *Avignon,* city in southern France, on the Rhône river.

[5] *un joyeux petit livre,* the Armana prouvençau (*Fr. Almanach provençal*), which first appeared in 1855.

[6] *rempli jusqu'aux bords de,* full to bursting with.

[7] *tendez vos mannes,* hold out your baskets (to receive this precious flour).

[8] *franc comme l'or,* plain-spoken (*lit.* frank as gold).

[9] *Cucugnanais,* inhabitants of Cucugnan.

[10] *les hosties ... saint-ciboire.* The consecrated wafers remained at the
bottom of his Holy Communion vessel. In other words, the people of Cucugnan very rarely went to take communion.

et toujours il demandait à Dieu la grâce de ne pas mourir avant d'avoir ramené au bercail son troupeau dispersé.

Or, vous allez voir que Dieu l'entendit.

Un dimanche après l'Évangile, M. Martin monta en chaire.

. . . . .

— Mes frères, dit-il, vous me croirez si vous voulez: l'autre nuit, je me suis trouvé, moi misérable pécheur, à la porte du paradis.

«Je frappai: saint Pierre m'ouvrit!

«— Tiens! c'est vous, mon brave monsieur Martin, me fit-il: quel bon vent?[11] . . . et qu'y a-t-il pour votre service?

«— Beau saint Pierre, vous qui tenez le grand livre et la clef,[12] pourriez-vous me dire, si je ne suis pas trop curieux, combien vous avez de Cucugnanais en paradis?

«— Je n'ai rien à vous refuser, monsieur Martin; asseyez-vous, nous allons voir la chose ensemble.

Et saint Pierre prit son gros livre, l'ouvrit, mit ses besicles:

«— Voyons un peu: Cucugnan, disons-nous. Cu . . . Cu . . . Cucugnan. Nous y sommes. Cucugnan . . . Mon brave monsieur Martin, la page est toute blanche. Pas une âme . . . Pas plus de Cucugnanais que d'arêtes dans une dinde.

«— Comment! Personne de Cucugnan ici? Personne? Ce n'est pas possible! Regardez mieux . . .

«— Personne, saint homme. Regardez vous-même, si vous croyez que je plaisante.

«Moi, pécaïre! je frappais des pieds, et, les mains jointes, je criais miséricorde. Alors, saint Pierre:

«— Croyez-moi, monsieur Martin, il ne faut pas ainsi vous mettre le cœur à l'envers,[13] car vous pourriez en avoir quelque

---

[11] *quel bon vent? . . . = quel bon vent vous amène?* what good wind brings you here?

[12] *le grand livre et la clef,* the great book (of the elect) and the key (to Paradise).

[13] *il ne faut pas ainsi vous mettre le cœur à l'envers,* you shouldn't get upset like that.

mauvais coup de sang.[14] Ce n'est pas votre faute, après tout. Vos Cucugnanais, voyez-vous, doivent faire à coup sûr [15] leur petite quarantaine en purgatoire.

«— Ah! par charité, grand saint Pierre! faites que je puisse au moins les voir et les consoler.

«— Volontiers, mon ami ... Tenez, chaussez vite ces sandales, car les chemins ne sont pas beaux de reste ...[16] Voilà qui est bien ... Maintenant, cheminez droit devant vous. Voyez-vous là-bas, au fond, en tournant? Vous trouverez une porte d'argent toute constellée de croix noires ... à main droite ... Vous frapperez, on vous ouvrira ... Adessias! [17] Tenez-vous sain et gaillardet.[18]

. . . . .

«Et je cheminai ... je cheminai! Quelle battue! j'ai la chair de poule,[19] rien que d'y songer. Un petit sentier, plein de ronces, d'escarboucles qui luisaient et de serpents qui sifflaient, m'amena jusqu'à la porte d'argent.

«— Pan! pan![20]

«— Qui frappe? me fait une voix rauque et dolente.

«— Le curé de Cucugnan.

«— De ... ?

«— De Cucugnan.

«— Ah! Entrez.

«J'entrai. Un grand bel ange, avec des ailes sombres comme la nuit, avec une robe resplendissante comme le jour, avec une clef de diamant pendue à sa ceinture, écrivait, cra-cra,[21] dans un grand livre plus gros que celui de saint Pierre ...

«— Finalement, que voulez-vous et que demandez-vous? dit l'ange.

[14] *mauvais coup de sang,* serious stroke.
[15] *à coup sûr,* certainly.
[16] *ne sont pas beaux de reste,* are none too good.
[17] *Adessias!, Prov.* Adieu, Goodbye.
[18] *sain et gaillardet,* hale and hearty.
[19] *la chair de poule,* goose pimples.
[20] *Pan! pan!,* Bang! bang!   [21] *cra-cra,* scratch-scratch.

«— Bel ange de Dieu, je veux savoir, — je suis bien curieux peut-être, — si vous avez ici les Cucugnanais.

«— Les ... ?

«— Les Cucugnanais, les gens de Cucugnan ... que c'est²² moi qui suis leur prieur.

«— Ah! l'abbé Martin, n'est-ce pas?

«— Pour vous servir, monsieur l'ange.

«— Vous dites donc Cucugnan ...

Et l'ange ouvre et feuillette son grand livre, mouillant son doigt de salive pour que le feuillet glisse mieux ...

«— Cucugnan, dit-il en poussant un long soupir ... Monsieur Martin, nous n'avons en purgatoire personne de Cucugnan.

«— Jésus! Marie! Joseph! personne de Cucugnan en purgatoire! O grand Dieu! où sont-ils donc?

«— Eh! saint homme, ils sont en paradis. Où diantre²³ voulez-vous qu'ils soient?

«— Mais j'en viens, du paradis ...

«— Vous en venez! ... Eh bien?

«— Eh bien! ils n'y sont pas! ... Ah! bonne mère des anges! ...

«— Que voulez-vous, monsieur le curé! s'ils ne sont ni en paradis ni en purgatoire, il n'y a pas de milieu, ils sont ...

«— Sainte croix! Jésus, fils de David! Aï! aï! aï! est-il possible? ... Serait-ce un mensonge du grand saint Pierre? ... Pourtant je n'ai pas entendu chanter le coq!²⁴ ... Aï! pauvres nous! comment irai-je en paradis si mes Cucugnanais n'y sont pas?

«— Écoutez, mon pauvre monsieur Martin, puisque vous voulez coûte que coûte²⁵ être sûr de tout ceci, et voir de vos yeux de quoi il retourne,²⁶ prenez ce sentier, filez en courant,²⁷ si vous

---

²² *que c'est = parce que c'est,* because it is.

²³ *Où diantre = Où diable,* Where the devil.

²⁴ *chanter le coq,* "And Peter remembered the word of Jesus, which said unto him, Before the cock crow, thou shalt deny me thrice. And he went out, and wept bitterly." (Matthew, 26, verse 75.)

²⁵ *coûte que coûte,* regardless of the consequences.

²⁶ *de quoi il retourne,* what's really going on.

²⁷ *filez en courant,* run quickly.

savez courir ... Vous trouverez, à gauche, un grand portail. Là, vous vous renseignerez sur tout. Dieu vous le donne! [28]

«Et l'ange ferma la porte.

«C'était un long sentier tout pavé de braise rouge. Je chancelais comme si j'avais bu; à chaque pas, je trébuchais; j'étais tout en eau, chaque poil de mon corps avait sa goutte de sueur, et je haletais de soif ... Mais, ma foi, grâce aux sandales que le bon saint Pierre m'avait prêtées, je ne me brûlai pas les pieds.

«Quand j'eus fait assez de faux pas clopin-clopant,[29] je vis à ma main gauche une porte ... non, un portail, un énorme portail, tout bâillant, comme la porte d'un grand four. Oh! mes enfants, quel spectacle! Là, on ne demande pas mon nom; là, point de registre. Par fournées et à pleine porte, on entre là, mes frères, comme le dimanche vous entrez au cabaret.

«Je suais à grosses gouttes, et pourtant j'étais transi, j'avais le frisson. Mes cheveux se dressaient. Je sentais le brûlé, la chair rôtie, quelque chose comme l'odeur qui se répand dans notre Cucugnan quand Éloy, le maréchal,[30] brûle pour la ferrer la botte d'un vieil âne. Je perdais haleine dans cet air puant et embrasé; j'entendais une clameur horrible, des gémissements, des hurlements et des jurements.

— Eh bien, entres-tu ou n'entres-tu pas, toi? — me fait, en me piquant de sa fourche, un démon cornu.

— Moi? Je n'entre pas. Je suis un ami de Dieu.

— Tu es un ami de Dieu ... Eh! b— de teigneux![31] que viens-tu faire ici? ...

— Je viens ... Ah! ne m'en parlez pas ... que je ne puis plus me tenir sur mes jambes ... Je viens ... je viens de loin ... humblement vous demander ... si ... si, par coup de hasard [32] ... vous n'auriez pas ici ... quelqu'un ... quelqu'un de Cucugnan ...

[28] *Dieu vous le donne!* = *Dieu vous donne le salut!* God be with you!
[29] *clopin-clopant,* hobbling along.
[30] *le maréchal* = *le maréchal ferrant,* the blacksmith.
[31] *b— de teigneux* = *bougre de teigneux,* lousy fellow.
[32] *par coup de hasard,* just by chance.

— Ah! feu de Dieu![33] tu fais la bête, toi, comme si tu ne savais pas que tout Cucugnan est ici. Tiens, laid corbeau, regarde, et tu verras comme nous les arrangeons ici, tes fameux Cucugnanais ...

«Et je vis, au milieu d'un épouvantable tourbillon de flamme:

«Le long Coq-Galine,[34] — vous l'avez tous connu, mes frères, — Coq-Galine, qui se grisait si souvent, et si souvent secouait les puces à sa pauvre Clairon.[35]

«Je vis Catarinet ... cette petite gueuse ... avec son nez en l'air ... qui couchait toute seule à la grange ... Il vous en souvient, mes drôles! ... Mais passons, j'en ai trop dit.

«Je vis Pascal Doigt-de-Poix,[36] qui faisait son huile avec les olives de M. Julien.

«Je vis Babet la glaneuse qui, en glanant, pour avoir plus vite noué sa gerbe, puisait à poignées aux gerbiers.[37]

«Je vis maître Grapasi, qui huilait si bien la roue de sa brouette.[38]

«Et Dauphine, qui vendait si cher l'eau de son puits.

«Et le Tortillard,[39] qui, lorsqu'il me rencontrait portant le bon Dieu,[40] filait son chemin, la barrette sur la tête et la pipe au bec ... et fier comme Artaban[41] ... comme s'il avait rencontré un chien.

«Et Coulau avec sa Zette, et Jacques, et Pierre, et Toni ...

. . . . .

Ému, blême de peur, l'auditoire gémit, en voyant, dans l'enfer tout ouvert, qui son père et qui sa mère, qui sa grand'mère et qui sa sœur ...

[33] *feu de Dieu!*, fire and brimstone! thunderation!

[34] *Coq-Galine,* Hen-Cock.

[35] *secouait ... Clairon,* beat his poor wife Clairon (*lit.* shook the fleas from Clairon).

[36] *Doigt-de-Poix,* Sticky Fingers. Being a thief, everything stuck to his fingers.

[37] *puisait à poignées aux gerbiers,* pulled out handfuls from the stacks.

[38] *qui huilait si bien la roue de sa brouette,* who oiled so well the wheel of his wheelbarrow (so no one would hear him at night when he went out to steal).

[39] *le Tortillard,* the Hobbler, the Limper.

[40] *portant le bon Dieu,* bearing the Sacrament (to a dying person).

[41] *fier comme Artaban,* proud as a peacock. Artaban is the proud hero of *Cléopâtre* (1657), a long-winded novel by La Calprenède.

— Vous sentez bien, mes frères, reprit le bon abbé Martin, vous sentez bien que ceci ne peut pas durer. J'ai charge d'âmes,[42] et je veux, je veux vous sauver de l'abîme où vous êtes tous en train de rouler tête première. Demain je me mets à l'ouvrage, pas plus tard que demain. Et l'ouvrage ne manquera pas! Voici comment je m'y prendrai.[43] Pour que tout se fasse bien,[44] il faut tout faire avec ordre. Nous irons rang par rang, comme à Jonquières [45] quand on danse.

«Demain lundi, je confesserai les vieux et les vieilles. Ce n'est rien.

«Mardi, les enfants. J'aurai bientôt fait.

«Mercredi, les garçons et les filles. Cela pourra être long.

«Jeudi, les hommes. Nous couperons court.

«Vendredi, les femmes. Je dirai: Pas d'histoires! [46]

«Samedi, le meunier! ... Ce n'est pas trop d'un jour pour lui tout seul [47] ...

«Et, si dimanche, nous avons fini, nous serons bien heureux.

«Voyez-vous, mes enfants, quand le blé est mûr, il faut le couper; quand le vin est tiré, il faut le boire. Voilà assez de linge sale, il s'agit de le laver, et de le bien laver.

«C'est la grâce que je vous souhaite. *Amen!*

. . . . .

Ce qui fut dit fut fait. On coula la lessive.[48]

Depuis ce dimanche mémorable, le parfum des vertus de Cucugnan se respire à dix lieues à l'entour.[49]

Et le bon pasteur M. Martin, heureux et plein d'allégresse, a rêvé l'autre nuit que, suivi de tout son troupeau, il gravissait,

[42] *J'ai charge d'âmes,* I am responsible for (your) souls.

[43] *comment je m'y prendrai,* how I'll go about it.

[44] *Pour que tout se fasse bien,* So that everything goes well.

[45] *Jonquières,* small town near Avignon, where the farandole was danced in the streets.

[46] *Pas d'histoires!,* No gossiping! Get to the point!

[47] The miller helped himself generously to the grain which was brought to him to be ground.

[48] *On coula la lessive,* Everyone went to confession (*lit.* everyone's dirty linen was put to soak). [49] *à l'entour,* around.

en resplendissante procession, au milieu des cierges allumés, d'un nuage d'encens qui embaumait et des enfants de chœur qui chantaient *Te Deum*,[50] le chemin éclairé de la cité de Dieu.

Et voilà l'histoire du curé de Cucugnan, telle que m'a ordonné de vous le dire ce grand gueusard de Roumanille,[51] qui la tenait lui-même d'un autre bon compagnon.

[Daudet, *Lettres de mon moulin*, 1869.]

[50] *Te Deum:* — *laudamus,* "We Praise Thee, O Lord," a hymn of thanksgiving.

[51] *Roumanille* (1818–1891), author of this story, which Daudet translated from the Provençal language.

Questionnaire

1. Qui se présente au début de cette nouvelle?
2. Où l'auteur a-t-il trouvé ce conte?
3. Quelles sont les vertus de l'abbé Martin?
4. Quelle impression vous donne-t-il de ses paroissiens?
5. Que va faire l'abbé Martin pour ramener ses paroissiens à la religion?
6. Quelle sorte de réception a-t-il eue à la porte du paradis?
7. Que savez-vous du grand livre et de la clef?
8. Pourquoi l'abbé Martin a-t-il été déçu après avoir consulté le grand livre?
9. Sa surprise vous semble-t-elle sincère quand il apprend la vérité?
10. Que lui dit saint Pierre pour le consoler?
11. Comment l'abbé Martin se rend-il au purgatoire?
12. Quelle œuvre célèbre connaissez-vous qui traite du Paradis, du Purgatoire, et de l'Enfer?
13. Expliquez pourquoi «le bel ange» porte des ailes sombres.
14. Quel est le résultat de la visite de l'abbé au purgatoire?
15. Quels sont les sentiments de l'abbé à ce moment?
16. Expliquez son allusion quand il dit qu'il n'a pas entendu «chanter le coq.»
17. Relevez les différences entre l'accueil fait au curé par saint Pierre, le bel ange et le démon.
18. Pourquoi l'auditoire gémit-il après le sermon de l'abbé Martin?
19. Vous avez maintenant lu un conte de Balzac, un de Mérimée et un de Daudet respectivement. Expliquez votre préférence en quelques mots.

Le Vieux
A Cheval

par

Guy de Maupassant

(1850–1893)

Guy de Maupassant (1850–1893),

conteur et romancier, fut élevé par sa mère, qui était séparée de son mari. Il fit de bonnes études en Normandie où il naquit dans un château près de Dieppe. Il fut mobilisé à Paris pendant la guerre franco-allemande de 1870–1871. Pendant quelques années, après la guerre, il essaya de gagner sa vie comme petit employé de ministère. Entre-temps, s'inspirant des leçons de style que Flaubert, le grand maître du roman français, lui donna, il se mit à écrire des contes et des romans. Il excella dans la peinture des personnages les plus divers, pris au hasard des circonstances quotidiennes; paysans normands, petits bourgeois, employés, gens du monde de Paris, etc. Il n'avait aucun souci d'idéalisme ni de morale, et n'avait aucune prétention à des théories philosophiques et littéraires. Ses œuvres comprennent des romans et des contes: Boule de suif (1880), Une Vie (1883), Bel Ami (1885), Pierre et Jean (1888), Fort comme la mort (1889). Ses trois cents Contes publiés sous divers titres en une dizaine de volumes, de 1881 à 1888, sont d'un art et d'un style sobres, vigoureux. La réputation de Maupassant s'étendit à l'étranger; aux États-Unis elle reste très grande. L'excès de travail et de plaisirs le conduisit à la folie (1891); dix-huit mois plus tard il mourut dans une maison de santé, à Paris.

Le Vieux

Un tiède soleil d'automne tombait dans la cour de ferme, par-
dessus les grands hêtres des fossés. Sous le gazon tondu par les
vaches, la terre, imprégnée de pluie récente, était moite, enfonçait
sous les pieds avec un bruit d'eau; et les pommiers chargés de
pommes semaient leurs fruits d'un vert pâle, dans le vert foncé
de l'herbage.

Quatre jeunes génisses paissaient, attachées en ligne, et meu-
glaient par moments vers la maison; les volailles mettaient un
mouvement coloré sur le fumier, devant l'étable, et grattaient,
remuaient, caquetaient, tandis que les deux coqs chantaient sans
cesse, cherchaient des vers pour leurs poules, qu'ils appelaient
d'un gloussement vif.

La barrière de bois s'ouvrit; un homme entra, âgé de quarante
ans peut-être, mais qui semblait vieux de soixante, ridé, tortu,
marchant à grands pas lents, alourdis par le poids de lourds sabots
pleins de paille. Ses bras trop longs pendaient des deux côtés du
corps. Quand il approcha de la ferme, un roquet [1] jaune, attaché
au pied d'un énorme poirier, à côté d'un baril qui lui servait de
niche, remua la queue, puis se mit à japper en signe de joie.
L'homme cria:

— A bas Finot!

Le chien se tut.

Une paysanne sortit de la maison. Son corps osseux, large et
plat, se dessinait sous un caraco de laine qui serrait la taille. [2] Une

---

[1] *un roquet,* a cur.
[2] *un caraco de laine qui serrait la taille,* a tight-fitting woolen jersey.

jupe grise, trop courte, tombait jusqu'à la moitié des jambes, cachées en des bas bleus, et elle portait aussi des sabots pleins de paille. Un bonnet blanc, devenu jaune, couvrait quelques cheveux collés au crâne, et sa figure brune, maigre, laide, édentée, montrait cette physionomie sauvage et brute qu'ont souvent les faces des paysans.

L'homme demanda:

— Comment va-t-il?

La femme répondit:

— M'sieu le curé dit que c'est la fin, qu'il ne passera point la nuit.[3]

Ils entrèrent tous deux dans la maison.

Après avoir traversé la cuisine, ils pénétrèrent dans la chambre, basse, noire, à peine éclairée par un carreau, devant lequel tombait une loque d'indienne normande.[4] Les grosses poutres du plafond, brunies par le temps, noires et enfumées, traversaient la pièce de part en part,[5] portant le mince plancher du grenier, où couraient, jour et nuit, des troupeaux de rats.

Le sol de terre, bossué, humide, semblait gras, et, dans le fond de l'appartement, le lit faisait une tache vaguement blanche. Un bruit régulier, rauque, une respiration dure, râlante, sifflante, avec un gargouillement d'eau comme celui que fait une pompe brisée, partait de la couche enténébrée où agonisait un vieillard, le père de la paysanne.

L'homme et la femme s'approchèrent et regardèrent le moribond, de leur œil placide et résigné.

Le gendre dit:

— Cette fois, c'est fini; il n'ira pas seulement à la nuit.

La fermière reprit:

— C'est depuis midi qu'il gargotte [6] comme ça.

Puis ils se turent. Le père avait les yeux fermés, le visage couleur de terre, si sec qu'il semblait en bois. Sa bouche entr'ouverte

---

[3] *qu'il ne passera point la nuit,* that he won't last through the night.

[4] *une loque d'indienne normande,* a piece of Norman chintz.

[5] *de part en part,* from one side to the other.

[6] *qu'il gargotte = qu'il gargouille,* that he's been gurgling.

laissait passer son souffle clapotant et dur;[7] et le drap de toile grise se soulevait sur la poitrine à chaque aspiration.

Le gendre, après un long silence, prononça:

— Il n'y a qu'à le laisser finir. Nous n'y pouvons rien. Tout de même, c'est dérangeant [8] pour les cossards,[9] vu que le temps est bon, qu'il faut repiquer [10] demain.

Sa femme parut inquiète à cette pensée. Elle réfléchit quelques instants, puis déclara:

— Puisqu'il va passer,[11] on ne l'enterrera pas avant samedi; tu auras bien demain pour les cossards.

Le paysan méditait; il dit:

— Oui, mais demain il faudra que j'invite pour l'enterrement. Ça me prendra bien cinq ou six heures pour aller de Tourville à Manetot [12] chez tout le monde.

La femme, après avoir médité deux ou trois minutes, prononça:

— Il est à peine trois heures, et tu pourrais commencer la tournée cette nuit et faire tout le côté de Tourville. Tu peux bien dire qu'il a passé, puisqu'il n'en a pas quasiment pour la relevée.[13]

L'homme demeura quelques instants perplexe, pesant les conséquences et les avantages de l'idée. Enfin, il déclara:

— Tout de même, j'y vais.

Il allait sortir; il revint, et, après une hésitation:

— Puisque tu n'as point d'ouvrage, loche des pommes à cuire,[14] et puis tu feras quatre douzaines de douillons [15] pour ceux qui

---

[7] *clapotant et dur,* heavy and labored.

[8] *Tout de même, c'est dérangeant,* Just the same, it's annoying.

[9] *les cossards,* the colzas, i.e. rapeseed, used as a food for sheep.

[10] *qu'il faut repiquer,* that we have to transplant.

[11] *Puisqu'il va passer,* Since he's going to die (*lit.* pass on).

[12] *Tourville à Manetot,* Tourville is a small village southeast of Deauville, famous Norman beach resort. There is no town in France by the name of Manetot.

[13] *puisqu'il ... la relevée = puisqu'il ne peut même pas durer toute l'après-midi.*

[14] *loche des pommes à cuire,* shake down some apples to cook.

[15] *douillons,* apple dumplings.

viendront à l'enterrement, vu qu'il faudra se réconforter.[16] Tu allumeras le four avec la bourrée [17] qui est sous le hangar au pressoir.[18] Elle est sèche.

Et il sortit de la chambre, rentra dans la cuisine, ouvrit le buffet, prit un pain de six livres, en coupa soigneusement une tranche, recueillit dans le creux de sa main les miettes tombées sur la tablette, et se les jeta dans la bouche pour ne rien perdre. Puis il enleva avec la pointe de son couteau un peu de beurre salé au fond d'un pot de terre brune, l'étendit sur son pain, qu'il se mit à manger lentement, comme il faisait tout.

Et il retraversa la cour, apaisa le chien, qui se remettait à japper, sortit sur le chemin qui longeait son fossé, et s'éloigna dans la direction de Tourville.

• • • • •

Restée seule, la femme se mit à la besogne. Elle découvrit la huche à la farine,[19] et prépara la pâte aux douillons. Elle la pétrissait longuement, la tournant et la retournant, la maniant, l'écrasant, la broyant. Puis elle en fit une grosse boule d'un blanc jaune, qu'elle laissa sur le coin de la table.

Alors elle alla chercher les pommes et, pour ne point blesser l'arbre avec la gaule, elle grimpa dedans au moyen d'un escabeau. Elle choisissait les fruits avec soin, pour ne prendre que les plus mûrs, et les entassait dans son tablier.

Une voix l'appela du chemin:

— Ohé, madame Chicot!

Elle se retourna. C'était un voisin, maître Osime Favet, le maire, qui s'en allait fumer ses terres,[20] assis, les jambes pendantes, sur le tombereau d'engrais.[21] Elle se retourna, et répondit:

[16] *vu qu'il faudra se réconforter,* seeing that we'll have to have something to eat.

[17] *la bourrée,* the fagot.

[18] *le hangar au pressoir,* the cider-press shed.

[19] *la huche à la farine,* the flour bin.

[20] *qui s'en allait fumer ses terres,* who was on his way to manure his fields.

[21] *le tombereau d'engrais,* the manure cart.

— Qu'est-ce qu'il y a pour votre service, maître Osime?

— Et le père, où est-ce qu'il en est? [22]

Elle cria:

— Il est quasiment passé. C'est samedi l'enterrement, à sept heures, vu les cossards qui pressent.[23]

Le voisin répliqua:

— Entendu. Bonne chance! Portez-vous bien.

Elle répondit à sa politesse:

— Merci, et vous de même.

Puis elle se remit à cueillir ses pommes.

Aussitôt qu'elle fut rentrée, elle alla voir son père, s'attendant à le trouver mort. Mais dès la porte elle distingua son râle bruyant et monotone, et, jugeant inutile d'approcher du lit pour ne point perdre de temps, elle commença à préparer les douillons.

Elle enveloppait les fruits, un à un, dans une mince feuille de pâte, puis les alignait au bord de la table. Quand elle eut fait quarante-huit boules, rangées par douzaines l'une devant l'autre, elle pensa à préparer le souper, et elle accrocha sur le feu sa marmite, pour faire cuire les pommes de terre; car elle avait réfléchi qu'il était inutile d'allumer le four, ce jour-là même, ayant encore le lendemain tout entier pour terminer les préparatifs.

Son homme rentra vers cinq heures. Dès qu'il eut franchi le seuil, il demanda:

— Est-ce la fin?

Elle répondit:

— Point encore; ça gargouille toujours.

Ils allèrent voir. Le vieux était absolument dans le même état. Son souffle rauque, régulier comme un mouvement d'horloge, ne s'était ni accéléré ni ralenti. Il revenait de seconde en seconde, variant un peu de ton, suivant que l'air entrait ou sortait de la poitrine.

Son gendre le regarda, puis il dit:

[22] *Et le père, où est-ce qu'il est?*, And the old man, how's he doing?

[23] *vu les cossards qui pressent,* because the colzas need picking (*lit.* seeing that).

— Il finira sans qu'on y pense, comme une chandelle.

Ils rentrèrent dans la cuisine et, sans parler, se mirent à souper. Quand ils eurent avalé la soupe, ils mangèrent encore une tartine de beurre, puis, aussitôt les assiettes lavées, rentrèrent dans la chambre de l'agonisant.

La femme, tenant une petite lampe à mèche fumeuse,[24] la promena devant le visage de son père. S'il n'avait pas respiré, on l'aurait cru mort assurément.

Le lit des deux paysans était caché à l'autre bout de la chambre, dans une espèce d'enfoncement. Ils se couchèrent sans dire un mot, éteignirent la lumière, fermèrent les yeux; et bientôt deux ronflements inégaux, l'un plus profond, l'autre plus aigu, accompagnèrent le râle ininterrompu du mourant.

Les rats couraient dans le grenier.

. . . . .

Le mari s'éveilla dès les premières pâleurs du jour. Son beau-père vivait encore. Il secoua sa femme, inquiet de cette résistance du vieux.

— Dis donc, Phémie, il ne veut point finir. Qu'est-ce que tu ferais, toi?

Il la savait de bon conseil.[25]

Elle répondit:

— Il ne passera point le jour, pour sûr. Il n'y a rien à craindre. Et alors le maire n'opposera pas qu'on l'enterre tout de même demain, vu qu'on l'a fait pour maître Rénard le père, qui a trépassé juste aux semences.[26]

Il fut convaincu par l'évidence du raisonnement, et il partit aux champs.

Sa femme fit cuire les douillons, puis accomplit les besognes de la ferme.

---

[24] *à mèche fumeuse,* with a smoky wick.
[25] *Il la savait de bon conseil,* He knew her judgment was good.
[26] *qui a trépassé juste aux semences,* who passed away just at seeding time.

A midi, le vieux n'était point mort. Les gens de journée[27] loués pour le repiquage des cossards vinrent en groupe considérer l'ancien qui tardait à s'en aller. Chacun dit son mot, puis ils repartirent dans les terres.

A six heures, quand on rentra, le père respirait encore. Son gendre, à la fin, s'effraya.

— Qu'est-ce que tu ferais à cette heure, toi, Phémie?

Elle ne savait non plus que résoudre. On alla trouver le maire. Il promit qu'il fermerait les yeux et autoriserait l'enterrement le lendemain. L'officier de santé, qu'on alla voir, s'engagea aussi, pour obliger maître Chicot, à antidater le certificat de décès. L'homme et la femme rentrèrent tranquilles.

Ils se couchèrent et s'endormirent comme la veille, mêlant leurs souffles sonores au souffle plus faible du vieux.

Quand ils s'éveillèrent, il n'était point mort.

. . . . .

Alors ils furent atterrés. Ils restaient debout, au chevet du père, le considérant avec méfiance, comme s'il avait voulu leur jouer un vilain tour, les tromper, les contrarier par plaisir, et ils lui en voulaient surtout du temps qu'il leur faisait perdre.

Le gendre demanda:

— Qu'est-ce que nous allons faire?

— C'est contrariant, tout de même!

On ne pouvait maintenant prévenir tous les invités, qui allaient arriver sur l'heure.[28] On résolut de les attendre, pour leur expliquer la chose.

Vers sept heures moins dix, les premiers apparurent. Les femmes en noir, la tête couverte d'un grand voile, s'en venaient[29] d'un air triste. Les hommes, gênés dans leurs vestes de drap, s'avançaient plus délibérément, deux par deux, en devisant des affaires.

Maître Chicot et sa femme, effarés, les reçurent en se désolant; et tous deux, tout à coup, au même moment, en abordant le premier groupe, se mirent à pleurer. Ils expliquaient l'aventure, contaient

[27] *Les gens de journée,* The day laborers.
[28] *sur l'heure,* at any moment. [29] *s'en venaient = venaient.*

leur embarras, offraient des chaises, se remuaient, s'excusaient, voulaient prouver que tout le monde aurait fait comme eux, parlaient sans fin, devenus brusquement bavards à ne laisser personne leur répondre.[30]

Ils allaient de l'un à l'autre:

— Nous ne l'aurions point cru; ce n'est point croyable qu'il aurait duré comme ça!

Les invités interdits, un peu déçus, comme des gens qui manquent une cérémonie attendue, ne savaient que faire, demeuraient assis ou debout. Quelques-uns voulurent s'en aller. Maître Chicot les retint:

— Nous allons casser une croûte [31] tout de même. Nous avons fait des douillons; il faut bien en profiter.

Les visages s'éclairèrent à cette pensée. On se mit à causer à voix basse. La cour peu à peu s'emplissait; les premiers venus disaient la nouvelle aux nouveaux arrivants. On chuchotait, l'idée des douillons égayant tout le monde.

Les femmes entraient pour regarder le mourant. Elles se signaient auprès du lit, balbutiaient une prière, ressortaient. Les hommes, moins avides de ce spectacle, jetaient un seul coup d'œil de la fenêtre qu'on avait ouverte.

Mme Chicot expliquait l'agonie:

— Voilà deux jours qu'il est comme ça, ni plus ni moins, ni plus haut ni plus bas. Ne dirait-on pas une pompe à eau qui n'a plus d'eau?

. . . . .

Quand tout le monde eut vu l'agonisant, on pensa à la collation; mais, comme on était trop nombreux pour tenir dans la cuisine, on sortit la table devant la porte. Les quatre douzaines de douillons, dorés, appétissants, tiraient les yeux,[32] disposés dans deux grands plats. Chacun avançait le bras pour prendre le sien, craignant qu'il n'y en eût pas assez. Mais il en resta quatre.

[30] *devenus . . . répondre,* having become suddenly so talkative that no one could answer them.   [31] *casser une croûte,* to have a bite to eat.

[32] *tiraient les yeux,* attracted all eyes.

Maître Chicot, la bouche pleine, prononça:

— S'il nous voyait, le père, ça lui ferait deuil.[33] C'est lui qui les aimait de son vivant.

Un gros paysan jovial déclara:

— Il n'en mangera plus, à cette heure. Chacun son tour.

Cette réflexion, loin d'attrister les invités, sembla les réjouir. C'était leur tour, à eux, de manger des boules.

Mme Chicot, désolée de la dépense, allait sans cesse au cellier [34] chercher du cidre. Les brocs se suivaient et se vidaient coup sur coup.[35] On riait maintenant, on parlait fort, on commençait à crier comme on crie dans les repas.

Tout à coup une vieille paysanne qui était restée près du moribond, retenue par une peur avide de cette chose qui lui arriverait bientôt à elle-même, apparut à la fenêtre, et cria d'une voix aiguë:

— Il a passé! il a passé!

Chacun se tut. Les femmes se levèrent vivement pour aller voir.

Il était mort, en effet. Il avait cessé de râler. Les hommes se regardaient, baissaient les yeux, mal à leur aise. On n'avait pas fini de mâcher les boules. Il avait mal choisi son moment, ce gredin-là.[36]

Les Chicot, maintenant, ne pleuraient plus. C'était fini, ils étaient tranquilles. Ils répétaient:

— Nous savions bien que ça ne pouvait point durer. Si seulement il avait pu se décider cette nuit, ça n'aurait point fait tout ce dérangement.

N'importe, c'était fini. On l'enterrerait lundi, voilà tout, et on remangerait des douillons pour l'occasion.

Les invités s'en allèrent, en causant de la chose, contents tout de même d'avoir vu ça et aussi d'avoir cassé une croûte.

Et quand l'homme et la femme furent demeurés tout seuls, face à face, elle dit, la figure contractée par l'angoisse:

[33] *ça lui ferait deuil,* it would grieve him.
[34] *cellier,* storeroom (for wine, cider).
[35] *coup sur coup,* one after the other.
[36] *ce gredin-là,* that rascal.

— Faudra tout de même recuire quatre douzaines de boules! Si seulement il avait pu se décider cette nuit!

Et le mari, résigné, répondit:

— Ça ne serait pas à refaire tous les jours!

[Maupassant, *Contes du jour et de la nuit,* C. Marpon et E. Flammarion, Paris, 1885.]

Questionnaire

1. Le vieux fermier est mourant; sa fille et son gendre sont ennuyés. Pourquoi?

2. Pour gagner du temps, que fait le gendre?

3. Comment la femme passe-t-elle son temps pendant l'absence de son mari?

4. Le «père» ne veut pas mourir. Quelle est la réaction du couple?

5. Quand les invités arrivent, comment se comportent-ils?

6. Pourquoi est-ce que maître Chicot parle de son beau-père à l'imparfait quand il dit: «C'est lui qui les aimait de son vivant!»?

7. «Chacun son tour» ... Expliquez pourquoi le gros paysan parle comme cela.

8. Pourquoi est-ce que Madame Chicot est désolée que son père ne soit pas encore mort?

9. Les mots «riait,» «parlait,» «crier,» sont choquants. Expliquez pourquoi.

10. Une seule vieille paysanne est restée auprès du mourant. Est-ce par sympathie? Si non, pourquoi?

11. «Il était mort en effet.» En quoi cette expression garde-t-elle le ton général de l'histoire?

12. Comment est-ce que Maupassant choisit les détails pour décrire les réactions de ses personnages?

13. Après avoir lu ce conte et celui qui est intitulé *A Cheval,* pouvez-vous dire que Maupassant est probablement un des meilleurs conteurs français qui aient jamais existé? Donnez votre opinion sur cette question.

A Cheval

Les pauvres gens vivaient péniblement des petits appointements du mari. Deux enfants étaient nés depuis leur mariage, et la gêne première était devenue une de ces misères humbles, voilées, honteuses, une misère de famille noble qui veut tenir son rang quand même.

Hector de Gribelin avait été élevé en province, dans le manoir paternel, par un vieil abbé précepteur. On n'était pas riche, mais on vivotait [1] en gardant les apparences. Puis, à vingt ans, on lui avait cherché une position, et il était entré, commis à quinze cents francs,[2] au ministère de la Marine. Il avait échoué sur cet écueil [3] comme tous ceux qui ne sont point préparés de bonne heure au rude combat de la vie, tous ceux qui voient l'existence à travers un nuage, qui ignorent les moyens et les résistances, en qui on n'a pas développé dès l'enfance des aptitudes spéciales, des facultés particulières, une âpre énergie à la lutte, tous ceux à qui on n'a pas remis une arme ou un outil dans la main. Ses trois années de bureau furent horribles. Il avait retrouvé quelques amis de sa famille, vieilles gens attardées [4] et peu fortunées aussi, qui vivaient dans les rues nobles,[5] les tristes rues du faubourg Saint-Germain,[6] et il s'était fait un cercle de connaissances.

[1] *on vivotait,* they got along.   [2] *à quinze cents francs,* at $300 a year.
[3] *échoué sur cet écueil,* landed on this rock.
[4] *attardées,* behind the times.
[5] *les rues nobles,* the streets where the aristocracy formerly lived.
[6] *faubourg Saint-Germain,* In the western section of Paris. In the 18th and 19th centuries it was famous for its elegant homes and fine courtyards. Today, most of these *hôtels* (*private homes*) have been taken over by various departments of the government.

Étrangers à la vie moderne, humbles et fiers, ces aristocrates nécessiteux habitaient les étages élevés de maisons endormies.[7] Du haut en bas de ces demeures, les locataires étaient titrés; mais l'argent semblait rare au premier comme au sixième.

Les éternels préjugés, la préoccupation du rang, le souci de ne pas déchoir, hantaient ces familles autrefois brillantes, et ruinées par l'inaction des hommes. Hector de Gribelin rencontra dans ce monde une jeune fille noble et pauvre comme lui, et l'épousa. Ils eurent deux enfants en quatre ans.

Pendant quatre années encore, ce ménage, harcelé par la misère, ne connut d'autres distractions que la promenade aux Champs-Élysées,[8] le dimanche, et quelques soirées au théâtre, une ou deux par hiver, grâce à des billets de faveur [9] offerts par un collègue. Mais voilà que, vers le printemps, un travail supplémentaire fut confié à l'employé par son chef; et il reçut une gratification extraordinaire de trois cents francs. En rapportant cet argent, il dit à sa femme:

— Ma chère Henriette, il faut nous offrir quelque chose, par exemple une partie de plaisir [10] pour les enfants. Et après une longue discussion, il fut décidé qu'on irait déjeuner à la campagne.

— Ma foi, s'écria Hector, une fois n'est pas coutume; nous louerons un break [11] pour toi, les petits et la bonne, et moi je prendrai un cheval de manège.[12] Cela me fera du bien. Et pendant toute la semaine on ne parla que de l'excursion projetée. Chaque soir, en rentrant du bureau, Hector saisissait son fils aîné, le plaçait à califourchon sur sa jambe, et, en le faisant sauter de toute sa force, il lui disait:

— Voilà comment il galopera, papa, dimanche prochain, à la promenade. Et le gamin, tout le jour,[13] enfourchait les chaises et les traînait autour de la salle en criant: — C'est papa à dada.[14]

[7] *maisons endormies,* houses in which there is no life (*lit.* asleep).

[8] *Champs-Élysées,* beautiful avenue, extending from the Arc de Triomphe to the Place de la Concorde. [9] *billets de faveur,* complimentary tickets.

[10] *une partie de plaisir,* a party.

[11] *un break,* a high four-wheeled carriage.

[12] *un cheval de manège,* a horse from a riding stable.

[13] *tout le jour = toute la journée.* [14] *dada,* child's name for horse.

Et la bonne elle-même regardait monsieur d'un œil émerveillé, en songeant qu'il accompagnerait la voiture à cheval; et pendant tous les repas elle l'écoutait parler d'équitation, raconter ses exploits de jadis, chez son père. Oh! il avait été à bonne école,[15] et, une fois la bête entre ses jambes, il ne craignait rien, mais rien!

Il répétait à sa femme en se frottant les mains:

— Si on pouvait me donner un animal un peu difficile, je serais enchanté. Tu verras comme je monte; et, si tu veux, nous reviendrons par les Champs-Élysées au moment du retour du Bois.[16] Comme nous ferons bonne figure,[17] je ne serais pas fâché de rencontrer quelqu'un du Ministère. Il n'en faut pas plus pour se faire respecter des chefs.

Au jour dit, la voiture et le cheval arrivèrent en même temps devant la porte. Il descendit aussitôt, pour examiner sa monture. Il avait fait coudre des sous-pieds[18] à son pantalon et manœuvrait une cravache achetée la veille. Il leva et palpa, l'une après l'autre, les quatre jambes de la bête, tâta le cou, les côtes, les jarrets, éprouva du doigt[19] les reins, ouvrit la bouche, examina les dents, déclara son âge, et, comme toute la famille descendait, il fit une sorte de petit cours théorique et pratique sur le cheval en général et en particulier sur celui-là, qu'il reconnaissait excellent.

Quand tout le monde fut bien placé dans la voiture, il vérifia les sangles de la selle; puis, s'enlevant sur un étrier,[20] retomba sur l'animal, qui se mit à danser sous la charge et faillit désarçonner son cavalier. Hector, ému, tâchait de le calmer: — Allons, tout beau,[21] mon ami, tout beau. Puis, quand le porteur eut repris

[15] *il avait été à bonne école,* he had been trained well (*lit.* he had gone to the right school).

[16] *Bois: le — de Boulogne,* famous park on the west side of Paris, with restaurants, a zoo, etc.

[17] *Comme nous ferons bonne figure,* Since we'll look well.

[18] *des sous-pieds,* trouser straps fitting under the feet.

[19] *éprouva du doigt,* felt with his finger(s).

[20] *s'enlevant sur un étrier = se haussant sur,* lifting himself up on a stirrup.

[21] *tout beau = tout doucement,* gently, quiet now.

sa tranquillité et le porté son aplomb, celui-ci demanda: — Est-on prêt? Toutes les voix répondirent: — Oui. Alors, il commanda: — En route! Et la cavalcade s'éloigna.

Tous les regards étaient tendus sur lui.[22] Il trottait à l'anglaise en exagérant les ressauts. A peine était-il retombé sur la selle qu'il rebondissait comme pour monter dans l'espace. Souvent il semblait prêt à s'abattre sur la crinière, et il tenait ses yeux fixes devant lui, ayant la figure crispée et les joues pâles. Sa femme, gardant sur ses genoux un des enfants, et la bonne qui portait l'autre, répétaient sans cesse:

— Regardez papa, regardez papa!

Et les deux gamins, grisés par le mouvement, la joie et l'air vif, poussaient des cris aigus. Le cheval, effrayé par ces clameurs, finit par prendre le galop, et, pendant que le cavalier s'efforçait de l'arrêter, le chapeau roula par terre. Il fallut que le cocher descendît de son siège pour ramasser cette coiffure, et, quand Hector l'eut reçue de ses mains, il s'adressa de loin à sa femme: — Empêche donc les enfants de crier comme ça, tu me ferais emporter![23]

On déjeuna sur l'herbe, dans le bois du Vésinet,[24] avec les provisions déposées dans les coffres.

Bien que le cocher prît soin des trois chevaux, Hector à tout moment se levait pour aller voir si le sien ne manquait de rien et il le caressait sur le cou, lui faisant manger du pain, des gâteaux, du sucre. Il déclara:

— C'est un rude trotteur. Il m'a même un peu secoué dans les premiers moments; mais tu as vu que je m'y suis vite remis;[25] il a reconnu son maître; il ne bougera plus maintenant.

Comme il avait été décidé, on revint par les Champs-Élysées. La vaste avenue fourmillait de voitures. Et, sur les côtés, les promeneurs étaient si nombreux qu'on eût dit deux longs rubans

---

[22] *étaient tendus sur lui,* were fixed on him.
[23] *tu me ferais emporter,* you'll make my horse bolt.
[24] *le Vésinet,* west of Paris, near the forest of Saint-Germain.
[25] *je m'y suis vite remis,* I quickly got back into the (riding) habit.

noirs se déroulant, depuis l'Arc de Triomphe jusqu'à la place de
la Concorde.[26] Une averse de soleil tombait sur tout le monde,
faisait étinceler le vernis des calèches, l'acier des harnais, les
poignées des portières. Une folie de mouvement, une ivresse de
vie semblait agiter cette foule de gens, d'équipages et de bêtes.
Et l'Obélisque,[27] là-bas, se dressait dans une buée d'or.

Le cheval d'Hector, dès qu'il eut dépassé l'Arc de Triomphe,
fut saisi soudain d'une ardeur nouvelle, et il filait à travers les
rues, au grand trot, vers l'écurie, malgré toutes les tentatives
d'apaisement de son cavalier.

La voiture était loin maintenant, loin derrière, et voilà qu'en
face du Palais de l'Industrie,[28] l'animal se voyant du champ,[29]
tourna à droite et prit le galop. Une vieille femme en tablier
traversait la chaussée d'un pas tranquille; elle se trouvait juste
sur le chemin d'Hector, qui arrivait à fond de train.[30] Impuissant
à maîtriser sa bête, il se mit à crier de toute sa force:

— Holà! hé! holà! là-bas!

Elle était sourde peut-être, car elle continua paisiblement sa
route jusqu'au moment où, heurtée par le poitrail du cheval lancé
comme une locomotive, elle alla rouler dix pas plus loin, les jupes
en l'air, après trois culbutes sur la tête. Des voix criaient: — Ar-
rêtez-le! Hector, éperdu, se cramponnait à la crinière en hurlant:
— Au secours! Une secousse terrible le fit passer comme une
balle par-dessus les oreilles de son coursier et tomber dans les
bras d'un sergent de ville qui venait de se jeter à sa rencontre.
En une seconde, un groupe furieux, gesticulant, vociférant, se
forma autour de lui. Un vieux monsieur surtout, un vieux mon-

---

[26] *l'Arc de Triomphe ... place de la Concorde,* the entire length of
the Champs-Élysées; the Arc was built by Napoleon I. It stands at one end
of the Avenue, and the Place de la Concorde at the other.

[27] *l'Obélisque,* Egyptian monument erected in 1836 in the middle of the
Place de la Concorde.

[28] *Palais de l'Industrie,* constructed on the Champs-Élysées for the
World's Fair exhibition of 1855. It was torn down in 1900.

[29] *se voyant du champ,* seeing the way clear in front of him.

[30] *à fond de train,* at full speed.

sieur portant une grande décoration ronde[31] et de grandes moustaches blanches, semblait exaspéré.   Il répétait: — Sacrebleu,
quand on est maladroit comme ça, on reste chez soi.   On ne vient
pas tuer les gens dans la rue quand on ne sait pas conduire un
cheval.

Mais quatre hommes, portant la vieille, apparurent.   Elle semblait morte, avec sa figure jaune et son bonnet de travers, tout
gris de poussière.

— Portez cette femme chez un pharmacien, commanda le vieux
monsieur, et allons chez le commissaire de police.

Hector, entre les deux agents, se mit en route.   Un troisième
tenait son cheval.   Une foule suivait; et soudain le break parut.
Sa femme s'élança, la bonne perdait la tête, les marmots piaillaient.[32]   Il expliqua qu'il allait rentrer, qu'il avait renversé une
femme, que ce n'était rien.   Et sa famille, affolée, s'éloigna.

Chez le commissaire, l'explication fut courte.   Il donna son
nom, Hector de Gribelin, attaché au ministère de la Marine, et
on attendit des nouvelles de la blessée.   Un agent envoyé aux
renseignements revint.   Elle avait repris connaissance, mais elle
souffrait effroyablement en dedans,[33] disait-elle.   C'était une
femme de ménage, âgée de soixante-cinq ans, et dénommée Mme
Simon.   Quand il sut qu'elle n'était pas morte, Hector reprit
espoir et promit de subvenir aux frais[34] de sa guérison.   Puis il
courut chez le pharmacien.

Une cohue stationnait devant la porte; la bonne femme, af-
faissée dans un fauteuil, geignait, les mains inertes, la face abrutie.
Deux médecins l'examinaient encore.   Aucun membre n'était
cassé, mais on craignait une lésion interne.   Hector lui parla:
— Souffrez-vous beaucoup? — Oh! oui. — Où ça? — C'est comme

---

[31] *une grande décoration ronde,* the rosette of an officer in the Legion of
Honor, a French order created by Napoleon in 1802 to reward merit in both
military and civilian life.

[32] *les marmots piaillaient,* the children were yelling.

[33] *elle souffrait effroyablement en dedans,* she was suffering terribly
from internal injuries.

[34] *de subvenir aux frais,* to take care of the expenses.

un feu que j'aurais dans les estomacs.[35] Un médecin s'approcha:

— C'est vous, monsieur, qui êtes l'auteur de l'accident? — Oui,
monsieur. — Il faudrait envoyer cette femme dans une maison
de santé;[36] j'en connais une où on la recevrait à six francs par
jour. Voulez-vous que je m'en charge?

Hector, ravi, remercia et rentra chez lui soulagé. Sa femme
l'attendait dans les larmes:[37] il l'apaisa.

— Ce n'est rien, cette dame Simon va déjà mieux, dans trois
jours il n'y paraîtra plus;[38] je l'ai envoyée dans une maison de
santé; ce n'est rien.

En sortant de son bureau, le lendemain, il alla prendre des
nouvelles de Mme Simon. Il la trouva en train de manger un
bouillon gras [39] d'un air satisfait.

— Eh bien? dit-il. Elle répondit: — Oh! mon pauv' monsieur,
ça n' change pas. Je me sens quasiment anéantie. N'y a pas de
mieux.[40]

Le médecin déclara qu'il fallait attendre, une complication
pouvant survenir.[41] Il attendit trois jours, puis il revint. La
vieille femme, le teint clair, l'œil limpide, se mit à geindre en
l'apercevant:

— Je n' peux pu r'muer,[42] mon pauv' monsieur; je n' peux pu.
J'en ai pour jusqu'à la fin de mes jours.

Un frisson courut dans les os d'Hector. Il demanda le médecin.
Le médecin leva les bras:

— Que voulez-vous, monsieur, je ne sais pas, moi. Elle hurle
quand on essaye de la soulever. On ne peut même changer de
place son fauteuil sans lui faire pousser des cris déchirants. Je

---

[35] *les estomacs = l'estomac,* in the stomach.
[36] *une maison de santé,* a nursing home.
[37] *dans les larmes = en larmes.*
[38] *il n'y paraîtra plus,* she'll be all right (*lit.* nothing will show from it).
[39] *un bouillon gras,* a soup made with meat.
[40] *N'y a pas de mieux = Cela ne va pas mieux,* I'm not feeling any
better.   [41] *pouvant survenir,* perhaps developing.
[42] *Je n' peux pu r'muer = Je ne peux plus remuer,* I can't move anymore.

dois croire ce qu'elle me dit, monsieur; je ne suis pas dedans.[43]
Tant que je ne l'aurai pas vue marcher, je n'ai pas le droit de
supposer un mensonge de sa part. La vieille écoutait, immobile,
l'œil sournois.

Huit jours se passèrent; puis quinze, puis un mois. Mme Simon
ne quittait pas son fauteuil. Elle mangeait du matin au soir,
engraissait, causait gaiement avec les autres malades, semblait
accoutumée à l'immobilité comme si c'eût été le repos bien gagné
par ses cinquante ans d'escaliers montés et descendus, de matelas
retournés, de charbon porté d'étage en étage, de coups de balai
et de coups de brosse. Hector, éperdu, venait chaque jour; chaque
jour il la trouvait tranquille et sereine, et déclarant:

— Je n' peux pu r'muer, mon pauv' monsieur, je n' peux pu.

Chaque soir, Mme de Gribelin demandait, dévorée d'angoisses:

— Et Mme Simon?

Et chaque fois, il répondait avec un abattement désespéré:

— Rien de changé, absolument rien!

On renvoya la bonne, dont les gages devenaient trop lourds.
On économisa davantage encore; la gratification tout entière y
passa. Alors Hector assembla quatre grands médecins qui se
réunirent autour de la vieille. Elle se laissa examiner, tâter, palper,
en les guettant d'un œil malin.

— Il faut la faire marcher, dit l'un. Elle s'écria:

— Je n' peux pu, mes bons messieurs, je n' peux pu!

Alors ils l'empoignèrent, la soulevèrent, la traînèrent quelques
pas; mais elle leur échappa des mains et s'écroula sur le plancher
en poussant des clameurs si épouvantables qu'ils la reportèrent
sur son siège avec des précautions infinies. Ils émirent une opinion
discrète, concluant cependant à l'impossibilité du travail. Et,
quand Hector apporta cette nouvelle à sa femme, elle se laissa
choir sur une chaise en balbutiant:

— Il vaudrait mieux encore la prendre ici, ça nous coûterait
moins cher.

[43] *je ne suis pas dedans,* I don't know what's going on inside of her (*lit.*
I'm not inside of her).

Il bondit.

Ici, chez nous, y penses-tu?

Mais elle répondit, résignée à tout maintenant, et avec des larmes dans les yeux:

— Que veux-tu, mon ami, ce n'est pas ma faute! ...

[Maupassant, *Mlle. Fifi ... Nouveaux contes*, 1895.]

Questionnaire

1. A quelle classe sociale appartenaient les Gribelin?
2. Quelles étaient les préoccupations les plus importantes de cette classe?
3. Que faisaient les Gribelin pour se distraire?
4. Pourquoi M. Gribelin a-t-il reçu une gratification?
5. Que va-t-il en faire?
6. A votre avis que devrait-il en faire?
7. Comment devinez-vous que Gribelin ne sait pas très bien monter à cheval?
8. Décrivez brièvement la promenade de la famille avant l'accident.
9. Pourquoi le cheval s'est-il mis à galoper tout à coup?
10. Comment le cheval s'est-il arrêté?
11. Racontez comment la vieille femme a été renversée.
12. Que pensez-vous de cette scène au point de vue du réalisme?
13. Expliquez la psychologie de la foule pendant l'accident.
14. De quoi la vieille femme se plaint-elle?
15. Qui paie les frais et pourquoi?
16. Pourquoi avez-vous l'impression que la vieille femme ment?
17. Aimez-vous cette histoire? Pourquoi? Si vous ne l'aimez pas, donnez-en les raisons.
18. Faites une comparaison entre ce conte et l'histoire de Balzac que vous avez lue.

La Malédiction de l'or

par

André Maurois

(1885–   )

André Maurois (1885–   ),

de son vrai nom, Herzog, d'une famille d'industriels alsaciens, est né à Elbeuf, qu'il quitta avec ses parents pour aller vivre à Rouen où il fit de bonnes études. Pendant dix ans il s'occupa de la filature familiale. Doué pour la littérature, il s'y consacra de plus en plus. Pendant la première Grande Guerre il fut interprète auprès de l'armée britannique. Cette période lui inspira deux livres humoristiques: Les Silences du Colonel Bramble (1918) et Les Discours du Docteur O'Grady (1922). Il devint, par la suite, le créateur d'un nouveau genre littéraire, le roman biographique. Citons les plus connus: Ariel, ou la vie de Shelley (1923), Disraëli (1927). Byron (1930), Voltaire (1935), Chateaubriand (1938), Chopin (1942), Eisenhower (1945), A la Recherche de Marcel Proust (1949), Olympio (1954), la vie de Victor Hugo. Il écrivit aussi des romans sur la haute bourgeoisie française: Bernard Quesnay (1926), Climats (1928), Le Cercle de famille (1932), La Machine à lire les pensées (1936), Terre promise (1947): l'intelligence y domine mais la passion manque. Il présenta au public français ses impressions sur l'Amérique où il fit de fréquents séjours comme conférencier-professeur, surtout à Princeton: L'Amérique inattendue (1931), Chantiers américains (1933), États-Unis 39 (1939). En 1943 paraît une collection de contes, Le Dîner sous les marronniers, d'où nous avons tiré celui qui suit. Maurois est considéré comme un des bons écrivains français du 20ᵉ siècle. Sa réputation est très grande en Amérique. Il fut élu membre de l'Académie française en 1938.

La Malédiction de l'or

J'avais remarqué, dès mon entrée dans ce restaurant de New-York dont j'étais un habitué, le petit vieillard qui, assis à la première table, mangeait un *steak* épais et saignant. La viande rouge avait attiré mon attention, car elle était alors très rare,[1] mais aussi le visage triste et fin de l'homme. Certainement je l'avais connu jadis, à Paris ou ailleurs. Dès que je fus moi-même installé, j'appelai le patron, Périgourdin [2] actif et adroit qui avait su faire, de cette cave étroite, un repaire de gourmets:[3]

— Dites-moi, monsieur Robert, le client à droite de la porte, c'est un Français, n'est-ce pas?

— Lequel? Celui qui est seul à sa table? . . . C'est un monsieur Bordacq. Il est ici tous les jours.

— Bordacq? L'industriel? Mais oui, je le reconnais maintenant . . . Je ne l'avais jamais vu chez vous.

— Parce que d'habitude il vient avant tout le monde . . . C'est un homme qui aime être seul.

Le patron se pencha vers ma table, puis, à mi-voix:

— Ils sont bizarres, lui et sa dame, vous savez . . . Très bizarres. Vous le voyez seul à déjeuner. Eh bien! si vous veniez ce soir, à sept heures, vous trouveriez sa femme seule à dîner. On croirait qu'ils ne veulent pas se voir. Et pourtant ils sont dans les meilleurs termes; ils vivent ensemble à l'Hôtel Delmonico . . . Pour moi, c'est un mystère, ce ménage.

[1] During World War II (1939–1945), good meat was scarce and hard to buy.

[2] *Périgourdin,* man from Périgord, province in southwestern France.

[3] *un repaire de gourmets,* a rendez-vous of gourmets. As a rule, *repaire* applies to wild beasts and gangsters.

— Patron, dit un garçon, l'addition au 15.

Monsieur Robert me quitta, mais je continuai de penser à ce couple. Bordacq ... Bien sûr, je l'avais connu à Paris. Entre les deux guerres, on le voyait souvent chez Fabert, l'auteur dramatique, qui montrait pour lui un goût inattendu, né sans doute de ce qu'ils avaient la même marotte, celle des placements sûrs,[4] et la même terreur, celle de perdre leur fortune ... Bordacq ... Il devait avoir près de quatre-vingts ans. Je me souvenais que, vers 1923, il venait de se retirer des affaires, avec un nombre respectable de millions. Il était alors affolé par la baisse du franc:[5]

— C'est insensé! disait-il. J'aurai travaillé quarante ans pour me retrouver sur la paille. Non seulement mes rentes et mes obligations [6] ne valent plus rien, mais les actions industrielles [7] ne montent pas. Notre argent nous fond dans les doigts. Comment passerons-nous nos vieux jours?

— Faites comme moi, lui disait Fabert. J'ai mis tout ce que je possède en livres sterling ... Voilà une monnaie de tout repos.

Quand je les revis, trois ou quatre ans plus tard, ils étaient l'un et l'autre déconfits. Bordacq avait suivi les conseils de Fabert; là-dessus s'était produit le relèvement du franc par Poincaré [8] et la livre avait fortement baissé. L'idée fixe de Bordacq était maintenant d'échapper à l'impôt sur le revenu, dont le taux montait.

— Vous êtes un enfant, lui répétait Fabert. Faites donc comme moi ... Il y a une valeur stable, et une seule: c'est l'or ... Si vous aviez, en 1918, acheté des lingots d'or, vous n'auriez pas eu de revenus apparents, vous n'auriez jamais payé d'impôts, et vous seriez aujourd'hui beaucoup plus riche ... Transformez en or tout ce que vous possédez et dormez sur les deux oreilles.

---

[4] *placements sûrs,* safe investments.

[5] *la baisse du franc,* Since the end of World War I (1914–1918), the franc has been steadily falling. It was five francs to the dollar in 1918; it was 420 in 1958.   [6] *rentes ... obligations,* annuities ... bonds.

[7] *actions industrielles,* industrial stocks.

[8] *Poincaré, Raymond* (1860–1934), statesman. President of France from 1913 to 1920, and Premier in 1928, 1929. He revalued the franc in 1928 (25 francs to the dollar).

Les Bordacq avaient obéi. Ils avaient acheté de l'or, loué un coffre et goûté de vifs plaisirs à aller, de temps à autre, entr'ouvrir la porte du sanctuaire pour rendre hommage à leur dieu. Un jour de 1937, je les avais rencontrés, lui triste et distingué, elle exubérante et naïve, petite vieille bien propre en robe de soie noire à jabot de dentelles, chez un marchand de tableaux du Faubourg Saint-Honoré.[9] Timidement, Bordacq m'avait consulté:

— Vous qui êtes un artiste, croyez-vous, cher monsieur, que les Impressionnistes aient encore une chance de hausse?[10] ... Vous ne savez pas? ... On me dit que oui, mais ils ont déjà beaucoup monté ... Il fallait se mettre dans le marché au début du siècle ... Évidemment l'idéal serait de connaître la nouvelle école qui leur succédera et qu'on aurait aujourd'hui pour rien. Seulement voilà, personne ne peut là-dessus me donner de garanties ... Quelle époque! Les experts eux-mêmes ne savent rien! Enfin vous m'avouerez que c'est incroyable! Je leur demande: «Et qu'est-ce qui va monter maintenant?» Ils hésitent, mon cher, ils pataugent. Les uns disent Utrillo,[11] les autres Picasso[12] ... Mais tout ça est déjà trop connu.

— Et votre lingot d'or? lui dis-je.

— Je l'ai toujours ... Je l'ai toujours ... Et beaucoup d'autres ... Mais le gouvernement parle de réquisitionner l'or, d'ouvrir les coffres ... C'est affreux ... Vous me direz: La sagesse serait de tout mettre à l'étranger ... Sans doute, mon cher, sans doute ... Mais où? Le gouvernement britannique est aussi dur que le nôtre; la Hollande et la Suisse sont trop exposées en temps de guerre ... Il y a bien les États-Unis, mais,

---

[9] *le Faubourg Saint-Honoré,* elegant street in Paris, with expensive stores.

[10] *une chance de hausse,* Paintings of the Impressionists, at the beginning of the 20th century, were considered a safe investment.

[11] *Utrillo, Maurice* (1883–1955), French painter, well-known for his Paris, and especially, Montmartre scenes.

[12] *Picasso, Pablo* (1881–   ), Spanish painter, who has lived in France most of his life. He was one of the principal exponents of the Cubist movement which had its beginnings around 1910.

depuis Roosevelt, le dollar lui-même ... Et puis il nous faudrait
y aller vivre, pour ne pas risquer d'être un jour coupés de notre
ligne de retraite.

Je ne sais plus ce que j'avais alors répondu. Ils commençaient
à m'irriter, ces Bordacq, accrochés à leur magot en un temps où
une civilisation s'écroulait. En sortant de la galerie, j'avais pris
congé d'eux et les avais regardés s'éloigner à petits pas prudents,
tous deux vêtus de noir, corrects et lugubres. Et voilà que je les
retrouvais dans Lexington Avenue, au *Serpent d'or*. Qu'étaient-ils
devenus pendant la guerre? Comment avaient-ils échoué à New-
York? Je me sentais curieux de le savoir et, quand Bordacq se
leva, j'allai à lui et me nommai.

— Ah! je me souviens très bien, dit-il. Quel plaisir de vous
revoir, mon cher monsieur! J'espère bien que vous nous ferez
l'honneur de venir prendre une tasse de thé. Nous sommes à l'hôtel
Delmonico. Ma femme sera si heureuse ... La vie est monotone
pour nous, qui ne savons l'anglais, ni l'un, ni l'autre ...

— Et vous vivez en Amérique de manière permanente?

— Il faut bien, dit-il. Je vous expliquerai. Venez demain, vers
cinq heures.

J'acceptai et fus fidèle au rendez-vous. Madame Bordacq
portait la même robe de soie noire, à jabot de dentelles, qu'en
1923, et, au cou, ses belles perles. Elle me parut très sombre.

— Je m'ennuie tant! dit-elle. Nous n'avons que ces deux pièces,
pas un ami ... Ah! je n'aurais pas cru terminer ma vie dans cet exil.

— Mais, madame, dis-je, qui vous y a contrainte? Vous n'aviez,
que je sache, aucune raison particulière de craindre les Allemands.
Naturellement, je comprends que vous ayez souhaité ne pas vivre
près d'eux; pourtant de là à vous exiler volontairement dans un
pays dont vous ne parlez pas la langue ...

— Oh! dit-elle, les Allemands n'y sont pour rien. Nous sommes
venus ici bien avant la guerre.

Son mari se leva, alla ouvrir la porte du couloir pour s'assurer
que nul n'écoutait, la ferma au verrou, puis, revenant s'asseoir,
me dit à voix basse:

— Je vais tout vous expliquer. Nous savons que vous êtes discret, et nous ne serons pas mécontents d'avoir votre conseil. J'ai bien mon avocat américain. Mais vous me comprendrez mieux. Voici ... Je ne sais pas si vous vous souvenez qu'après l'arrivée au pouvoir du Front Populaire,[13] nous avons considéré comme dangereux de conserver nos lingots d'or dans une banque française. Nous avons donc trouvé le moyen de les faire transporter, de manière clandestine mais sûre, aux États-Unis. Naturellement, nous avions décidé de nous y fixer. Il n'était pas question de nous séparer de notre or ... Ça va de soi ... A New-York, nous l'avons pourtant, dès 1938, transformé en dollars parce que nous ne croyions pas (et nous avions raison) que l'Amérique ferait une nouvelle dévaluation, et parce que des gens que nous savions bien informés nous disaient que la Russie allait faire baisser l'or par ses nouvelles prospections ...[14] Mais le problème était: sous quelle forme conserver nos dollars? Compte en banque? Dollars-papier? Actions? ... Si nous avions acheté des valeurs [15] américaines, nous aurions dû payer l'impôt sur le revenu américain, qui est très élevé ... Nous avons donc tout laissé en dollars-papier.

Je ne pus m'empêcher d'interrompre:

— En d'autres termes, pour ne pas payer un impôt de cinquante pour cent, vous vous êtes frappés [16] volontairement d'un impôt de cent pour cent?

— Il y avait une autre raison, dit-il de plus en plus mystérieusement, nous voyions venir la guerre et nous pensions que les comptes en banque pourraient être gelés, les coffres ouverts, et cela d'autant plus que nous ne sommes pas citoyens américains ... Nous avons donc décidé de conserver notre argent toujours avec nous.

— Avec vous, m'écriai-je, que voulez-vous dire? ... Ici, à l'hôtel?

[13] *le Front Populaire,* a coalition of left-wing parties which ruled France from 1936–1939, under the direction of Léon Blum and Édouard Daladier.

[14] *prospections,* prospecting enterprises, mostly in Siberia.

[15] *valeurs,* securities.

[16] *vous vous êtes frappés,* you imposed upon yourselves.

Tous deux inclinèrent la tête avec une ombre de sourire, puis ils échangèrent un regard de malice [17] et de fierté:

— Oui, continua-t-il d'une voix à peine perceptible. Oui, ici, à l'hôtel. Nous avons tout mis, un peu d'or et les dollars, dans une grande malle. Elle est là, dans notre chambre à coucher.

Il se leva, ouvrit la porte de communication et, me prenant le bras, me fit voir une malle noire d'aspect fort ordinaire:

— C'est celle-ci, murmura-t-il, et il referma la porte avec une sorte de génuflexion.

— Ne craignez-vous pas, demandai-je, que cette histoire de malle au trésor ne vienne à se répandre? Quelle tentation pour des voleurs!

— Non, dit-il. D'abord parce que personne au monde ne la connaît que notre avocat ... et vous, en qui j'ai pleine confiance ... Tout est bien calculé, je vous assure. Une malle n'attire pas l'attention comme ferait un coffre. Nul ne penserait qu'il y a là-dedans une fortune. Et surtout, nous montons la garde dans cette chambre à toute heure du jour et de la nuit.

— Vous ne sortez jamais?

— Jamais ensemble! Nous avons un revolver, qui est dans le tiroir le plus voisin de la malle, et il y a toujours l'un de nous deux dans l'appartement ... Moi, je vais déjeuner dans ce restaurant français où vous m'avez rencontré. Ma femme y va prendre son dîner. Ainsi la malle n'est jamais seule. Vous comprenez?

— Non, cher monsieur Bordacq, je ne comprends pas pourquoi vous vous condamnez à une vie cloîtrée, misérable ... Les impôts? Eh! que vous importe! N'avez-vous pas largement ce qu'il vous faut pour vivre jusqu'à la fin de vos jours?

— Là n'est pas la question, dit-il. Je ne veux pas leur donner un argent que j'ai eu tant de mal à gagner.

J'essayai de changer le thème de la conversation. Bordacq était cultivé; il savait de l'histoire; je tentai de le faire parler des collections d'autographes qu'il avait possédées jadis, mais sa

---

[17] *malice, f.* slyness.

femme, encore plus obsédée que lui, nous ramena au seul sujet qui l'intéressât:

— Il y a un homme que je crains, dit-elle à voix basse. C'est le maître d'hôtel allemand qui nous apporte notre petit déjeuner. Il jette parfois vers cette porte des coups d'œil que je n'aime pas. Mais à cette heure-là, nous sommes tous deux présents. Je ne crois pas qu'il puisse y avoir un danger.

Un autre problème était le chien. Ils avaient un beau caniche, d'une sagesse surprenante, toujours couché dans un coin du salon, mais qu'il fallait promener trois fois par jour. Pour cela encore, ils alternaient. Quand je les quittai, j'étais à la fois exaspéré par cette folie maniaque et fasciné par ces personnages extraordinaires.

Après cette visite, je fis souvent effort pour quitter mon bureau plus tôt et venir dîner au *Serpent d'or* à sept heures précises. Ainsi je pouvais m'asseoir à la table de Madame Bordacq. Elle était plus communicative que lui et me découvrait plus naïvement leurs angoisses et leurs projets:

— Eugène, me dit-elle un soir, est d'une intelligence admirable. Il pense à tout. Cette nuit, il a tout d'un coup eu l'idée qu'*ils* pourraient, pour empêcher la thésaurisation des billets,[18] les rappeler tous et les échanger. En ce cas, nous serions forcés de les déclarer.

— En effet, dis-je mais où serait le mal?

— Ce serait *très* grave, dit-elle. Nous n'avons rien déclaré quand la Trésorerie Américaine a fait, en 1943, le recensement des biens des réfugiés ... Nous aurions de terribles ennuis ... Mais Eugène a un nouveau plan. Il paraît que, dans certaines républiques de l'Amérique du Sud, l'impôt sur le revenu n'existe pas. Si nous pouvions y transférer notre capital ...

— Comment le transférer sans le déclarer à la douane?

— Eugène pense, dit-elle, qu'il faudrait d'abord devenir citoyens de l'État que nous choisirions. Si nous étions, par exemple, Uruguayens, le transfert serait de droit.[19]

[18] *la thésaurisation des billets,* the hoarding of banknotes.
[19] *de droit,* legal.

Cela me parut si beau, que le lendemain, je vins déjeuner avec Bordacq. Il m'accueillait toujours avec joie.

— Ah! dit-il, je suis d'autant plus content de vous voir que j'ai un renseignement à vous demander. Savez-vous quelles sont les formalités à remplir pour devenir Vénézuélien?

— Ma foi, non, lui dis-je.

— Et Colombien?

— Pas davantage. Vous devriez poser cette question aux consuls respectifs de ces pays.

— Aux consuls! dit-il. Etes-vous fou? ... Pour attirer l'attention!

Il repoussa son poulet rôti avec dégoût et soupira:

— Quelle époque! Dire que nous aurions pu naître en 1830 et passer notre vie tout entière sans inquisition fiscale, sans crainte de spoliation! [20] Aujourd'hui, tous les pays se font brigands de grand chemin ... L'Angleterre elle-même ... J'y avais caché quelques tableaux et tapisseries, que je voudrais maintenant amener ici. Savez-vous ce qu'ils me demandent? Un droit de sortie [21] de cent pour cent, ce qui équivaut à une confiscation ... Nous sommes volés comme au coin d'un bois, mon cher monsieur, comme au coin d'un bois.

Après cela mes affaires m'entraînèrent en Californie et je ne sus pas si les Bordacq étaient devenus Uruguayens, Vénézuéliens ou Colombiens. Quand je revins à New-York, un an plus tard, j'interrogeai sur eux Monsieur Robert, le patron du *Serpent d'or:*

— Et les Bordacq? Vous les voyez toujours?

— Mais non! me dit-il. Comment? Vous ne savez pas? Elle est morte le mois dernier, d'une maladie de cœur, je crois, et depuis ce jour-là, je n'ai plus revu le mari. Je pense que ça lui a porté un coup [22] et qu'il est malade.

Je pensai, moi, que l'explication était toute différente. J'écrivis

[20] *spoliation,* confiscation by the government.
[21] *Un droit de sortie,* an export duty.
[22] *ça lui a porté un coup,* that was a terrible shock to him.

un mot de condoléances à Monsieur Bordacq, et lui demandai si je pouvais aller le voir. Dès le lendemain, il me téléphona de venir. Je le trouvai pâle, très amaigri, les lèvres blanches, la voix mourante.

— Je n'ai appris qu'hier votre malheur, lui dis-je, et tout de suite, j'ai voulu me mettre à votre disposition, car en dehors de la douleur que doit vous causer une telle perte, j'imagine que votre vie a dû devenir impossible.

— Mais non, dit-il, mais non ... J'ai pris le parti de ne plus sortir du tout ... C'était la seule chose à faire n'est-ce pas? Je ne pouvais pas quitter la malle et je n'avais personne à qui la confier ... J'ai donc donné l'ordre que tous mes repas fussent montés dans ma chambre ...

— Et cette claustration totale ne vous est pas insupportable?

— Mais non, mais non ... On s'y habitue ... Je vois de ma fenêtre les passants, les voitures ... Et puis je vais vous dire: ce type de vie me donne enfin un merveilleux sentiment de sécurité. Autrefois, quand je sortais pour déjeuner, je passais toujours une heure pénible; je me demandais ce qui était arrivé en mon absence ... Je sais bien, il y avait ma pauvre femme, mais je ne la voyais guère manier un revolver, surtout avec son cœur dans l'état où il était ... Maintenant, en laissant la porte ouverte, j'ai toujours l'œil sur la malle ... J'ai près de moi tout ce à quoi je tiens ... Cela paie bien des peines ... La seule difficulté, c'est le pauvre Ferdinand.

Le caniche, entendant son nom, se leva et vint s'asseoir aux pieds de son maître en le regardant d'un air interrogateur.

— Oui, naturellement, je ne peux plus le promener, moi-même, mais j'ai trouvé un des chasseurs, un *bell boy* comme ils disent ici ... Je vous demande un peu, pourquoi ne peuvent-ils pas dire: *chasseur* comme tout le monde? ... Ah! ils me font rire avec leur anglais! Enfin j'ai trouvé un jeune garçon qui accepte, moyennant une modeste rétribution, de sortir Ferdinand et de lui faire faire ses petits besoins ... De sorte qu'il n'y a plus vraiment aucune question grave à résoudre ... Vous êtes tout à fait gentil, cher monsieur, de m'offrir votre appui, mais ça va,[23] je vous assure, ça va.

— Et vous ne souhaitez plus aller vivre en Amérique du Sud?

— Non, mon cher monsieur, non … Qu'irais-je y faire? Washington ne parle plus de l'échange des billets et, à mon âge …

Il paraissait en effet fort vieux et le régime qu'il s'était imposé ne semblait pas lui convenir. Il avait perdu son teint rose et il parlait avec peine.

— Peut-on même dire, pensai-je, qu'il soit encore en vie?

Voyant que je ne pouvais rien pour lui, je pris congé. J'avais l'intention d'aller lui rendre visite de temps à autre, mais, quelques jours plus tard, en ouvrant le *New-York Times*, mon attention fut tout de suite attirée par un titre: RÉFUGIÉ FRANÇAIS MEURT. MALLE PLEINE DE DOLLARS. Je lus l'entrefilet:[24] il s'agissait bien de mon Bordacq. On l'avait trouvé mort, le matin, couché sur sa malle noire et enveloppé dans une couverture. La mort était naturelle, le trésor intact. Je passai au Delmonico, pour savoir quand et où aurait lieu l'enterrement. Je demandai aussi à l'employé du *front desk* des nouvelles de Ferdinand:

— Et que va devenir le chien de monsieur Bordacq?

— Personne ne le réclamait, dit-il. Nous l'avons donné à la fourrière.[25]

— Et l'argent?

— S'il n'y a pas d'héritiers, il deviendra la propriété du gouvernement américain.

— C'est une belle fin, dis-je.

Mais je pensais seulement à la fin de l'histoire.

[Maurois, *Le Dîner sous les Marronniers*, Paris, 1951.
Copyright by Editions des Deux-Rives]

[23] *mais ça va,* but everything's all right.
[24] *entrefilet,* paragraph (in newspaper).
[25] *la fourrière,* the (animal) pound.

Questionnaire

1. Pourquoi la viande rouge était-elle très rare, à l'époque dont il est question?
2. Décrivez un «repaire de gourmets.»
3. En quoi le couple est-il bizarre?
4. Quelle était la marotte préférée de M. Bordacq pendant la guerre, à Paris?
5. Quelles conséquences eut la baisse du franc sur l'argent de M. Bordacq?
6. Que veut dire «Voilà une monnaie de tout repos»?
7. De quelle façon les Bordacq auraient-ils été riches en achetant des lingots d'or?
8. Si M. Bordacq s'y était pris à temps, quel placement sûr aurait-il pu faire pour son argent?
9. A New York, comment Madame Bordacq était-elle habillée?
10. En quoi est-ce que les Bordacq ont changé leurs lingots d'or?
11. Pourquoi gardaient-ils l'argent dans une malle, dans leur chambre?
12. Quel genre de surveillance exerçaient-ils?
13. Comment expliquez-vous cette manie pour l'argent?
14. D'après sa femme, quelle est la nouvelle inquiétude qui ronge M. Bordacq?
15. Comment va-t-il transférer son argent dans l'Amérique du Sud sans le déclarer?
16. Pour faire venir ses tableaux d'Angleterre, que faudrait-il faire?
17. En revenant de ses voyages, qu'est-ce que l'auteur apprend?
18. Quel genre de vie M. Bordacq mène-t-il depuis la mort de sa femme?
19. Comment a-t-on trouvé M. Bordacq?
20. Que deviendra l'argent?
21. Trouvez-vous cette histoire plausible? Faites une comparaison avec la fin de l'histoire de Maupassant, *A Cheval.*

La Lettre anonyme

Le Banc

par

Jean Giraudoux

(1882–1944)

Jean Giraudoux (1882–1944),

diplomate, romancier et auteur dramatique, naquit à Bellac, dans le Limousin. Son père l'envoya au lycée de Châteauroux, «la ville la plus laide du monde,» d'après le jeune Giraudoux. Il y fit de brillantes études. Il alla à Paris où il devint normalien et agrégé d'allemand. Il reçut des bourses de voyage et en 1906 fut nommé lecteur à Harvard. En 1909 il publia sa première œuvre, une collection de nouvelles, Les Provinciales. *A Paris il entra au ministère des Affaires Étrangères où il fut ministre plénipotentiaire chargé de l'inspection des postes consulaires. Le gouvernement français l'envoya en 1917, avec le maréchal Joffre et le philosophe Bergson, en mission de liaison en Amérique. Ce voyage l'inspira pour* Amica America *(1919) où tout se passe dans une atmosphère de rêve. En 1925 il était reconnu comme le chef littéraire de la jeune génération française et, tout en écrivant (*Suzanne et le Pacifique, *1921,* Siegfried et le Limousin, *1922,* Juliette au pays des hommes, *1924), il s'imposa dans les hautes sphères de la diplomatie. A quarante-six ans il fit ses débuts au théâtre avec* Siegfried *(1928); il y montra un vrai talent dramatique. Il écrivit tour à tour* Amphitryon 38 *(parce que le sujet avait déjà été traité 37 fois),* Judith *(1932),* Intermezzo *(1933). Son plus grand succès fut* La Guerre de Troie n'aura pas lieu *(1935). Vinrent ensuite* Ondine *(1938), et deux pièces présentées après sa mort:* La Folle de Chaillot *(1945) et* Pour Lucrèce *(1953). Jusqu'à sa mort le théâtre français fut dominé par ses pièces qui furent presque toutes des réussites. Son talent fut aussi remarquable dans la fantaisie que dans la tragédie.*

Les deux contes qui suivent sont tirés d'une série de courtes nouvelles qu'il écrivit pour un journal parisien, Le Matin, *au début de sa carrière; elles furent réunies dans la collection intitulée* Contes d'un matin, *publiée en 1943. Elles montrent déjà son talent d'écrivain, de poète en prose.*

La Lettre anonyme

Le Matin, 15 février 1910

Le 15 février, M. Lenard trouva dans son courrier matutinal une carte-lettre. Il en examina la date pour prendre en défaut[1] le lieu d'expédition, pour accuser les compagnies de chemins de fer, et les signatures pour critiquer ses amis, et il en fut déçu. La lettre était anonyme, et rien ne la situait, ni dans le temps ni dans l'espace.

«Monsieur Lenard, y disait-on seulement, Madame votre épouse vous trompe. Vous êtes maintenant le seul à l'ignorer. Faites un signe, un signe unique, et un ami fidèle vous renseignera.»

M. Lenard lut ces mots avec les apparences de l'indifférence la plus profonde. Ce n'était pas cependant qu'il fût un mari complaisant ou crédule, ou assez dissimulé pour attendre longtemps une terrible vengeance. Il était tout simplement célibataire. Aucune femme n'était passée à son horizon, ou en tout cas, elle y était passée si vite qu'il n'avait même pas eu, comme pour les étoiles filantes, le temps de faire un vœu. Il déchira donc le billet en morceaux de plus en plus petits, comme l'athlète déchireur de cartes.

Or le mois suivant, à la même date, toujours anonyme, la lettre revint.

«Monsieur Lenard, répétait-elle, celle qui a l'honneur de porter votre nom, Mme Lenard, vous trompe indignement, vous restez toujours le seul à l'ignorer. Soyez courageux. Faites-nous un signe, un unique signe.»

---

[1] *pour prendre en défaut,* to find fault with.

M. Lenard déchira le billet, mais plus lentement. Il en ramassa
même les morceaux pour reconstituer la phrase exacte. N'ayant
jamais reçu, n'ayant jamais écrit de lettres anonymes, il ne professait pas pour elles trop de mépris. Etre pris pour un monsieur
trompé est chose désagréable pour un mari, mais cela ne manque
pas, pour un célibataire, d'un certain charme. M. Lenard était
flatté, non pas de la méprise, mais de l'intrusion du mystère dans
sa vie. Il lui semblait recevoir la visite d'une personne non seulement inconnue, mais voilée. Le mois suivant, quand la lettre eut
reparu, il eût fait volontiers le signe, l'unique signe. Mais on ne
disait pas lequel. Le cours [2] de ses premières pensées en fut peu
à peu changé. Il se sentait pris de quelque sympathie pour le
mari avec lequel la charité publique, évidemment, le confondait.
Le soir, quand le soleil étalé dorait jusqu'à la coupole des Invalides,[3] alors qu'il aurait dit autrefois: «Le beau temps!» il se
surprenait à penser: «Le pauvre homme!» Et lui qui se promenait toujours les yeux dirigés vers le trottoir, sans avoir jamais,
du reste, la chance de trouver quelque pièce de cinquante centimes,
il se surprit à regarder une femme. C'était un jour de pluie, dans
un omnibus.[4] Il était à l'intérieur, et lui offrit sa place, décidé
surtout, à vrai dire, par le fait qu'il descendait au prochain arrêt.
Elle eut un sourire si reconnaissant qu'il resta quelques minutes
de plus sur la plate-forme pour ne pas rabaisser la valeur du service rendu, et qu'il dut regagner sa maison à travers des plaques
de boue.

Vingt ans de solitude n'avaient pu faire sentir à M. Lenard
qu'il était isolé. Après cette rencontre d'une demi-minute, il se
sentit abandonné. Sa chambre elle-même lui semblait faite pour
un autre que pour lui; les accoudoirs des fenêtres [5] étaient trop
larges; il ne se voyait que jusqu'au col dans l'armoire à glace, et

[2] *Le cours,* The direction.
[3] *Invalides,* Hôtel des Invalides, soldiers' home in Paris, not far from the
Tour Eiffel and the École Militaire. It was established by Louis XIV in 1674
Napoleon is buried in the adjoining church of Saint-Louis-des-Invalides.
[4] *un omnibus,* a bus (drawn by horses).
[5] *accoudoirs des fenêtres,* window sills.

il lui semblait, en attachant sa cravate, faire la toilette à un décapité. La clarté de sa lampe était trop large; son feu trop étroit.[6]
Parfois, à voir passer une jolie femme qu'il ne devait jamais connaître, dont son cœur portait déjà le deuil, il la saluait comme on
salue un enterrement. L'une lui répondait d'ailleurs aussi rarement que l'autre. Les grands changements de la vie, s'ils viennent
quelquefois au moment où on les désire le plus, arrivent cependant
sans qu'on s'en aperçoive, comme le sommeil. M. Lenard se
trouva un beau jour fiancé à Jenny, qui était modiste.

Jenny s'appelait en réalité Eugénie. Mais la Parisienne préfère
quelquefois le nom de l'ouvrière à celui de l'Impératrice.[7] Jenny
était bien de sa personne, et cela lui suffisait, celle des autres
l'intéressant peu. Elle avait de grosses joues et un menton très
fin, des jambes en échasse [8] et de forts mollets, était à la fois, si
l'on veut, une fausse maigre et une fausse grasse.[9] M. Lenard
lui plut-il? Elle ne se posa pas la question, et M. Lenard ne se
la posa pas non plus.

C'est à Vincennes,[10] sa paroisse, que fut célébré le mariage. Il
fut accidenté. Un cheval échappé traversa la route juste devant
les voitures du cortège. Un lièvre seul, dit-on, porte malheur.
Le landau [11] des mariés versa. Les badauds et les sergents de
ville, habitués aux noces travesties pour cinématographe, crurent
qu'il s'agissait d'un film comique, et se gardaient bien d'intervenir.
On s'attendait presque à les voir sortir de leur voiture, comme
dans l'histoire du mitron et du charbonnier, elle tout en noir,
lui tout en blanc. Triste présage, au seuil d'une union. Au dîner,
par surcroît, un invité renversa la salière dans son potage.

C'est souvent aux abords des ports les plus sûrs que la barre
est la plus dangereuse. Le mariage une fois franchi, les époux

---

[6] *son feu trop étroit,* its too small flame (*lit.* too narrow).
[7] *l'Impératrice,* the Empress Eugénie (1826–1920), wife of Napoléon III.
[8] *des jambes en échasse,* long, lanky legs (*lit.* like stilts).
[9] *une fausse maigre et une fausse grasse,* neither thin nor fat.
[10] *Vincennes,* city east of Paris, site of an historic arsenal and an old fort.
[11] *Le landau,* four-wheeled, two-seated carriage, named after a town in
West Germany.

eurent une année entière de calme. Était-ce le bonheur? M.
Lenard, qui n'avait jamais été heureux, était peu qualifié pour
le dire. Il prenait de nouvelles habitudes, ce qui est bien, et gardait précisément les anciennes, ce qui est mieux. Il continua à
boire son café sans sucre, à faire des patiences et à recevoir chaque
mois la lettre dénonciatrice. Les termes et l'écriture en variaient
parfois. Il collectionnait les témoignages d'une charité si mal
dirigée, mais si fidèle.

Or, un 15 au matin, le billet ne vint pas. Ce retard l'intrigua.
Il alla répondre à chaque coup de sonnette, espérant le facteur et
dut payer une série de factures qu'il espérait bien remettre. Le
lendemain il paya la double taxe d'une lettre non affranchie,[12]
et qui n'était d'ailleurs qu'un prospectus. Le troisième jour, un
malaise qu'il ne cherchait point à s'expliquer le dirigea vers le
guichet de la poste restante.[13] Il n'y avait point de lettre à son
adresse. Il éprouva l'irritation de celui auquel un journal, sans
aucun prétexte, a fait le service,[14] et qui en est subitement privé.

Le mois suivant, même silence. M. Lenard devint inquiet.
L'envoi de ces lettres anonymes n'avait aucune signification, mais
cet arrêt, peut-être, était significatif. Le véritable mari avait-il
découvert le pot aux roses?[15] L'écrivain anonyme s'était-il lassé?
Suppositions bien invraisemblables. C'était donc lui, le destinataire, qui avait changé. M. Lenard fut soudain frappé de la profondeur de ses conclusions. N'était-ce pas la farce qu'un ami
avait continuée tant qu'elle était inoffensive et qu'il interrompait
dès qu'elle présentait quelque danger? En un mot, Mme Lenard
le trompait-elle?

Il l'observa. Elle n'avait point modifié l'heure de ses allées et
venues. Il la gronda sans raison pour voir. Elle n'hésita point à
se mettre en colère. Il énuméra, comme par hasard, quelques
plats préférés. On lui servit du veau qu'il abhorrait. Tout cela

---

[12] *non affranchie*, unstamped.
[13] *le guichet de la poste restante*, the general-delivery window.
[14] *a fait le service*, has sent copies regularly.
[15] *découvert le pot aux roses?*, solved the mystery?

le rassura, et c'est pourquoi, un beau jour, il résolut de la suivre. Il la suivit jusqu'au Jardin des Plantes.[16]

Et c'est ici que s'arrête l'histoire. M. Lenard, entre l'otarie et les flamants,[17] vit un jeune homme s'approcher de sa femme. Il salua le premier. Elle sourit la première. Et M. Lenard apprit ainsi que les énigmes de notre passé, quand vient le malheur, savent prendre une vérité rétrospective.

[Jean Giraudoux, *Les Contes d'un matin*, Librairie Gallimard, 1952. Copyright by Librairie Gallimard, Paris, tous droits réservés.]

[16] *Jardin des Plantes*, zoological gardens in the southeastern part of Paris.
[17] *l'otarie et les flamants*, the sea lion and the flamingoes.

Questionnaire

1. Quel était le contenu de la lettre anonyme reçue par M. Lenard?
2. Pourquoi M. Lenard est-il resté indifférent en lisant la lettre?
3. Après la deuxième lettre, quel a été l'état d'esprit de M. Lenard?
4. Qu'est-ce qui s'est passé dans l'omnibus?
5. Quel a été le grand changement dans la vie de M. Lenard?
6. Décrivez Jenny, la femme qu'il épouse.
7. Racontez les incidents du jour de mariage.
8. D'après vous, pourquoi la lettre dénonciatrice n'arrive-t-elle plus?
9. Quelles sortes de personnes envoient des lettres anonymes?
10. Comment raisonne M. Lenard en découvrant que les lettres n'arrivent plus?
11. En suivant sa femme, qu'est-ce qu'il apprend?

Le Banc

Polyte Rigollet, si ses goûts ne l'avaient pas poussé vers une autre carrière, eût fait un fonctionnaire modèle, car il avait les deux qualités essentielles qui caractérisent l'administration que l'Europe nous envie, et celle que nous ne lui envions pas, le souci de sa dignité et l'horreur du changement. Il entendait ne pas bouger du banc qu'il avait choisi, voilà bientôt dix ans, à l'extrémité du pont des Arts,[1] pour y exercer sa profession d'aveugle-né. (Il était, en effet, venu au monde les yeux collés et n'avait vu le jour qu'à partir du troisième.) Son siège était pour lui ce qu'était, pour ses voisins de l'Institut,[2] leur fauteuil. Il l'astiquait toutes les semaines et, une fois l'an, il le passait au ripolin.[3] Le jour où la peinture séchait, il se tenait simplement debout, et se contentait de retourner sa pancarte sur laquelle on pouvait lire: «Prenez garde à la peinture.» Nénesse Langoury, le cul-de-jatte,[4] qui changeait d'arrondissement [5] comme de chemise, quelquefois même tous les mois, ne parvint pas à l'entraîner au Palais-Royal:[6]

— Nénesse, lui répondit le sage, il t'est permis, à toi, d'avoir l'humeur voyageuse. Tu ne sais pas ce que c'est que de se fatiguer

[1] *pont des Arts,* bridge across the Seine, near the Beaux-Arts (Fine Arts) School.

[2] *l'Institut,* it houses the five great Academies (i.e., Française, des Sciences, des Lettres, etc.) and is located on the quai de Conti, on the left bank of the Seine.

[3] *il le passait au ripolin,* he went over it with enamel paint.

[4] *le cul-de-jatte,* the legless man.

[5] *arrondissement,* district.

[6] *Palais-Royal,* Located north of the Louvre, today it houses the Comédie-Française and a number of expensive shops. It was built by Cardinal de Richelieu in the 17th century and was given by him to Louis XIII.

les jambes; tu ne sais même pas ce que c'est que de les laisser reposer, même lorsqu'elles ne sont pas fatiguées. Partout où tu vas, c'est le trottoir roulant, tu peux redescendre de Montmartre sans même te servir de tes fers à repasser.[7] D'ailleurs, je n'aime pas demander l'aumône à des gens que je ne connais pas. Et puis, le client n'aime pas le changement. Il préfère — salue, Nénesse, c'est le directeur de la Grande Académie[8] — il préfère donner ses cinq centimes à un habitué, le sût-il pochard, qu'à un autre, qui l'est peut-être aussi. Le client n'aime pas être roulé; au moins, avec le premier, il sait ce qui en retourne,[9] et ça le flatte, au fond, de le savoir. N'insiste pas, Nénesse, je suis à mon banc, j'y reste.

Nénesse s'éloignait, à demi convaincu, avec son air de perpétuel enlisé,[10] quand une vieille femme s'assit sur le bout libre du banc. Elle avait une belle coiffe blanche, des sabots neufs et un fichu de luxe[11] qu'elle croisa avant de croiser définitivement ses mains. Au bout d'un quart d'heure, comme elle ne pipait pas,[12] Polyte décida de lui adresser la parole. La femme, c'est bavard, mais ça veut de l'encouragement.

— Un bon banc, hein? C'est rembourré avec les noyaux de pêche laissés pour compte[13] par les chemins de fer.

Elle le regarda, mais ne répondit pas. Polyte n'en fut pas vexé. La femme, c'est méfiant. Et ça a raison! Il y a tant de sacripants qui ont fini de bien faire.[14]

---

[7] *fers à repasser*, flat irons.

[8] *la Grande Académie*, the French Academy, whose headquarters are in the Institut, and whose members are in charge of making the Dictionnaire Français.

[9] *ce qui en retourne*, what it's all about.

[10] *de perpétuel enlisé*, of a man perpetually stuck in his job (*lit.* like a man forever buried in the sand).

[11] *un fichu de luxe*, an expensive shawl.

[12] *comme elle ne pipait pas*, since she hadn't said a word (*Fr.* **piper**, to peep).

[13] *laissés pour compte*, left over.

[14] *sacripants qui ont fini de bien faire*, scoundrels who have managed to cheat (trick) people.

— C'est du bois comme on n'en fait plus, ajouta-t-il plus cordialement encore, en appliquant une tape vigoureuse sur le dossier.

La bonne femme sursauta, le fixa d'un air furieux, mais ne broncha point. Celui qui lui avait coupé le filet [15] avait volé ses vingt sous. Polyte n'insista plus; la vue d'un client attitré, qui se rendait à la Monnaie,[16] vint le distraire.

Mais un prodigieux étonnement empêcha sa bouche, qui s'était largement fendue pour un sourire, de revenir à sa position normale; l'habitué avait mis la pièce dans le tablier de la voisine.

— Y a [17] erreur, hasarda Polyte, c'est moi, l'aveugle.

La vieille le toisa:

— Vous, fit-elle, la paix. Les bancs sont à tout le monde et pas à monsieur. Je tiens à mendier sur ce pont; ma famille loge au-dessous.

Polyte ne dit rien, mais il en pensa davantage. Il cherchait déjà les moyens de reconquérir son domaine. Il en avait le droit; il en avait aussi le devoir; son banc ne dépendait-il pas, en somme, d'un Institut où les femmes ne sont pas admises?

. . . . .

Polyte, avant l'expropriation, accorda quelques jours de répit, comme l'État. Il se contenta, la première semaine, au lieu de cracher dans la Seine pour faire des ronds et voir si l'eau était pure, de cracher autour de lui, de pincer à la dérobée le petit chien que la vieille installait au milieu du banc et de déplier, vers quatre heures, un roquefort dont le parfum s'accrochait, plus tenace qu'un feu grégeois,[18] au banc, au pont, et à tout l'après-midi. Mais la vieille restait muette, sourde, insensible d'odorat, le vrai monopole enfin de toutes les infirmités laissées libres par son voisin. Elle souriait cependant quand les âmes charitables la prenaient,

[15] *lui avait coupé le filet,* The person who had cut her "filet" (i.e. membrane that attaches the tongue to the lower part of the mouth) had not done a good job and therefore had stolen his twenty sous fee.

[16] *la Monnaie,* the French Mint, near the Institut.

[17] $Y = Il\ y\ a.$

[18] *feu grégeois, Greek fire,* a device used for producing fire floats used against enemy ships.

elle et son chien, pour les compagnons de Polyte, et lui donnaient leur sou en disant: «Pauvre aveugle!»

Un lundi, l'aveugle se décida à lancer son ultimatum sous la forme d'un clou à percer, qu'il enfonça de grand matin par le dessous du banc, et sur lequel la vieille, en s'asseyant, posa une main imprudente.

— Faut faire saigner,[19] conseilla Polyte, avec une fausse compassion.

Elle ne se fit pas saigner et, cependant, n'en mourut point.

Le lendemain réservait à Polyte une occasion inespérée de victoire. Un homme se déshabilla sur le pont; les agents des mœurs[20] arrivaient quand il se précipita dans la Seine; les agents des mœurs allèrent donc prévenir leurs collègues de la brigade fluviale.[21] La brigade fluviale trouva le noyé debout sur une borne et haranguant la foule dans une langue tellement étrangère qu'elle se retira pour mander des collègues interprètes. La vieille n'avait pu résister aux sollicitations de la curiosité, et, à son retour, elle trouva sa place occupée par Nénesse que Polyte avait hissé à grand'peine et qui, accroupi en sphinx, semblait poser à la vieille une insolente énigme à laquelle elle répondit par le sergent de ville:

— Faut voir à descendre,[22] dit l'agent, on ne monte pas sur les bancs.

— Je monte pas[23] sur les bancs, dit Nénesse, je suis assis.

L'autorité a ceci de particulier que son propre rire ne la désarme pas. Elle prit Nénesse dans ses bras et le posa paternellement à terre. Vexé, il s'éloigna à grandes brassées.[24]

Le mercredi, Polyte décida de ne pas regarder à la dépense. Il se leva avant l'aurore et, pendant qu'elle rougissait aimablement la Seine, il passa, lui, son banc au rouge!

---

[19] *Faut faire saigner = Il faut faire saigner.*
[20] *agents des mœurs,* vice squad.
[21] *la brigade fluviale,* the river police.
[22] *Faut voir à descendre = Il faut voir (vous décider) à descendre,* Better get down.
[23] *Je monte pas = Je ne monte pas.*
[24] *à grandes brassées,* with sweeping movements of his arms.

La vieille vint, s'assit d'un coup, mais pour se relever immédiatement, criant, pleurant, ameutant la foule en montrant ses paumes
ensanglantées de ripolin et le dessous de son chien qui s'était, lui
aussi, assis prématurément. Polyte, qui avait retourné sa pancarte, semblait impassible comme le musée Grévin [25] tout entier
et, cependant, au fond de son âme, se jouait une des scènes les
plus émouvantes de l'Ambigu.[26] La vue de cette femme désolée,
la crainte, surgie subitement, d'une indemnité, avaient apaisé
d'un coup sa haine. Il comprenait qu'il n'y a qu'une façon de
se débarrasser des femmes: c'est de se marier. Peut-être ne
serait-il pas le maître chez lui, mais il y serait si rarement. Et le
banc, le banc serait libre.

Voilà pourquoi, quinze jours plus tard, on pouvait lire sur le
dossier l'affiche suivante:

«L'aveugle-né et la sourde sont absents pour cause de même
mariage.»

. . . . .

Les trois premières semaines de la lune de miel furent délicieuses.
Polyte les passait sur son banc, tout seul, s'y allongeant quand
tombait la nuit. Mais il n'y a pas, en ce monde, de bonheur du-
rable. Avoir une fois affaire avec les femmes, c'est comme avec
les gendarmes et les usuriers: on en a pour toute la vie. Il con-
stata un beau matin que le bout du banc était occupé par une
agréable personne qui, aux charmes corporels les plus évidents,
joignait une intelligence toute moderne, puisqu'elle offrait une
prime à ceux qui lui faisaient l'aumône, sous la forme d'un bouquet
de violettes.

— Que n'est-elle venue la première! se dit Polyte.

On peut lutter avec la femme, mais pas avec la beauté.
L'aveugle, ce jour-là, ne fit qu'un sou. Le lendemain, il fit moins
encore. Le surlendemain, vers midi, il désespéra. Il plia son
coussin, caressa une dernière fois le dossier du banc et se leva.

---

[25] *le musée Grévin,* on the Boulevard Montmartre, it was founded in 1882
by the caricaturist Grévin. It contains many famous wax figures.
[26] *l'Ambigu = l'Ambigu-Comique,* one of the oldest theaters in Paris.

L'Institut étendait ses ailes sur les hercules [27] et les bouquinistes,[28] comme une poule les étend sur ses poussins. La Seine roulait à sa surface des millions de poissons d'argent. Alors, d'un pas délibéré, il quitta le pont des Arts. Henri IV [29] aura moins d'allure et de grandeur au jour d'expropriation qui le chassera du Pont-Neuf.[30]

Mais c'est l'éternelle histoire. Ce qu'une femme a brisé, une femme le répare.

Ce fut Mme Polyte qui reprit le banc, et elle mena si dure vie à la marchande de violettes que celle-ci vient de faire faillite et a dû entrer dans le commerce.

[Jean Giraudoux, *Les Contes d'un matin*,
Librairie Gallimard, 1952. Copyright
by Librairie Gallimard, Paris, tous
droits réservés.]

[27] *hercules,* Perhaps this refers to the "mascarons" (masks or faces) engraved on both sides of the Pont-Neuf (near the Institut), or to acrobats and "strong men" showing off on the banks of the Seine.

[28] *bouquinistes,* second-hand booksellers (along the Seine).

[29] *Henri IV,* King of Navarre, and King of France from 1589 to 1610. He married Marie de Médicis, an Italian.

[30] *le Pont-Neuf,* Constructed between 1578 and 1606, the "New-Bridge," in spite of its name, is the oldest bridge in Paris. It was the first one to be built with sidewalks and without houses.

Questionnaire

1. Quels sont les qualités et les défauts de l'administration française?
2. Quel nom donneriez-vous à ce genre de conte?
3. Décrivez l'endroit où est situé «le banc.»
4. Quelles étaient les infirmités de Polyte et de Nénesse?
5. Pourquoi la vieille femme s'assied-elle sur le banc de Polyte?
6. Que pouvez-vous dire de l'Institut?
7. Racontez l'histoire du noyé.
8. Comment savez-vous que Polyte est un peu simple d'esprit?
9. Pourquoi s'est-il décidé à épouser la vieille?
10. Qui finit par occuper le banc à la fin de l'histoire, et par quels moyens?
11. Est-ce que vous placeriez Giraudoux comme conteur au même rang que Balzac, Maupassant, Daudet, par exemple? Expliquez.

Christine

par

Julien Green

(1900-   )

Julien Green (1900–   ),

est un des rares Américains qui se soient fait un nom dans la littérature française. Né à Paris de parents américains, il y fit d'excellentes études. Pendant la première Grande Guerre, à dix-sept ans, il s'engagea dans le service des ambulances de l'armée française. En 1919 il s'embarqua pour les États-Unis; il étudia trois ans à l'université de Virginie et revint à Paris en 1922. Il se fit connaître au public français par une longue nouvelle intitulée Le Voyageur sur la terre *(1924). Ce récit, soigneusement écrit, met en scène des personnages qui sont des hallucinés, des visionnaires, en proie à des «forces inconnues.» Avec ses premiers romans, qui rappellent ceux de Dickens, des sœurs Brontë et de Hawthorne et sont inspirés de Freud, Green peu à peu s'imposa comme un des maîtres de la peinture du rêve et du cauchemar. Les plus puissants de ses romans sont:* Mont Cinère *(1926),* Adrienne Mesurat *(1927),* Léviathan *(1929),* Minuit *(1936),* Varouna *(1940),* Memories of Happy Days *(1942, Harper Bros., N. Y.),* Moira *(1950),* Le Malfaiteur *(1956). Ses goûts artistiques et littéraires, originaux et profonds, sont exprimés dans son* Journal, *dont la publication fut commencée en 1938 et terminée en 1955. Il écrivit aussi deux pièces qui sont au répertoire de la Comédie-Française:* Sud *(1953),* L'Ennemi *(1954).*

Christine

She was a Phantom of delight
When first she gleamed upon my sight
A lovely Apparition sent
To be a moment's ornament.[1]

Wordsworth

La route de Fort-Hope[2] suit à peu près la ligne noire des récifs dont elle est séparée par des bandes de terre plates et nues. Un ciel terne pèse sur ce triste paysage que ne relève l'éclat d'aucune végétation, si ce n'est,[3] par endroits, le vert indécis d'une herbe pauvre. On aperçoit au loin une longue tache miroitante et grise: c'est la mer.

Nous avions coutume de passer l'été dans une maison bâtie sur une éminence, assez loin en arrière de la route. En Amérique, où l'antiquité est de fraîche date, elle était considérée comme fort ancienne et l'on voyait en effet, au milieu d'une poutre de la façade, une inscription attestant qu'elle avait été construite en 1640, à l'époque où les Pèlerins établissaient à coups de mousquet le royaume de Dieu dans ces régions barbares. Fortement assise sur une base de rochers, elle opposait à la frénésie des vents, qui soufflaient du large,[4] de solides parois en pierre unie et un pignon rudimentaire[5] qui faisait songer à la proue d'un navire. En exergue[6] autour d'un œil-de-bœuf[7] se lisaient ces mots, gravés

---

[1] *Lyrical Ballads*, 1798.   [2] *Fort-Hope*, fictitious name.
[3] *si ce n'est*, except for.
[4] *soufflaient du large*, blew (in) from the sea.
[5] *un pignon rudimentaire*, a crude, unfinished gable.
[6] *En exergue*, In an inscription.
[7] *un œil-de-bœuf*, a small round window (usually in an attic).

dans la matière la plus dure qui soit au monde, le silex de Rhode Island: *Espère en Dieu seul.*

Il n'est pas un aspect de la vieille maison puritaine dont mon esprit n'ait gardé une image distincte, pas un meuble dont ma main ne retrouverait tout de suite les secrets et les défauts, et j'éprouverais, je crois, les mêmes joies qu'autrefois et les mêmes terreurs à suivre les longs couloirs aux plafonds surbaissés,[8] et à relire au-dessus des portes qu'un bras d'enfant fait mouvoir avec peine les préceptes en lettres gothiques, tirés des livres des *Psaumes.*

Je me souviens que toutes les pièces paraissaient vides, tant elles étaient spacieuses, et que la voix y avait un son qu'elle n'avait pas à la ville, dans l'appartement que nous habitions à Boston. Était-ce un écho? Elle semblait frapper les murs et l'on avait l'impression que quelqu'un à côté reprenait la fin des phrases. Je m'en amusai d'abord, puis j'en fis la remarque à ma mère qui me conseilla de ne pas y faire attention, mais j'eus l'occasion d'observer qu'elle-même parlait, ici, moins qu'elle n'en avait l'habitude et plus doucement.

L'été de ma treizième année fut marqué par un événement assez étrange et si pénible que je n'ai jamais pu me résoudre à en éclaircir tout le mystère, car il me semble qu'il devait contenir plus de tristesse encore que je ne l'ai cru. Ne vaut-il pas mieux, quelquefois, laisser la vérité tranquille? Et si cette prudence n'est pas belle, dans des cas comme celui qu'on va voir, elle est certainement plus sage qu'un téméraire esprit d'investigation. J'allais donc sur mes treize ans quand ma mère m'annonça, un matin d'août, l'arrivée de ma tante Judith. C'était une personne plutôt énigmatique et que nous ne voyions presque jamais parce qu'elle vivait fort loin de chez nous, à Washington. Je savais qu'elle avait été fort malheureuse et que pour des raisons qu'on ne m'expliquait pas, elle n'avait pu se marier. Je ne l'aimais pas. Son regard un peu fixe me faisait baisser les yeux et elle avait un air chagrin [9] qui me déplaisait. Ses traits étaient réguliers comme

---

[8] *aux plafonds surbaissés,* with low ceilings.
[9] *un air chagrin,* a discontented look.

ceux de ma mère, mais plus durs, et une singulière expression de dégoût relevait les coins de bouche en un demi-sourire plein d'amertume.

Quelques jours plus tard, je descendis au salon où je trouvai ma tante en conversation avec ma mère. Elle n'était pas venue seule: une petite fille d'à peu près mon âge se tenait à son côté, mais le dos à la lumière, en sorte que tout d'abord je ne distinguai pas son visage. Ma tante parut contrariée de me voir, et, tournant brusquement la tête vers ma mère, elle lui dit très vite quelques mots que je ne saisis pas, puis elle toucha l'épaule de la petite fille qui fit un pas vers moi et me salua d'une révérence. «Christine, dit alors ma mère, voici mon petit garçon. Il s'appelle Jean. Jean, donne la main à Christine; embrasse ta tante.»

Comme je m'approchais de Christine, je dus me retenir pour ne pas pousser un cri d'admiration. La beauté, même à l'âge que j'avais alors, m'a toujours ému [10] des sentiments les plus forts et les plus divers et il en résulte une sorte de combat intérieur qui fait que je passe, dans le même instant de la joie au désir et du désir au désespoir. Ainsi je souhaite et redoute à la fois de découvrir cette beauté qui doit me tourmenter et me ravir, et je la cherche, mais c'est avec une inquiétude douloureuse et l'envie secrète de ne pas la trouver. Celle de Christine me transporta. A contre-jour,[11] ses yeux paraissaient noirs, agrandis par des ombres autour de ses paupières. La bouche accusait sur [12] une peau mate et pure des contours dessinés avec force. Une immense auréole de cheveux blonds semblait recueillir en ses profondeurs toute la lumière qui venait de la fenêtre et donnait au front et aux joues une teinte presque surnaturelle. Je contemplai en silence cette petite fille dont j'aurais été prêt à croire qu'elle était une apparition, si je n'avais pris dans ma main la main qu'elle m'avait tendue. Mes regards ne lui firent pas baisser les yeux; elle semblait, en vérité, ne pas me voir, mais fixer obstinément quelqu'un

---

[10] *m'a toujours ému,* always aroused in me.
[11] *A contre-jour,* Against the light.
[12] *La bouche accusait sur,* The mouth accentuated.

ou quelque chose derrière moi, au point que je me retournai tout
à coup. La voix de ma mère me fit revenir à moi [13] et j'embrassai
ma tante qui se retira, accompagnée de Christine.

Aujourd'hui encore, il m'est difficile de croire à la vérité de ce
que je vais écrire. Et cependant ma mémoire est fidèle et je n'in-
vente rien. Je ne revis jamais Christine, ou tout au moins, je ne
la revis qu'une ou deux fois et de la manière la plus imparfaite.
Ma tante redescendit sans elle, nous prîmes notre repas sans elle
et l'après-midi s'écoula sans qu'elle revînt au salon. Vers le soir,
ma mère me fit appeler pour me dire que je coucherais, non au
premier étage, comme je l'avais fait jusqu'alors, mais au deuxième
et loin, par conséquent, des chambres d'invités où étaient Christine et ma tante. Je ne peux pas dire ce qui se passa en moi.
Volontiers j'aurais cru que j'avais rêvé, et même, avec quelle
joie n'aurais-je pas appris qu'il ne s'agissait que d'une illusion
et que cette petite fille que je croyais avoir vue n'existait pas!
Car il était bien autrement cruel [14] de penser qu'elle respirait
dans la même demeure que moi que j'étais privé de la voir. Je
priai ma mère de me dire pourquoi Christine n'était pas descendue
à déjeuner, mais elle prit aussitôt un air sérieux et me répondit
que je n'avais pas à le savoir et que je ne devais jamais plus parler
de Christine à personne. Cet ordre étrange me confondit et je
me demandai un instant qui de ma mère ou de moi avait perdu
le sens.[15] Je retournai dans mon esprit les mots qu'elle avait pro-
noncés, mais sans réussir à me les expliquer autrement que par
un malicieux désir de me tourmenter. A dîner, ma mère et ma
tante, pour n'être pas comprises de moi, se mirent à parler en
français; c'est une langue qu'elles connaissaient bien mais dont
je n'entendais pas un mot. Je me rendis compte cependant qu'il
était question de Christine, car son nom revenait assez souvent
dans leurs propos. Enfin, cédant à mon impatience, je demandai

---

[13] *me fit revenir à moi,* brought me back to reality.

[14] *il était bien autrement cruel,* it was much worse.

[15] *qui de ma mère ou de moi avait perdu le sens,* who had lost his mind,
my mother or I.

avec brusquerie ce qu'il était advenu de la petite fille et pourquoi elle ne paraissait ni à déjeuner, ni à dîner. La réponse me vint sous la forme d'un soufflet de ma mère qui me rappela par ce moyen toutes les instructions qu'elle m'avait données. Quant à ma tante, elle fronça les sourcils d'une manière qui la rendit à mes yeux épouvantable à voir. Je me tus.

Mais qui donc était cette petite fille? Si j'avais été moins jeune et plus observateur, sans doute aurais-je remarqué ce qu'il y avait de particulier dans ses traits. Ce regard fixe, ne le connaissais-je pas déjà? Et n'avais-je vu à personne cette moue indéfinissable qui ressemblait à un sourire et n'en était pas un? Mais je songeais à bien autre chose qu'à étudier le visage de ma tante et j'étais trop innocent pour découvrir un rapport entre cette femme, qui me semblait à présent monstrueuse, et Christine.

Je passerai rapidement sur les deux semaines qui suivirent, pour en arriver au plus curieux [16] de cette histoire. Le lecteur imaginera sans peine tout l'ennui de ma solitude jadis tranquille, maintenant insupportable et mon chagrin de me sentir séparé d'un être pour qui, me semblait-il, j'eusse de bon cœur [17] fait le sacrifice de ma vie. Plusieurs fois, errant autour de la maison, l'idée me vint d'attirer l'attention de Christine et de la faire venir à sa fenêtre, mais je n'avais pas plus tôt fait le geste de lancer de petits cailloux contre ses carreaux qu'une voix sévère me rappelait au salon; une surveillance étroite s'exerçait sur moi, et mon plan avortait toujours.

Je changeais, je devenais sombre et n'avais plus de goût à rien.[18] Je ne pouvais même plus lire ni rien entreprendre qui nécessitât une attention soutenue. Une seule pensée m'occupait maintenant: revoir Christine. Je m'arrangeais pour me trouver dans l'escalier sur le passage de ma mère, de ma tante ou de Dinah, la femme de chambre, lorsque l'une d'elles portait à Christine son déjeuner ou son dîner. Bien entendu, il m'était défendu de les suivre, mais

---

[16] *au plus curieux,* to the strangest part.
[17] *de bon cœur,* willingly.
[18] *n'avais plus de goût à rien,* no longer had any taste for anything.

j'éprouvais un plaisir mélancolique à écouter le bruit de ces pas qui allaient jusqu'à elle.

Ce manège innocent déplut à ma tante qui devinait en moi, je crois, plus d'intentions que je ne m'en connaissais moi-même. Un soir, elle me conta une histoire effrayante sur la partie de la maison qu'elle occupait avec Christine. Elle me confia qu'elle avait vu quelqu'un passer tout près d'elle, dans le couloir qui menait à leur chambre. Était-ce un homme, une femme? Elle n'aurait pu le dire, mais ce dont elle était sûre, c'est qu'elle avait senti un souffle chaud contre son visage. Et elle me considéra longuement, comme pour mesurer l'effet de ses paroles. Je dus pâlir sous ce regard. Il était facile de me terrifier avec des récits de ce genre, et celui-là me parut horrible, car ma tante avait bien calculé son coup,[19] et elle n'en avait dit ni trop, ni trop peu. Aussi, loin de songer à aller jusqu'à la chambre de Christine, j'hésitai, depuis ce moment, à m'aventurer dans l'escalier après la chute du jour.[20]

Dès l'arrivée de ma tante, ma mère avait pris l'habitude de m'envoyer à Fort-Hope toutes les après-midi sous prétexte de m'y faire acheter un journal, mais en réalité, j'en suis sûr, pour m'éloigner de la maison à une heure où Christine devait en sortir et faire une promenade.

Les choses en restèrent là [21] deux longues semaines. Je perdais mes couleurs et des ombres violettes commençaient à cerner mes paupières. Ma mère me regardait attentivement lorsque j'allais la voir, le matin, et quelquefois me prenant par le poignet d'un geste brusque elle disait d'une voix qui tremblait un peu: «Misérable enfant!» Mais cette colère et cette tristesse ne m'émouvaient pas. Je ne me souciais que de Christine.

Les vacances tiraient à leur fin et j'avais perdu tout espoir de la voir jamais, quand un événement que je n'attendais pas donna un tour inattendu à cette aventure et du même coup une fin subite.

[19] *avait bien calculé son coup,* had skillfully premeditated her attack.
[20] *la chute du jour,* nightfall.
[21] *Les choses en restèrent là,* The situation remained the same.

Un soir du début de septembre nous eûmes de l'orage après une journée d'une chaleur accablante. Les premières gouttes de pluie résonnaient contre les vitres comme je montais à ma chambre et c'est alors que j'entendis, en passant du premier au deuxième étage, un bruit particulier que je ne peux comparer à rien, sinon à un roulement de tambour. Les histoires de ma tante me revinrent à l'esprit et je me mis à monter avec précipitation lorsqu'un cri m'arrêta. Ce n'était ni la voix de ma mère ni celle de ma tante, mais une voix si perçante et si haute et d'un ton si étrange qu'elle faisait songer à l'appel d'une bête. Une sorte de vertige me prit, je m'appuyai au mur. Pour rien au monde, je n'aurais fait un pas en arrière, mais comme il m'était également impossible d'avancer, je restai là, stupide de terreur.[22] Au bout d'un instant, le bruit redoubla de violence, et je compris alors que c'était quelqu'un, Christine sans aucun doute, qui, pour des raisons que je ne pénétrais pas,[23] ébranlait une porte de ses poings. Enfin, je retrouvai assez de courage, non pour m'enquérir de quoi il s'agissait et porter secours à Christine, mais bien pour me sauver à toutes jambes.[24] Arrivé dans ma chambre, et comme je m'imaginais entendre encore le roulement et le cri de tout à l'heure, je tombai à genoux, et, me bouchant les oreilles, je me mis à prier à haute voix.

Le lendemain matin, au salon, je trouvai ma tante en larmes, assise à côté de ma mère qui lui parlait en lui tenant les mains. Elles semblaient toutes deux en proie à une émotion violente et ne firent pas attention à moi. Je ne manquai pas de profiter d'une circonstance aussi favorable pour découvrir enfin quelque chose du sort de Christine, car il ne pouvait s'agir que d'elle, et, sournoisement, je m'assis un peu en arrière des deux femmes. J'appris ainsi, au bout de quelques minutes, que l'orage de la nuit dernière avait affecté la petite fille d'une manière très sérieuse. Prise de peur aux premiers grondements de tonnerre, elle avait appelé,

---

[22] *stupide de terreur,* stunned with terror.
[23] *que je ne pénétrais pas,* which I did not understand.
[24] *me sauver à toutes jambes,* rush away.

essayé de sortir de sa chambre, et s'était évanouie. «Je n'aurais jamais dû l'amener ici,» s'écria ma tante. Et elle ajouta sans transition, avec un accent que je ne peux rendre et comme si ces mots la tuaient: «Elle a essayé de me *dire* quelque chose.»

J'étais dans ma chambre, deux heures plus tard, quand ma mère entra portant sa capeline de voyage et un long châle de Paisley.[25] Je ne lui avais jamais vu un air aussi grave. «Jean, me dit-elle, la petite fille que tu as vue le jour de l'arrivée de ta tante, Christine, n'est pas bien et nous sommes inquiètes. Écoute-moi. Nous allons toutes deux cet après-midi à Providence consulter un médecin que nous ramènerons avec nous. Christine restera ici, et c'est Dinah qui prendra soin d'elle. Veux-tu me promettre que tu n'iras pas près de la chambre de Christine pendant notre absence?» Je promis. «C'est très sérieux, mais j'ai confiance en toi, reprit ma mère en me regardant d'un air soupçonneux. Pourrais-tu me jurer sur la Bible que tu ne monteras pas au premier?» Je fis un signe de tête. Ma mère partit avec ma tante, quelques minutes après déjeuner.

Mon premier mouvement fut de monter tout de suite à la chambre de Christine, mais j'hésitai, après une seconde de réflexion, car j'avais une nature scrupuleuse. Enfin, la tentation l'emporta. Je montai donc, après m'être assuré que Dinah, qui avait porté son déjeuner à Christine une heure auparavant, était bien redescendue à l'office.[26]

Lorsque j'atteignis le couloir hanté, ou prétendu tel,[27] mon cœur se mit à battre avec violence. C'était un long couloir à plusieurs coudes [28] et très sombre. Une inscription biblique qui, à ce moment, prenait un sens particulier dans mon esprit, en ornait l'entrée: «*Quand je marcherai dans la Vallée de l'Ombre de la Mort, je ne craindrai aucun mal.*[29] Ce verset que je relus machinalement me fit souvenir que si j'avais donné ma parole

---

[25] *Paisley,* city in Scotland, famous for its shawls.
[26] *l'office f.,* pantry, servants' quarters.
[27] *prétendu tel,* supposed to be so.
[28] *à plusieurs coudes,* with several turns.
[29] Twenty-third Psalm.

de ne pas faire ce que je faisais en ce moment, je n'avais cependant point juré sur la Bible et ma conscience en fut un peu apaisée.

J'avais à peine avancé de quelques pas que je dus maîtriser mon imagination pour ne pas m'abandonner à la peur et revenir en arrière; la pensée que j'allais peut-être revoir la petite fille, toucher sa main encore une fois, me soutint. Je m'étais mis à courir sur la pointe des pieds, contenant ma respiration,[30] effrayé de la longueur de ce couloir qui n'en finissait pas, et comme je n'y voyais plus du tout, au bout d'un instant je butai dans la porte de Christine. Dans mon trouble, je ne songeai pas à frapper, et j'essayai d'ouvrir la porte, mais elle était fermée à clef. J'entendis Christine qui marchait dans la chambre. Au bruit que j'avais fait, elle s'était dirigée vers la porte. J'attendis, espérant qu'elle ouvrirait, mais elle s'était arrêtée et ne bougeait plus.

Je frappai, doucement d'abord, puis de plus en plus fort, en vain. J'appelai Christine, je lui parlai, je lui dis que j'étais le neveu de tante Judith, que j'étais chargé d'une commission et qu'il fallait ouvrir. Enfin, renonçant à obtenir une réponse, je m'agenouillai devant la porte et regardai par le trou de la serrure. Christine était debout, à quelques pas de la porte qu'elle considérait attentivement. Une longue chemise de nuit la couvrait, tombant sur ses pieds dont je voyais passer les doigts nus. Ses cheveux que ne retenaient plus aucun peigne s'épandaient autour de sa tête à la façon d'une crinière; je remarquai qu'elle avait les joues rouges. Ses yeux d'un bleu ardent dans la lumière qui frappait son visage, avaient ce regard immobile que je n'avais pas oublié, et j'eus l'impression singulière qu'à travers le bois de la porte, elle me voyait et m'observait. Elle me parut plus belle encore que je ne l'avais cru et j'étais hors de moi à la voir si près sans pouvoir me jeter à ses pieds. Vaincu, enfin, par une émotion longtemps contenue, je fondis en larmes tout à coup, et me cognant la tête contre la porte, je me laissai aller au désespoir.

[30] *contenant ma respiration* = *retenant ma respiration,* holding my breath.

Après un certain temps, il me vint à l'esprit une idée qui me rendit courage et que je jugeai ingénieuse, parce que je ne réfléchis pas à ce qu'elle pouvait avoir d'imprudent. Je glissai sous la porte un carré de papier sur lequel j'avais griffonné en grosses lettres: «Christine, ouvre-moi, je t'aime.»

Par le trou de la serrure, je vis Christine se précipiter sur le billet qu'elle tourna et retourna dans tous les sens avec un air de grande curiosité, mais sans paraître comprendre ce que j'avais écrit. Soudain, elle le laissa tomber et se dirigea vers une partie de la chambre où mon regard ne pouvait la suivre. Dans mon affolement, je l'appelai de toutes mes forces et ne sachant presque plus ce que je disais, je lui promis un cadeau si elle consentait à m'ouvrir. Ces mots que je prononçais au hasard firent naître en moi l'idée d'un nouveau projet.

Je montai à ma chambre en toute hâte et fouillai dans mes tiroirs pour y trouver quelque chose, dont je pusse faire un cadeau, mais je n'avais rien. Je me précipitai alors dans la chambre de ma mère et ne me fis pas faute [31] d'examiner le contenu de toutes ses commodes, mais là non plus je ne vis rien qui me parût digne de Christine. Enfin j'aperçus, poussée contre le mur et derrière un meuble, la malle que ma tante avait apportée avec elle. Sans doute jugeait-on qu'elle n'eût pas été en sûreté dans la même pièce qu'une petite fille curieuse. Il se trouvait, en tous cas, que cette malle était ouverte et je n'eus qu'à en soulever le couvercle pour y plonger mes mains fiévreuses. Après avoir cherché quelque temps, je découvris un petit coffret de galuchat,[32] soigneusement dissimulé sous du linge. Comme je le revois bien! Il était doublé de moire [33] et contenait des rubans de couleur et quelques bagues dont l'une me plut immédiatement. C'était un anneau d'or, très mince et enrichi d'un petit saphir. On avait passé dans cette bague un rouleau de lettres, pareil à un doigt de papier,[34] et que j'en arrachai en le lacérant.

[31] *et (je) ne me fis pas faute,* and (I) didn't fail.
[32] *coffret de galuchat,* box made of sharkskin.
[33] *doublé de moire,* lined with watered silk.
[34] *pareil à un doigt de papier,* like a paper finger.

Je retournai aussitôt à la chambre de Christine et de nouveau,
je l'appelai, mais sans autre résultat que de la faire venir près de
la porte comme la première fois. Alors, je glissai la bague sous
la porte, en disant: «Christine, voici ton cadeau. Ouvre-moi.»
Et je frappai du plat de la main sur le bas de la porte pour attirer
l'attention de Christine, mais elle avait déjà vu la bague et s'en
était emparée. Un instant, elle la tint dans le creux de sa main
et l'examina, puis elle essaya de la passer à son pouce, mais la
bague était juste [35] et s'arrêtait un peu au-dessous de l'ongle.
Elle frappa du pied et voulut la faire entrer de force. Je lui criai:
«Non, pas à ce doigt-là!» mais elle n'entendait pas ou ne comprenait pas. Tout à coup elle agita la main, la bague avait passé.
Elle l'admira quelques minutes, puis elle voulut l'enlever. Elle
tira de toutes ses forces, mais en vain: la bague tenait bon. De
rage, Christine la mordit. Enfin, après un moment d'efforts
désespérés, elle se jeta sur son lit en poussant des cris de colère.
Je m'enfuis.

Lorsque ma mère et ma tante revinrent, trois heures plus tard,
accompagnées d'un médecin de Providence, j'étais dans ma
chambre, en proie à une frayeur sans nom. Je n'osai pas descendre
à l'heure du dîner, et à la nuit tombante, je m'endormis.

Vers cinq heures le lendemain matin, un bruit de roues m'éveilla
et m'attira à la fenêtre, et je vis s'avancer jusqu'à notre porte une
voiture à deux chevaux. Tout ce qui se passa ensuite me donna
l'impression d'un mauvais rêve. Je vis la femme de chambre
aider le cocher à charger la malle de ma tante sur le haut de la
voiture; puis ma tante parut au bras de ma mère qui la soutenait.
Elles s'embrassèrent à plusieurs reprises.[36] Un homme les suivait
(je suppose que c'était le médecin de Providence, qui avait passé
la nuit chez nous) tenant Christine par la main. Elle portait une
grande capeline qui lui cachait le visage. Au pouce de la main
droite brillait la bague qu'elle n'avait pu enlever.

Ni ma mère, ni ma tante que je revis, seule, quelques mois plus
tard ne me dirent un mot de toute cette affaire, et je pensai vrai-

---

[35] *était juste,* was tight.   [36] *à plusieurs reprises,* several times.

ment l'avoir rêvée. Me croira-t-on? Je l'oubliai; c'est un cœur
bien étrange que le nôtre.

L'été suivant, ma tante ne vint pas, mais quelques jours avant
Noël, comme elle passait par Boston, elle nous fit une visite d'une
heure. Ma mère et moi nous étions au salon, et je regardais par
la fenêtre les ouvriers de la voirie [37] qui jetaient des pelletées de
sable sur le verglas, lorsque ma tante parut. Elle se tint un instant sur le seuil de la porte, ôtant ses gants d'un geste machinal;
puis, sans dire un mot, elle se jeta en sanglotant dans les bras de
ma mère. A sa main dégantée brillait le petit saphir. Dans la
rue les pelletées de sable tombaient sur le pavé avec un bruit
lugubre.

> [Julien Green, *Le Voyageur sur la terre*,
> Librairie Plon, Paris, 1930. Repro-
> duit avec l'autorisation de la Li-
> brairie Plon.]

[37] *la voirie,* Highway Department.

Questionnaire

1. Dans quelle région des États-Unis se passe l'action de ce conte?
2. Comment sait-on que la maison est ancienne?
3. Quand est-ce que les Pèlerins sont arrivés en Amérique? Où ont-ils
débarqué?
4. Qu'est-ce qu'on pouvait lire autour de l'œil-de-bœuf?
5. Qu'est-ce qui est arrivé quand l'enfant avait treize ans?
6. Parlez d'un événement de vos treize ans.
7. Pourquoi la tante Judith ne s'était-elle jamais mariée?
8. Quand Jean a vu la petite fille, quelle impression lui a-t-elle faite?
9. Pourquoi Jean était-il surveillé pendant la journée?
10. Que lui a raconté sa tante pour l'effrayer?
11. Que s'est-il passé au bout de deux semaines?
12. Qu'est-ce que Jean a entendu un soir dans le couloir?
13. En quoi cette histoire vous donne-t-elle une impression de mystère?
14. Où sont parties la mère et la tante de Christine?
15. Quelle promesse Jean a-t-il faite?
16. Pourquoi n'a-t-il pas tenu sa promesse?
17. Qu'est-ce que le petit garçon a vu en regardant par le trou de la
serrure?

18. Où Jean a-t-il trouvé un cadeau pour Christine?
19. Qu'est-ce que Christine en a fait?
20. Qu'est-ce qui est arrivé le lendemain matin?
21. Donnez votre impression de Christine.

La Mouche

par

Jacques Perret

(1901–   )

Jacques Perret (1901–   ),

journaliste et romancier, est né dans la banlieue de Paris. Ses études terminées, muni d'une licence de philosophie, il se promena dans le monde, faisant les métiers les plus variés. Il fut professeur au Danemark, bûcheron en Suède. En Amérique du Sud il se battit dans l'armée du général Sandino, au Nicaragua. En Guyane il chercha de l'or. L'affaire se termina par un échec dont il affirme avoir gardé le meilleur souvenir. Revenu en France, il devint rédacteur au Journal, *jusqu'en 1939 où il fut mobilisé. Il fit partie d'un corps franc, gagna la médaille militaire, fut fait prisonnier. Il s'évada trois fois. Il raconta ses souffrances de prisonnier de guerre dans* Le Caporal épinglé *(1947).* Bande à part *(1951) lui valut le prix Interallié. Il reçut en 1957 le prix littéraire prince Rainier-de-Monaco. D'autres livres s'intitulent* Histoires sous le vent *(1944),* Le Vent dans les voiles *(1948),* La Bête Mahousse *(1951),* Cheveux sur la soupe *(1954),* Le Machin *(1955). Tous reflètent son existence aventureuse. Perret se caractérise par une bouffonnerie lyrique qui rend plus frappant le fond sérieux et satirique de son œuvre.*

La Mouche

Le *Big-Tramp* était ancré au milieu de la baie de Zacatucan,[1] sous un soleil de plomb. Sauf trois hommes qui jouaient aux cartes dans la cabine du capitaine, tout le monde faisait la sieste, à bord et sur la côte. Pour éviter l'air brûlant on avait fermé le hublot avec les écrous, comme un couvercle d'autoclave,[2] et la cabine sentait le linge sale en fermentation. Assis sur son grabat, le capitaine faisait tomber les cartes sur une vieille couverture avec des ahanements de bûcheron,[3] en face de Ramon le métis, un mercanti [4] de la côte, et d'un Chinois gras et propret, tous deux accroupis par terre.

Le capitaine Bacon était un vieux blond avec des joues mal rasées qui brillaient comme du papier de verre et un cou tout fripé de plis mous comme un goitre dégonflé. Il avait une drôle de petite voix d'enfant enrhumé avec, de-ci, de-là, des intonations un peu gâteuses, à cause des gencives dégarnies:[5]

— C'est bon! dit-il sans montrer ses cartes, j'ai perdu.

Il prit un papier qui traînait sur le coin de la toilette, suça longuement la mine d'un crayon et fit une dernière croix en face de la dernière ligne: avec ces quatre-vingts estagnons [6] de farine, tout son fret était perdu maintenant. Il laissa tomber sur la couverture le connaissement [7] du *Big-Tramp* avec un sourire de bon joueur

---

[1] *la baie de Zacatucan,* a fictitious name.
[2] *comme un couvercle d'autoclave,* like the lid of a pressure cooker.
[3] *ahanements de bûcheron,* groans of a woodcutter.
[4] *un mercanti,* an oriental bazaar merchant.
[5] *gencives dégarnies,* toothless gums.
[6] *estagnons, Prov.* metal barrels.
[7] *le connaissement,* the bill of lading.

assez mal réussi. D'une main tremblante, il ralluma son mégot, puis jeta l'allumette dans la cuvette d'eau sale, se leva pour dévisser le hublot et, d'un coup de pied en vache,[8] ouvrit la porte de la cabine afin d'appeler un peu d'air. Il n'arriva qu'une molle bouffée de tiédeur avec un murmure de chauds gloussements qui venaient des cages à poules. Il avait joué la volaille aussi, bien entendu, avec une demi-douzaine de barils de bœuf [9] et perdu le lot avec un carré de valets.[10] Enfin, n'en parlons plus. Tout cela était bien étrange. Le capitaine Bacon avait toujours eu horreur du jeu qui lui fatiguait la tête et, quand il perdait, il en avait l'estomac resserré pendant huit jours et des bourdonnements d'oreilles. Et voilà qu'aujourd'hui il s'était lancé comme un fou et s'enfonçait et s'empêtrait dans une partie d'enfer. Ça l'avait pris comme un coup de bambou,[11] comme une attaque. Il croyait sentir qu'une maîtresse cheville [12] s'était rompue quelque part dans les régions mystérieuses de son être et que des choses importantes s'étaient écroulées soudain, comme mangées aux vers. L'âge sans doute. Il y a des gens comme ça qui vieillissent tout d'un coup, entre le rhum de dix heures et le tafia [13] de midi. Et cette brusque passion du jeu ressemblait bien à une capitulation sénile, c'était dégoûtant, il lâchait tout sans se retenir, comme un gaga qui fait sous lui.

Les autres griffonnaient leurs petits comptes personnels avec un bout de craie sur le plancher, en soufflant pour écarter les mégots. Le capitaine posa un instant son regard mol et mouillé sur les cheveux de Ramon, une touffe crépue qui faisait valoir de grandes oreilles tourmentées, puis sur la tête du Chinois, une belle brosse de cheveux drus où il remarqua sur l'occiput une lacune

---

[8] *d'un coup de pied en vache,* with a vicious kick against the bottom of the door (*Boxing faire un coup en vache,* hit below the belt).

[9] *barils de bœuf,* barrels of corned beef.

[10] *un carré de valets,* four jacks.

[11] *Ça ... bambou,* He had acted like a man who had been hit over the head with a bamboo stick.

[12] *une maîtresse cheville,* a master peg.

[13] *le tafia,* cheap rum (from West Indies).

oblongue de la dimension d'une graine de melon, une cicatrice peut-être, ou la petite surface pelée d'une vieille idée fixe, ou un trou de mite, peu importe.

Le capitaine Bacon rajusta son regard engourdi, tira sur son mégot, évoqua sa cale vide, son bâtiment sur lest,[14] ses clients escroqués, sa ruine. «C'est malin de se mettre dans des cas pareils à soixante-huit ans, quand on a des jambes gonflées de varices baveuses et même pas deux chicots [15] pour tenir une pipe . . . Sale vieux Bacon, tu m'écœures!» souffla-t-il entre ses lèvres flasques et tout en ramassant un vieux linge. Méticuleusement, il s'épongea le torse par l'échancrure de la chemise, puis les aisselles, enfin la figure, ce qui laissa un peu d'aigreur au coin de la bouche. Il jeta le torchon, but une gorgée de rhum et se baissa pour reprendre ses cartes.

— On continue? demanda Ramon un peu surpris.

— Bien sûr, dit le capitaine en déchirant ses cartes, mais plus avec ça, on va trouver autre chose.

Il jeta le débris sous sa couchette, sauf un petit morceau de trèfle qu'il roula en fuseau pour se curer l'oreille.[16]

— Mais vous allez jouer quoi? demanda le Chinois.

— Le bateau contre 8.000 dollars.

On était trop loin de compte.[17]

— Bon . . ., eh bien! le bateau contre son fret, fit le capitaine en posant la main sur le connaissement, le contenant contre le contenu, ça va?

— Et on joue ça à quoi? Aux dés? Au six-huit? A pique-faillot? Au pied-cassé, à pair-ou-impair, au doigt mouillé?

— Ou bien à pull-nickel? proposa le métis, ou au biki-boka, ou à pousse-mégot? [18] Ça n'est pas fatigant.

[14] *bâtiment sur lest,* ship carrying nothing but ballast.

[15] *chicots,* stumps of teeth.

[16] *sauf . . . l'oreille,* except for a small piece from a club card which he rolled into a spindle to pick his ear.

[17] *On était trop loin de compte,* They had gone beyond plain figuring.

[18] *Aux dés . . . à pousse-mégot,* Most of the names of these games are fictitious; Perret probably got his idea for names from Rabelais, Book I, Chap. XXII, "The Game of Gargantua," in which the latter played 214 games.

— Ça vaudrait la peine de jouer ça à la mouche, dit le Chinois en soulevant ses petits yeux sans blanc à cause des paupières mal taillées. Vous avez un local?

— L'infirmerie; il y a de la toile métallique au hublot.

— Et la mouche? fit Ramon en regardant au plafond.

— Venez.

Sur le pont, c'était la fournaise, et le plancher brûlait sous les espadrilles. Le capitaine s'arrêta un instant, ajusta sa visière et fit un geste vague:

— Tout de même, dit-il, vous vous rendez compte de l'enjeu? Un petit bric [19] avec un grand mât tout neuf en pin du Honduras, et des haubans à ridoirs,[20] et calfaté il y a pas un an.[21] Avec deux ou trois raccords de peinture c'est un bâtiment tout neuf, et pour ce qui est de la voilure ...

— Voyons la mouche, dit Ramon.

Le capitaine regarda le métis et haussa les épaules:

— Évidemment, dit-il, vous n'avez pas une figure à discuter bateaux. Si vous gagnez celui-là, ajouta-t-il en donnant un coup de pied dans le capot d'écoutille,[22] c'est probablement pas pour naviguer avec et ...

— La mouche! fit le Chinois avec un suave sourire qui fit reluire sa vilaine peau d'andouille,[23] belle peau pour y faire claquer les mains [24] si on avait seulement dix ans de moins, des mollets sans varices et deux ou trois chicots histoire de serrer les dents.[25]

Le capitaine les conduisit par bâbord [26] jusqu'au seuil de la cambuse. Sitôt la porte ouverte, un vol grouillant se mit à bourdonner dans l'ombre qui sentait la saumure confinée. Il n'eut qu'à lancer la main dans le tas pour attraper une mouche, et le

---

[19] *bric,* brig.

[20] *haubans à ridoirs,* shroud lanyards.

[21] *et calfaté il (n') y a pas un an,* and caulked not less than a year ago.

[22] *le capot d'écoutille,* the companion hatch.

[23] *peau d'andouille,* smooth shiny skin (like that of a sausage).

[24] *pour y faire claquer les mains,* to slap one's hands on.

[25] *histoire de serrer les dents,* so as to be able to clench one's teeth.

[26] *par bâbord,* on the portside.

Chinois ayant pris trois morceaux de sucre, ils s'en retournèrent vers l'avant. Le capitaine s'arrêta à l'ombre du grand mât pour se masser un peu la jambe puis il leva la tête et son regard glissa le long des drisses molles:[27]

— Quand je dis un bric, fit-il, ce n'est pas tout à fait exact puisqu'il y a une brigantine de misaine,[28] que le grand mât n'a pas de cacatois,[29] que mon bout-dehors [30] est planté comme pour une goélette et que tout ça est haubané comme un schooner de la Barbade . . .[31]

Tout en parlant, il faisait des gestes avec son poing bien fermé sur la mouche qui lui chatouillait la paume.

— Allons, dit le Chinois, elle va s'énerver et le jeu sera brouillé.

Ils arrivèrent au rouf,[32] dans le réduit que le capitaine appelait infirmerie à cause d'une petite armoire à drogues et d'un crachoir en fer-blanc. Le charpentier avait pris l'habitude d'y passer ses loisirs qu'il consacrait à la fabrication de chapelets en yeux de poissons des mers chaudes.[33] Les yeux roses du maquereau-panama servaient pour les *pater*. Il avait une bonne clientèle du côté de la Californie mexicaine. Les cloisons du local étaient chamarrées de chapelets en guirlandes et le capitaine poussa du pied un couvercle en carton où séchaient des yeux blancs. Ramon ferma la porte et le Chinois revissa le hublot parce qu'il avait remarqué une déchirure dans la toile métallique. Tous trois prirent place autour d'une table pliante, chacun devant son morceau de sucre et le capitaine, bras tendu, ouvrit les doigts et lâcha la mouche. A elle maintenant de choisir son sucre et désigner le gagnant.

Elle commença par se cogner aux quatre coins de la cabine, puis s'en alla buter au plafond et se posa sur la petite armoire à

---

[27] *drisses molles*, soft halyards (tackles).
[28] *une brigantine de misaine*, a spanker (sail).
[29] *cacatois*, royal sail.
[30] *bout-dehors*, boom.
[31] *la Barbade*, Barbadoes, part of the British West Indies.
[32] *rouf = roufle*, cabin on upper deck.
[33] *chapelets en yeux de poissons des mers chaudes*, rosaries made with fish eyes from the warm seas.

drogues pour s'y dégourdir les ailes et se frotter les pattes. Le
métis et le Chinois, la tête droite et l'oreille immobile, la con-
sidéraient sans ciller [34] mais le capitaine qui n'avait pas le droit
de se retourner se contentait d'épier le regard des deux hommes.
La mouche reprit son vol, fit un rond autour des oreilles de Ramon,
s'en alla flairer les chapelets, explora deux ou trois yeux secs, n'y
trouva rien de comestible, s'en revint sous le nez du Chinois, rebroussa chemin [35] comme si elle eût senti quelque chose de bon,
fit un zigzag au-dessus du sucre de Ramon et brusquement partit
à fond de train [36] vers le plafond. Elle parut y trouver quelque
chose d'intéressant, se posa, chemina tranquillement comme une
désœuvrée repue,[37] butina sans goût quelques chiots [38] secs et
s'arrêta pour considérer longuement, en bas, ces trois regards
révulsés qui la fixaient d'une prunelle extatique comme si elle
eût été papillon rare ou angelot plafonnier.[39] L'œil du Chinois,
mat et sans lumière, laissait voir enfin un filet blanc. L'œil un
peu mauve du métis était figé dans un effort d'hypnotiseur. L'œil
du capitaine était vacillant avec le bleu qui fondait dans un brouillard bileux.

Au bout de cinq minutes la mouche se laissa tomber comme
une alouette au-dessus de la table et se mit à bourdonner de l'un
à l'autre, traçant des figures élastiques aux crochets bien amortis.[40]
Tantôt elle semblait le jouet de trois regards d'égale force qui
l'attiraient à tour de rôle sans pouvoir la retenir, tantôt c'était
elle qui menait le jeu, s'amusant à fatiguer les yeux dans son
sillage, à faire battre les cœurs et mouiller les tempes. Jusqu'à
présent, elle semblait accorder sa préférence au Chinois qui avait
une extraordinaire puissance d'immobilité. Il ne remuait pas
plus qu'un meuble et semblait décidé à ne plus respirer avant la

[34] *sans ciller*, without batting an eyelash.
[35] *rebroussa chemin*, retraced its steps.
[36] *à fond de train*, at full speed.
[37] *une désœuvrée repue*, a satiated loafer.
[38] *chiots*, flyspecks.
[39] *angelot plafonnier*, small angel carved on the ceiling.
[40] *aux crochets bien amortis*, with wide smooth curves.

fin de la partie. «J'aurais dû me méfier, se disait le capitaine, il a une gueule de charmeur de mouches; tous ces gars-là, c'est un peu fakir et compagnie.»[41] Lui-même était assez inquiet à cause de son nez bouché qui l'obligeait à respirer par la bouche et cela faisait peut-être une mauvaise atmosphère autour de son sucre.

La mouche ayant disparu on attendit patiemment dix bonnes minutes sans bouger, puis, d'un commun accord, on décida de s'ébrouer un peu,[42] et la mouche reparut, avec un joli murmure qui tournait rond.[43] On s'immobilisa de nouveau. Elle fit deux ou trois crochets frénétiques, buta comme une folle dans la toison crépue du métis, s'en dépêtra avec un vrombissement rageur et vint tomber devant lui à côté de son sucre. Dehors on n'entendait rien, même pas le clapotis, et cette immobilité tendue faisait couler des filets de sueurs le long des côtes. Le métis avait une grosse goutte qui lui pendait au menton et ses yeux se gonflaient visiblement au-dessus de la mouche qui s'avançait par saccades vers le sucre. Mais elle dut sentir sur ses ailes le poids de ce regard et l'aubaine lui parut baigner dans un élément suspect, comme une friandise de piège.[44] Elle s'envola.

Ayant vainement cherché à dépister ces trois paires d'yeux qui l'excédaient, elle dut se résigner à décrire d'interminables polygones au ras du plafond [45] comme pour s'entraîner sur un parcours de compétition. On entendait fort bien les modulations de sa course et, là-bas, très loin sur la baie, quelques cris de mouette étouffés par la chaleur. Tout près du houblot, un pélican passa, balayant la table d'une grande ombre rapide. Le capitaine avait abandonné la mouche qui lui donnait le tournis [46] et regardait ses partenaires. Sans lever la tête, le Chinois avait retroussé ses yeux vers le plafond, ses yeux plats comme des lentilles et qui

[41] *un peu fakir et compagnie,* a bunch of phonies.

[42] *on décida de s'ébrouer un peu,* they decided to move around a bit.

[43] *qui tournait rond,* which rang true.

[44] *comme une friandise de piège,* like a tasty bit in a trap.

[45] *à décrire . . . au ras du plafond,* to skimming along the ceiling tracing endless polygons.

[46] *qui lui donnait le tournis,* which made him dizzy (*tournis,* staggers).

bougeaient minutieusement sous le bourrelet des paupières. Jolis yeux à enfiler pour des chapelets maudits,[47] pensa le capitaine. Le métis avait la tête renversée, la bouche ouverte, retenue par la peau du cou, et parfois sa pomme d'Adam faisait un laborieux va-et-vient pour avaler un gros paquet d'impatience et d'angoisse. Le capitaine le trouva odieux, puis ridicule et se jugea plus malin en feignant de penser à autre chose. «Le mieux, songeait-il, c'est de jouer l'indifférence; la passion importune le hasard et quand on le met en demeure de [48] rendre un arrêt il faut se montrer discret, avec un tantinet d'insouciance.» D'ailleurs il ressentait une vague envie de dormir. Les deux mains allongées de chaque côté du morceau de sucre, le buste affalé sur la chaise, les jambes gourdes, la chemise plaquée aux épaules par la sueur, il enchaîna sa rêverie sur l'imperceptible clapotis qui s'ébrouait maintenant aux flancs du bateau: avec son beau taille-mer [49] redoré le *Big-Tramp* chargé jusqu'au plat-bord [50] coupait gaiement la lame sous une petite brise de père de famille;[51] une mouette voltigeait autour du métis et du Chinois crevés qui se balançaient à la grand'vergue [52] et l'équipage faisait des paris: «Elle commencera par le Chinois,» disaient les bâbordais, «Par le métis,» disaient les tribordais.[53] Et le capitaine Bacon riait dans le soleil en déclamant: «Voilà comment on travaille quand on a trente-deux dents, des jarrets comme des ressorts et un petit foie moelleux pas plus gros que le poing.» [54]

Le capitaine ouvrit l'œil parce qu'il avait cru sentir comme une altération du silence, une congestion de l'atmosphère; son regard barbouillé fit trois petits tours inquiets puis s'accommoda lente-

---

[47] *Jolis . . . maudits,* pretty eyes to be threaded to make cursed rosaries.

[48] *quand on le met en demeure de,* when one forces it to.

[49] *taille-mer,* cutwater (of bow).

[50] *plat-bord,* gunwale.

[51] *une petite brise de père de famille,* a gentle little breeze.

[52] *qui se balançaient à la grand'vergue,* who were swinging on the main yard.

[53] *bâbordais . . . tribordais,* men of the port watch . . . men of the starboard watch.

[54] *un petit foie . . . poing,* a small flabby liver no bigger than a fist.

ment sur le visage du Chinois où cheminait la mouche. Les papattes grouillaient menu [55] sur le front bien lisse, une belle surface revêtue d'un fin limon graisseux où la bestiole pompait de-ci de-là, gourmande, à petits coups de trompe;[56] livré à ces raffinements de crafouillettes et chatouillis [57] le Chinois offrait un visage serein qui laissait deviner un système nerveux de céphalopode. En revanche, par sympathie incoercible, le capitaine fut obligé de se gratter le front avec une certaine impatience, ce qui lui valut un regard foudroyant du Chinois: la mouche était partie. Elle s'en fut narguer le métis en exécutant quelques spirales dans la perpendiculaire de son sucre et revint atterrir sur la chemise rose du Chinois qui baissa les yeux; il n'avait pas de sourcils et si peu de cils que ses paupières maintenant baissées, tendues sans un pli, se distinguaient à peine sur la peau du front. Le capitaine se laissa fasciner quelques secondes par cette espèce de moignon facial,[58] fut pris de nausée, chercha la mouche et la vit sur la table, en face du Chinois, à trois centimètres du sucre.

Elle s'approcha encore, à le toucher, puis s'arrêta Dieu sait pourquoi. Elle devait pourtant baigner dans une odeur de sucre et déjà saliver de la trompe, mais elle demeurait immobile, aux aguets, avec une patte levée peut-être, comme un chien d'arrêt. Le silence était devenu si minutieux qu'elle avait jugé bon, elle aussi, de couper sa respiration. Le clapotis de son côté avait dû se figer contre la coque et les mouettes lointaines se poser sur l'eau chaude, silencieuses comme des canards de baignoire. Le capitaine fut pris d'un malaise: il sentait son foie qui gonflait et songeait que la mouche immobile où pataugeait son regard inerte allait sous peu lui rentrer dans la cervelle comme dans une mangue blette.[59] C'était dur de ne pas tout flanquer en l'air à grands coups de pied sous la table. Allez-y mes cochons, prenez-le donc mon *Big-Tramp* et laissez-moi y boire un dernier coup de rhum!

[55] *Les papattes grouillaient menu,* the small feet were wriggling.
[56] *à petits coups de trompe,* with little sucks from its probosis.
[57] *crafouillettes et chatouillis,* scratchings and ticklings.
[58] *moignon facial,* stump of a face.
[59] *une mangue blette,* an over-ripe mango (fruit).

Alors, dans le silence éperdu qui suait l'effort et se dilatait
d'impatience, dans le silence où besognait le hasard, un petit
craquement retentit dans la cabine et la mouche s'envola.

Le capitaine tourna l'œil vers la cloison d'où venait le bruit.
Un assemblage avait joué,[60] un coup de chaleur sans doute, un
de ces mille geignements du bois qui travaille ou qui se détend.
Le vieux bateau avait donné son avis, un petit cri de défense ou
d'indignation, à l'instant où son maître allait le livrer aux mer-
cantis: «Fichu Bacon, grinçait le *Big-Tramp*, j'avais rêvé pour
toi une bonne fin tranquille dans un glou-glou honorable au cœur
d'un cyclone et je te vois disposé à traîner tes mollets loqueteux
dans toutes les misères de la côte! Enfin ... ça te regarde après
tout. Mais moi alors, dans l'affaire, qu'est-ce que je deviens?
On va me coller sur la dunette un petit corniaud de cul-mouillé [61]
qui ne saura même pas que je peux faire le près comme pas un [62]
avec la grand-voile et la misaine bordées à péter,[63] ni que l'épissure
de ma drisse de grand floc [64] a été faite un dimanche de Pâques
par le grand Jim qui était fin saoul! [65] C'est assez moche de me
faire un coup pareil, à mon âge, quand on aurait pu crever tous
les deux, honnêtement, sur un petit récif de corail, avec ma coque
pourrie et ton foie moisi ... mon vieux Bacon, tu es un beau
salaud!»

Qu'est-ce que c'est que ces calembredaines? [66] Le capitaine
Bacon n'était pourtant pas homme à se laisser farcir la pastèque [67]
par des enfantillages de vieux chnoque radoteur [68] dans le genre
bateau-qui-parle et vaisseau-fantôme. Et pourtant le *Big-Tramp*,

[60] *Un assemblage avait joué,* A joint had become warped.

[61] *corniaud de cul-mouillé, vulg.* dirty-so-and-so (*corniaud, corneau,*
dog).

[62] *faire le près comme pas un,* sail close to the wind better than anyone
else.

[63] *bordées à péter,* tacked fit to burst.

[64] *l'épissure de ma drisse de grand floc,* the splicing of my halyard rope.

[65] *fin saoul!,* real drunk!

[66] *calembredaines,* foolish utterances.

[67] *se laisser farcir la pastèque,* to let himself be fooled.

[68] *chnoque radoteur,* driveling old fool.

à la suite de quelque mystérieuse impulsion du maître-couple transmise de bordée en barrot jusqu'aux bouvetages du rouf,[69] avait donné de la voix et chassé le mauvais sort. C'était plutôt la mouche d'ailleurs qui avait entendu la voix et compris le signal, sans quoi elle n'eût pas pris peur pour ce petit bruit banal. Le capitaine ne la quitta plus du regard; «une mouche du bord après tout, elle est née ici, quelque part sur un bout de queue de cochon ou sur un fond de baril, c'est elle qui vient boire le café dans ma soucoupe pendant les quarts de nuit, qui va ensuite faire ses besoins sur la photo de ma belle-sœur et qui fait blasphémer le second quand il lit ses prières, une mouche du bord, quoi!» Le capitaine la regardait avec une gentille fossette au coin de la bouche et ses pommettes râpeuses se bombaient d'attendrissement sous la poche frisée de ses yeux paternels. La mouche vint lui frôler l'oreille, juste le temps d'y glisser une confidence et il sentit sur le cou le vent de son passage comme une caresse de connivence. Elle vint même se poser sur sa bouche entrouverte pour lui faire de petites agaceries d'une commissure à l'autre et lui montrer qu'elle ne répugnait pas au fumet de son haleine. Le capitaine sourit et elle vint se poser sur le dos de sa main velue. Alors elle s'énerva un peu dans les poils mais s'y obstina, s'y fraya un chemin zig-zagant jusqu'à la jointure lisse de l'index et du médius où elle s'arrêta quelques instants à tournailler avant de prendre un vol minuscule qui la fit tomber sur le pouce, près de l'ongle encore tout noir d'un vieux pinçon, un souvenir de coup dur et de mau-vais temps ... tout de même, avec ses jambes en pâté de foie,[70] il avait tenu la barre toute cette nuit-là en serrant les gencives, le vieux Bacon! La mouche fit un brin de toilette, se repassa les ailes, se caressa le cou en minaudant puis se frotta les mains avec une évidente satisfaction. ... Bien astiquée, elle fit un quart de tour, pencha la tête sur l'épaule et regarda le capitaine. Elle avait des bajoues pleines de poils. Le capitaine hocha imperceptible-

---

[69] *du maître-couple ... rouf,* of the midship frame transmitted from side to beam as far as the grooves and tongues of the cabin.

[70] *jambes en pâté de foie,* legs like cotton.

ment la tête, elle fit un petit signe de la trompe et soudain trotta jusqu'en haut de l'ongle, prit son élan et tomba sur le sucre.

Avant tout, le capitaine commença par satisfaire une envie de se gratter le derrière qui le travaillait depuis longtemps. Ensuite il souleva sa casquette, se passa la main sur le crâne, remit sa casquette et l'ajusta avec une certaine affectation. Là-bas sur la baie, les mouettes recommencèrent à criailler tandis qu'au flanc du *Big-Tramp*, à tribord, la brise chaude ranimait le clapotis.

Ramon qui n'en pouvait plus bouffa son morceau de sucre, quitta la table et s'en fut sur le pont, mais le capitaine remit en jeu sa cargaison retrouvée contre 3.000 dollars qu'il gagna en moins de deux.[71] Le Chinois parut soupçonner que la mouche était pipée, demanda un grand verre d'eau et prit congé pour descendre à la chaloupe où l'attendait le métis en se rongeant les ongles. Penché par-dessus bord, le capitaine toucha sa casquette pour leur dire gentiment adieu et le Chinois renversa vers lui sa face de méduse bilieuse où tremblotait un sourire charmant.

«Pom pom! Badapom pom! pom!» fit le capitaine en jouant gaiement de ses lèvres molles; puis il fléchit sur les jarrets, à plusieurs reprises et fort allégrement, avant de gagner sa cabine pour y serrer ses dollars et y faire un bout de sieste.

Sous la moustiquaire il trouva une mouche. Une mouche emprisonnée qui se démenait bruyamment. Le capitaine Bacon aurait pu soulever un peu la mousseline et lui donner la liberté avec un petit mot gentil; c'eût été correct et régulier. La moindre des choses. Comme il se sentait vraiment très bien et qu'il n'était plus d'humeur à se raconter des histoires, il n'y songea même pas. Il prit seulement la serviette encore mouillée de ses sueurs et en assena un bon coup sur la mouche qui fut tuée net. Le capitaine Bacon n'était pas encore mûr pour la retraite.

[Jacques Perret, *Histoires sous le vent*, Librairie Gallimard, 1953. Copyright by Librairie Gallimard, Paris, tous droits réservés.]

[71] *en moins de deux,* in less time than it takes to count to two.

Questionnaire

1. Que faisaient les trois hommes dans la cabine du capitaine?
2. Qui était le perdant?
3. Quelle sorte de bateau était le *Big-Tramp*?
4. Pourquoi le capitaine avait-il décidé de jouer aux cartes?
5. Que pensait le capitaine de ses partenaires?
6. En recommençant à jouer, quel allait être l'enjeu (*the stake*)?
7. De quelle façon la mouche allait-elle décider du gagnant?
8. Quelles étaient les règles du jeu?
9. Pendant dix minutes, rien ne s'est passé. Pourquoi?
10. Décrivez un des hommes autour de la table de jeu.
11. Pourquoi la mouche était-elle surtout attirée par le Chinois?
12. Quel avis le vieux bateau avait-il donné au moment où il allait être livré?
13. Qu'est-ce qu'une «mouche du bord»?
14. Finalement, qui gagna la partie de cartes?
15. Pouvez-vous dire que Perret est un excellent conteur? Donnez vos raisons pour ou contre.
16. Précisez certaines différences entre un conteur du 19ᵉ siècle et un conteur du 20ᵉ siècle (entre, par exemple, Maupassant ou Daudet, et Maurois ou Perret).

Le Passe-Muraille

par

Marcel Aymé

(1902–)

Marcel Aymé (1902–   ),

le dernier d'une famille de sept enfants, naquit dans une petite ville de Bourgogne, d'un père forgeron. Après ses études secondaires, il fit son service militaire à Lindau, en zone d'occupation française en Allemagne. A son retour il commença des études de médecine mais ne les poursuivit pas. Il passa quelque temps dans une banque, profita d'une dispute pour donner sa démission. Il tomba très malade et alla se soigner en Franche-Comté (1925). Il écrivit son premier roman Brûlebois *(1926), qui n'eut pas de succès commercial mais fut couronné par la Société des Gens de Lettres. Il se vit, une fois guéri, forcé de gagner sa vie, et entra dans une maison d'exportation. Il continua à publier des romans et des nouvelles:* La Table aux crevés *(1929), plein de ses souvenirs de jeunesse,* La Rue sans nom *(1930),* Le Puits aux images *(1932). Son vrai succès vint avec* La Jument verte *(1933), roman satirique qui fait penser à Rabelais.* Le Moulin de la Sourdine *(1936), roman provincial, est également une histoire pleine de verve.* Travelingue *(1941) marque un approfondissement de la satire sociale.* Le Passe-Muraille *(1943), d'où l'histoire suivante est tirée, est un recueil de contes humoristiques. Ses romans d'après-guerre montrent son vrai talent d'écrivain:* Les Chemins des écoliers *(1946),* Le Vin de Paris *(1947) et* Uranus *(1948); ce dernier est une satire cruelle de l'époque de la Libération (1945). Il remporta un grand succès comme auteur dramatique avec* Clérambard *(1950) et* La Tête des autres *(1952). Écrivain humoristique, tantôt spirituel, tantôt rabelaisien, créateur d'un monde divers, surtout fantaisiste, Aymé occupe une place importante dans la littérature française contemporaine. Ses dernières œuvres sont des pièces de théâtre:* Les Quatre vérités *(1954),* Les Oiseaux de lune *(1955),* La Mouche bleue *(1958).*

Le Passe-Muraille

Il y avait à Montmartre, au troisième étage du 75 *bis* de la rue d'Orchampt,[1] un excellent homme nommé Dutilleul qui possédait le don singulier de passer à travers les murs sans en être incommodé. Il portait un binocle, une petite barbiche noire et il était employé de troisième classe au ministère de l'Enregistrement.[2] En hiver, il se rendait à son bureau par l'autobus et à la belle saison, il faisait le trajet à pied, sous son chapeau melon.

Dutilleul venait d'entrer dans sa quarante-troisième année lorsqu'il eut la révélation de son pouvoir. Un soir, une courte panne d'électricité l'ayant surpris dans le vestibule de son petit appartement de célibataire, il tâtonna un moment dans les ténèbres et, le courant revenu, se trouva sur le palier du troisième étage. Comme sa porte d'entrée était fermée à clé de l'intérieur, l'incident lui donna à réfléchir et, malgré les remontrances de sa raison, il se décida à rentrer chez lui comme il en était sorti, en passant à travers la muraille. Cette étrange faculté qui semblait ne répondre à aucune de ses aspirations, ne laissa pas de[3] le contrarier un peu et, le lendemain samedi, profitant de la semaine anglaise, il alla trouver un médecin du quartier pour lui exposer son cas. Le docteur put se convaincre qu'il disait vrai et, après examen, découvrit la cause du mal dans un durcissement hélicoïdal de la paroi strangulaire du corps thyroïde.[4] Il prescrivit le sur-

[1] *la rue d'Orchampt,* street in the Butte Montmartre district of northern Paris.
[2] *ministère de l'Enregistrement,* Registry of Deeds.
[3] *ne laissa pas de,* did not fail to.
[4] *un durcissement ... thyroïde,* a progressive hardening of the cartilage casing of the thyroid gland.

menage intensif et, à raison de deux cachets par an, l'absorption
de poudre de pirette tétravalente, mélange de farine de riz [5] et
d'hormone de centaure.

Ayant absorbé un premier cachet, Dutilleul rangea le médica-
ment dans un tiroir et n'y pensa plus. Quant au surmenage intensif, son activité de fonctionnaire était réglée par des usages
ne s'accommodant d'aucun excès, et ses heures de loisir, consacrées
à la lecture du journal et à sa collection de timbres, ne l'obligeaient
pas non plus à une dépense déraisonnable d'énergie. Au bout d'un
an, il avait donc gardé intacte la faculté de passer à travers les
murs, mais il ne l'utilisait jamais, sinon par inadvertance, étant
peu curieux d'aventures et rétif aux entraînements de l'imagination. L'idée ne lui venait même pas de rentrer chez lui autrement
que par la porte et après l'avoir dûment ouverte en faisant jouer
la serrure.[6] Peut-être eût-il vieilli dans la paix de ses habitudes
sans avoir la tentation de mettre ses dons à l'épreuve, si un événement extraordinaire n'était venu soudain bouleverser son existence.
M. Mouron, son sous-chef de bureau, appelé à d'autres fonctions,
fut remplacé par un certain M. Lécuyer, qui avait la parole brève
et la moustache en brosse. Dès le premier jour, le nouveau sous-
chef vit de très mauvais œil que Dutilleul portât un lorgnon à
chaînette et une barbiche noire, et il affecta de le traiter comme
une vieille chose gênante et un peu malpropre. Mais le plus grave
était qu'il prétendît introduire dans son service des réformes d'une
portée considérable et bien faites pour troubler la quiétude de son
subordonné. Depuis vingt ans, Dutilleul commençait ses lettres
par la formule suivante: «Me reportant à votre honorée du tantième courant [7] et, pour mémoire,[8] à notre échange de lettres
antérieur, j'ai l'honneur de vous informer ... Formule à laquelle
M. Lécuyer entendit substituer une autre d'un tour plus américain:
«En réponse à votre lettre du tant, je vous informe ...» Dutilleul

---

[5] *farine de riz,* ground rice.
[6] *en faisant jouer la serrure,* by unlocking the door.
[7] *du tantième courant,* of such and such a date of this month.
[8] *pour mémoire,* to refresh my memory.

ne put s'accoutumer à ces façons épistolaires. Il revenait malgré lui à la manière traditionnelle, avec une obstination machinale qui lui valut l'inimitié grandissante du sous-chef. L'atmosphère du ministère de l'Enregistrement lui devenait presque pesante. Le matin, il se rendait à son travail avec appréhension, et le soir, dans son lit, il lui arrivait bien souvent de méditer un quart d'heure entier avant de trouver le sommeil.

Écœuré par cette volonté rétrograde qui compromettait le succès de ses réformes, M. Lécuyer avait relégué Dutilleul dans un réduit à demi obscur, attenant à son bureau. On y accédait par une porte basse et étroite donnant sur le couloir et portant encore en lettres capitales l'inscription: DÉBARRAS. Dutilleul avait accepté d'un cœur résigné cette humiliation sans précédent, mais chez lui, en lisant dans son journal le récit de quelque sanglant fait divers, il se surprenait à rêver que M. Lécuyer était la victime.

Un jour, le sous-chef fit irruption dans le réduit en brandissant une lettre et il se mit à beugler:

— Recommencez-moi ce torchon! [9] Recommencez-moi cet innommable torchon qui déshonore mon service!

Dutilleul voulut protester, mais M. Lécuyer, la voix tonnante, le traita de cancrelat routinier,[10] et, avant de partir, froissant la lettre qu'il avait en main, la lui jeta au visage. Dutilleul était modeste, mais fier. Demeuré seul dans son réduit, il fit un peu de température et, soudain, se sentit à l'inspiration. Quittant son siège, il entra dans le mur qui séparait son bureau de celui du sous-chef, mais il y entra avec prudence, de telle sorte que sa tête seule émergeât de l'autre côté. M. Lécuyer, assis à sa table de travail, d'une plume encore nerveuse déplaçait une virgule dans le texte d'un employé, soumis à son approbation, lorsqu'il entendit tousser dans son bureau. Levant les yeux, il découvrit avec un effarement indicible la tête de Dutilleul, collée au mur à la façon d'un trophée de chasse. Et cette tête était vivante. A travers le lorgnon à chaînette, elle dardait sur lui un regard de haine. Bien mieux, la tête se mit à parler.

[9] *ce torchon,* this rag.   [10] *de cancrelat routinier,* as a dull failure.

— Monsieur, dit-elle, vous êtes un voyou, un butor et un galopin.[11]

Béant d'horreur, M. Lécuyer ne pouvait détacher les yeux de cette apparition. Enfin, s'arrachant à son fauteuil, il bondit dans le couloir et courut jusqu'au réduit. Dutilleul, le porte-plume à la main, était installé à sa place habituelle, dans une attitude paisible et laborieuse. Le sous-chef le regarda longuement et, après avoir balbutié quelques paroles, regagna son bureau. A peine venait-il de s'asseoir que la tête réapparaissait sur la muraille.

— Monsieur, vous êtes un voyou, un butor et un galopin.

Au cours de cette seule journée, la tête redoutée apparut vingt-trois fois sur le mur et, les jours suivants, à la même cadence. Dutilleul, qui avait acquis une certaine aisance à ce jeu, ne se contentait plus d'invectiver contre le sous-chef. Il proférait des menaces obscures, s'écriant par exemple d'une voix sépulcrale, ponctuée de rires vraiment démoniaques:

— Garou![12] garou! Un poil de loup! (*rire*). Il rôde un frisson à décorner tous les hiboux [13] (*rire*).

Ce qu'entendant, le pauvre sous-chef devenait un peu plus pâle, un peu plus suffocant, et ses cheveux se dressaient bien droits sur sa tête et il lui coulait dans le dos d'horribles sueurs d'agonie. Le premier jour, il maigrit d'une livre. Dans la semaine qui suivit, outre qu'il se mit à fondre presque à vue d'œil, il prit l'habitude de manger le potage avec sa fourchette et de saluer militairement les gardiens de la paix. Au début de la deuxième semaine, une ambulance vint le prendre à son domicile et l'emmena dans une maison de santé.

Dutilleul, délivré de la tyrannie de M. Lécuyer, put revenir à ses chères formules: «Me reportant à votre honorée du tantième courant . . .» Pourtant, il était insatisfait. Quelque chose en lui réclamait, un besoin nouveau, impérieux, qui n'était rien de moins

[11] *un voyou, un butor, et un galopin,* a hooligan, a lout, and a scamp.
[12] *Garou!,* Werewolf!
[13] *à décorner tous les hiboux,* (enough) to knock off the horns of all the owls.

que le besoin de passer à travers les murs. Sans doute le pouvait-il faire aisément, par exemple chez lui, et du reste, il n'y manqua pas. Mais l'homme qui possède des dons brillants ne peut se satisfaire longtemps de les exercer sur un objet médiocre. Passer à travers les murs ne saurait d'ailleurs constituer une fin en soi. C'est le départ d'une aventure, qui appelle une suite, un développement et, en somme une rétribution. Dutilleul le comprit très bien. Il sentait en lui un besoin d'expansion, un désir croissant de s'accomplir et de se surpasser, et une certaine nostalgie qui était quelque chose comme l'appel de derrière le mur. Malheureusement, il lui manquait un but. Il chercha son aspiration dans la lecture du journal, particulièrement aux chapitres de la politique et du sport, qui lui semblaient être des activités honorables, mais s'étant finalement rendu compte qu'elles n'offraient aucun débouché aux personnes qui passent à travers les murs, il se rabattit sur le fait divers [14] qui se révéla des plus suggestifs.

Le premier cambriolage auquel se livra Dutilleul eut lieu dans un grand établissement de crédit [15] de la rive droite. Ayant traversé une douzaine de murs et de cloisons, il pénétra dans divers coffres-forts, emplit ses poches de billets de banque et, avant de se retirer, signa son larcin à la craie rouge, du pseudonyme de Garou-Garou, avec un fort joli paraphe qui fut reproduit le lendemain par tous les journaux. Au bout d'une semaine, ce nom de Garou-Garou connut une extraordinaire célébrité. La sympathie du public allait sans réserve à ce prestigieux cambrioleur qui narguait si joliment la police. Il se signalait chaque nuit par un nouvel exploit accompli soit au détriment d'une banque, soit à celui d'une bijouterie ou d'un riche particulier. A Paris comme en province, il n'y avait point de femme un peu rêveuse qui n'eût le fervent désir d'appartenir corps et âme au terrible Garou-Garou. Après le vol du fameux diamant de Burdigala et le cambriolage du Crédit municipal,[16] qui eurent lieu la même semaine, l'en-

---

[14] *il se rabattit sur le fait divers,* he fell back on the small news items.
[15] *un grand établissement de crédit,* a big loan company.
[16] *Crédit municipal,* City Pawnshop.

thousiasme de la foule atteignit au délire. Le ministre de l'Intérieur dut démissionner, entraînant dans sa chute le ministre de l'Enregistrement. Cependant, Dutilleul, devenu l'un des hommes les plus riches de Paris, était toujours ponctuel à son bureau et on parlait de lui pour les palmes académiques.[17] Le matin, au ministère de l'Enregistrement, son plaisir était d'écouter les commentaires que faisaient les collègues sur ses exploits de la veille. «Ce Garou-Garou, disaient-ils, est un homme formidable, un surhomme, un génie.» En entendant de tels éloges, Dutilleul devenait rouge de confusion et, derrière le lorgnon à chaînette, son regard brillait d'amitié et de gratitude. Un jour, cette atmosphère de sympathie le mit tellement en confiance qu'il ne crut pas pouvoir garder le secret plus longtemps. Avec un geste de timidité, il considéra ses collègues groupés autour d'un journal relatant le cambriolage de la Banque de France, et déclara d'une voix modeste: «Vous savez, Garou-Garou, c'est moi.» Un rire énorme et interminable accueillit la confidence de Dutilleul qui reçut, par dérision, le surnom de Garou-Garou. Le soir, à l'heure de quitter le ministère, il était l'objet de plaisanteries sans fin de la part de ses camarades et la vie lui semblait moins belle.

Quelques jours plus tard, Garou-Garou se faisait pincer par une ronde de nuit dans une bijouterie de la rue de la Paix.[18] Il avait apposé sa signature sur le comptoir-caisse et s'était mis à chanter une chanson à boire en fracassant différentes vitrines à l'aide d'un hanap en or massif.[19] Il lui eût été facile de s'enfoncer dans un mur et d'échapper ainsi à la ronde de nuit, mais tout porte à croire [20] qu'il voulait être arrêté et, probablement à seule fin de confondre ses collègues dont l'incrédulité l'avait mortifié. Ceux-ci, en effet, furent bien surpris, lorsque les journaux du

[17] *palmes académiques,* medal with a purple ribbon. Decoration awarded by the Department of Education for services rendered in education, sports, and other fields.
[18] *la rue de la Paix,* well-known street, near the Opera, famous for its luxurious stores and its center of fashion.
[19] *un hanap en or massif,* a goblet of solid gold.
[20] *tout porte à croire,* everything leads (one) to believe.

lendemain publièrent en première page la photographie de Dutilleul. Ils regrettèrent amèrement d'avoir méconnu leur génial camarade et lui rendirent hommage en se laissant pousser une petite barbiche. Certains même, entraînés par le remords et l'admiration, tentèrent de se faire la main sur [21] le portefeuille ou la montre de famille de leurs amis et connaissances.

On jugera sans doute que le fait de se laisser prendre par la police pour étonner quelques collègues témoigne d'une grande légèreté, indigne d'un homme exceptionnel, mais le ressort apparent de la volonté est fort peu de chose dans une telle détermination. En renonçant à la liberté, Dutilleul croyait céder à un orgueilleux désir de revanche, alors qu'en réalité il glissait simplement sur la pente de sa destinée. Pour un homme qui passe à travers les murs, il n'y a point de carrière un peu poussée [22] s'il n'a tâté au moins une fois de la prison. Lorsque Dutilleul pénétra dans les locaux de la Santé,[23] il eut l'impression d'être gâté par le sort. L'épaisseur des murs était pour lui un véritable régal. Le lendemain même de son incarcération, les gardiens découvrirent avec stupeur que le prisonnier avait planté un clou dans le mur de sa cellule et qu'il y avait accroché une montre en or appartenant au directeur de la prison. Il ne put ou ne voulut révéler comment cet objet était entré en sa possession. La montre fut rendue à son propriétaire et, le lendemain, retrouvée au chevet de Garou-Garou avec le tome premier des *Trois Mousquetaires* emprunté à la bibliothèque du directeur. Le personnel de la Santé était sur les dents.[24] Les gardiens se plaignaient en outre de recevoir des coups de pied dans le derrière, dont la provenance était inexplicable. Il semblait que les murs eussent, non plus des oreilles, mais des pieds. La détention de Garou-Garou durait depuis une semaine, lorsque le directeur de la Santé, en pénétrant un matin dans son bureau, trouva sur sa table la lettre suivante:

[21] *tentèrent de se faire la main sur,* tried to get some practice at stealing.
[22] *un peu poussée,* somewhat successful.
[23] *la Santé,* famous prison, built in 1865, and located on the left bank of the Seine, near the Observatory.
[24] *était sur les dents,* was all worn out.

«Monsieur le directeur. Me reportant à notre entretien du 17 courant et, pour mémoire, à vos instructions générales du 15 mai de l'année dernière, j'ai l'honneur de vous informer que je viens d'achever la lecture du second tome des *Trois Mousquetaires* et je compte m'évader cette nuit entre onze heures vingt-cinq et onze heures trente-cinq. Je vous prie, monsieur le directeur, d'agréer l'expression de mon profond respect. GAROU–GAROU.»

Malgré l'étroite surveillance dont il fut l'objet cette nuit-là, Dutilleul s'évada à onze heures trente. Connue du public le lendemain matin, la nouvelle souleva partout un enthousiasme magnifique. Cependant, ayant effectué un nouveau cambriolage qui mit le comble à sa popularité, Dutilleul semblait peu soucieux de se cacher et circulait à travers Montmartre sans aucune précaution. Trois jours après son évasion, il fut arrêté rue Caulaincourt [25] au café du Rêve, un peu avant midi, alors qu'il buvait un vin blanc avec des amis.

Reconduit à la Santé et enfermé au triple verrou dans un cachot ombreux, Garou-Garou s'en échappa le soir même et alla coucher à l'appartement du directeur, dans la chambre d'ami. Le lendemain matin, vers neuf heures, il sonnait la bonne pour avoir son petit déjeuner et se laissait cueillir au lit, sans résistance, par les gardiens alertés. Outré, le directeur établit un poste de garde à la porte de son cachot et le mit au pain sec. Vers midi, le prisonnier s'en fut déjeuner dans un restaurant voisin de la prison et, après avoir bu son café, téléphona au directeur.

— Allo! Monsieur le directeur, je suis confus, mais tout à l'heure, au moment de sortir, j'ai oublié de prendre votre portefeuille, de sorte que je me trouve en panne au restaurant. Voulez-vous avoir la bonté d'envoyer quelqu'un pour régler l'addition?

Le directeur accourut en personne et s'emporta jusqu'à [26] proférer des menaces et des injures. Atteint dans sa fierté, Dutilleul s'évada la nuit suivante et pour ne plus revenir. Cette fois, il prit

---

[25] *rue Caulaincourt,* This street, the Avenue Junot, and Lepic, Tholozé, and Norvins Streets are all in the Butte Montmartre district.

[26] *s'emporta jusqu'à,* was angry enough to.

la précaution de raser sa barbiche noire et remplaça son lorgnon à chaînette par des lunettes en écaille. Une casquette de sport et un costume à larges carreaux avec culottes de golf achevèrent de le transformer. Il s'installa dans un petit appartement de l'avenue Junot où, dès avant sa première arrestation, il avait fait transporter une partie de son mobilier et les objets auxquels il tenait le plus. Le bruit de sa renommée commençait à le lasser et, depuis son séjour à la Santé, il était un peu blasé sur le plaisir de passer à travers les murs. Les plus épais, les plus orgueilleux, lui semblaient maintenant de simples paravents, et il rêvait de s'enfoncer au cœur de quelque massive pyramide. Tout en mûrissant le projet d'un voyage en Egypte, il menait une vie des plus paisibles, partagée entre sa collection de timbres, le cinéma et de longues flâneries à travers Montmartre. Sa métamorphose était si complète qu'il passait, glabre et lunetté d'écaille, à côté de ses meilleurs amis sans être reconnu. Seul le peintre Gen Paul, à qui rien ne saurait échapper d'un changement survenu dans la physionomie d'un vieil habitant du quartier, avait fini par pénétrer sa véritable identité. Un matin qu'il se trouva nez à nez avec Dutilleul au coin de la rue de l'Abreuvoir, il ne put s'empêcher de lui dire dans son rude argot:

— Dis donc, je vois que tu t'es miché en gigolpince por tétarer ceux de la sûrepige — ce qui signifie à peu près en langage vulgaire: je vois que tu t'es déguisé en élégant pour confondre les inspecteurs de la Sûreté.

— Ah! murmura Dutilleul, tu m'as reconnu!

Il en fut troublé et décida de hâter son départ pour l'Égypte. Ce fut l'après-midi de ce même jour qu'il devint amoureux d'une beauté blonde rencontrée deux fois rue Lepic à un quart d'heure d'intervalle. Il en oublia aussitôt sa collection de timbres et l'Égypte et les Pyramides. De son côté, la blonde l'avait regardé avec beaucoup d'intérêt. Il n'y a rien qui parle à l'imagination des jeunes femmes d'aujourd'hui comme des culottes de golf et une paire de lunettes en écaille. Cela sent son cinéaste [27] et fait

---

[27] *Cela sent son cinéaste,* It smacks of a (Hollywood) scenario writer.

rêver cocktails et nuits de Californie. Malheureusement, la belle, Dutilleul en fut informé par Gen Paul, était mariée à un homme brutal et jaloux. Ce mari soupçonneux, qui menait d'ailleurs une vie de bâtons de chaise,[28] délaissait régulièrement sa femme entre dix heures du soir et quatre heures du matin, mais avant de sortir, prenait la précaution de la boucler dans sa chambre, à deux tours de clé, toutes persiennes fermées au cadenas. Dans la journée, il la surveillait étroitement, lui arrivant même de la suivre dans les rues de Montmartre.

— Toujours à la biglouse, quoi. C'est de la grosse nature de truand qu'admet pas qu'on ait des vouloirs de piquer dans son réséda.[29]

Mais cet avertissement de Gen Paul ne réussit qu'à enflammer Dutilleul. Le lendemain, croisant la jeune femme rue Tholozé, il osa la suivre dans une crémerie et, tandis qu'elle attendait son tour d'être servie, il lui dit qu'il l'aimait respectueusement, qu'il savait tout: le mari méchant, la porte à clé et les persiennes, mais qu'il serait le soir même dans sa chambre. La blonde rougit, son pot à lait trembla dans sa main et, les yeux mouillés de tendresse, elle soupira faiblement: «Hélas! Monsieur, c'est impossible.»

Le soir de ce jour radieux, vers dix heures, Dutilleul était en faction dans la rue Norvins et surveillait un robuste mur de clôture, derrière lequel se trouvait une petite maison dont il n'apercevait que la girouette et la cheminée. Une porte s'ouvrit dans ce mur et un homme, après l'avoir soigneusement refermée à clé derrière lui, descendit vers l'avenue Junot. Dutilleul attendit de l'avoir vu disparaître, très loin, au tournant de la descente, et compta encore jusqu'à dix. Alors, il s'élança, entra dans le mur au pas de gymnastique et, toujours courant à travers les obstacles,

[28] *une vie de bâtons de chaise,* a life of pleasure. The expression comes from the fact that chair carriers in the old days, when people were carried around in chairs supported by two or more men, would go from tavern to tavern carrying their long chair sticks with them.

[29] *Toujours . . . dans son réséda,* Always watching her, watching people who might be making inroads into her flower garden.

pénétra dans la chambre de la belle recluse. Elle l'accueillit avec ivresse et ils s'aimèrent jusqu'à une heure avancée.

Le lendemain, Dutilleul eut la contrariété de souffrir de violents maux de tête. La chose était sans importance et il n'allait pas, pour si peu, manquer à son rendez-vous. Néanmoins, ayant par hasard découvert des cachets épars au fond d'un tiroir, il en avala un le matin et un l'après-midi. Le soir, ses douleurs de tête étaient supportables et l'exaltation les lui fit oublier. La jeune femme l'attendait avec toute l'impatience qu'avaient fait naître en elle les souvenirs de la veille et ils s'aimèrent, cette nuit-là, jusqu'à trois heures du matin. Lorsqu'il s'en alla, Dutilleul, en traversant les cloisons et les murs de la maison, eut l'impression d'un frottement inaccoutumé aux hanches et aux épaules. Toutefois, il ne crut pas devoir y prêter attention. Ce ne fut d'ailleurs qu'en pénétrant dans le mur de clôture qu'il éprouva nettement la sensation d'une résistance. Il lui semblait se mouvoir dans une matière encore fluide, mais qui devenait pâteuse et prenait, à chacun de ses efforts, plus de consistance. Ayant réussi à se loger tout entier dans l'épaisseur du mur, il s'aperçut qu'il n'avançait plus et se souvint avec terreur des deux cachets qu'il avait pris dans la journée. Ces cachets, qu'il avait crus d'aspirine, contenaient en réalité de la poudre de pirette tétravalente prescrite par le docteur l'année précédente. L'effet de cette médication s'ajoutant à celui d'un surmenage intensif, se manifestait d'une façon soudaine.

Dutilleul était comme figé à l'intérieur de la muraille. Il y est encore à présent, incorporé à la pierre. Les noctambules qui descendent la rue Norvins à l'heure où la rumeur de Paris s'est apaisée, entendent une voix assourdie qui semble venir d'outre-tombe et qu'ils prennent pour la plainte du vent sifflant aux carrefours de la Butte. C'est Garou-Garou Dutilleul qui lamente la fin de sa glorieuse carrière et le regret des amours trop brèves. Certaines nuits d'hiver, il arrive que le peintre Gen Paul, décrochant sa guitare, s'aventure dans la solitude sonore de la rue Norvins pour consoler d'une chanson le pauvre prisonnier, et les notes, envolées de ses doigts engourdis, pénètrent au cœur de la pierre comme des gouttes de clair de lune.

Questionnaire

1. Quel était ce don singulier qu'avait Dutilleul?
2. Qu'est-ce qu'un employé de troisième classe?
3. Quelle sorte de vie menait Dutilleul?
4. Quand Dutilleul s'est-il aperçu de son pouvoir surnaturel?
5. Pourquoi ne se servait-il pas de sa faculté de passer à travers les murs?
6. Qu'est-ce qui arrive pour bouleverser son existence?
7. Pourquoi M. Lécuyer avait-il placé Dutilleul dans un endroit obscur et inconfortable?
8. Décrivez le premier incident où Dutilleul se sert de son don extraordinaire.
9. Quelles différences y a-t-il entre les deux personnalités de Dutilleul?
10. Donnez les détails de la folie progressive de M. Lécuyer.
11. Après l'incident avec M. Lécuyer, pourquoi Dutilleul s'est-il senti le besoin de se surpasser?
12. Racontez le cambriolage à l'établissement de crédit.
13. Pourquoi Dutilleul a-t-il choisi le nom de «Garou-Garou»?
14. Quels étaient les résultats politiques des cambriolages?
15. Pourquoi les collègues de Dutilleul ne le croyaient-ils pas quand il disait qu'il était «Garou-Garou»?
16. Pour quelles raisons voulait-il se faire arrêter par la police?
17. Relevez certains détails qui vous montrent qu'il devient de plus en plus imprudent.
18. Racontez brièvement ce qui se passe en prison.
19. Comment est-ce que la police savait où arrêter Dutilleul?
20. Pourquoi devenait-il blasé sur le plaisir de passer à travers les murs?
21. Traduisez en argot américain la phrase prononcée par le peintre Gen Paul.
22. Quel incident a fait oublier à Dutilleul son désir d'aller en Égypte?
23. Comment a-t-il pénétré chez la jeune blonde?
24. Quelle fin tragique a-t-il eue?
25. Quelle est l'attitude de l'auteur envers son propre personnage?
26. A quel genre littéraire «Le Passe-Muraille» vous semble-t-il appartenir: romantique, réaliste, naturaliste, symboliste, surréaliste, existentialiste?
27. Ayant décidé de ce genre littéraire, justifiez-le.

Le Bureau des mariages

par

Hervé Bazin

(1911-)

Hervé Bazin (1911–   )

fit ses études secondaires au collège de Saint-Maurielle dans la ville d'Angers où il naquit. Il était le petit-neveu du romancier catholique et nationaliste René Bazin, qui fut célèbre de son vivant (Les Oberlé, *1901*) *mais qui est bien oublié aujourd'hui. Son père voulait qu'il préparât Saint-Cyr. Il préféra se fâcher avec lui et faire une licence de lettres à la Sorbonne. Ne recevant pas de subsides de sa famille il fit un peu de tous les métiers: représentant de commerce, employé de banque, maître d'hôtel, marchand forain, etc. Il commença à écrire des vers pour un journal d'étudiants et des revues d'avant-garde. Mobilisé pendant la guerre de 39, il fit partie de la Résistance après l'occupation de la France par les Nazis. En 1947 il obtint le prix Apollinaire pour un recueil de poésies:* Jour. *Délaissant la poésie il se mit sérieusement à écrire des romans et des nouvelles:* Vipère au poing (*1948*) *est une véritable autobiographie, racontant son opposition violente à sa famille bourgeoise et étroitement catholique;* La Tête contre les murs (*1949*) *reçut le prix de la Presse Latine;* La Mort du petit cheval (*1950*) *est une suite adoucie de* Vipère au poing. *En 1951 parut* Le Bureau des mariages, *recueil de nouvelles.* L'Huile sur le feu (*1954*), *par l'intelligence, le don de caractériser, le style enjoué, est probablement son meilleur roman. Dernièrement, il écrivit* Qui j'ose aimer (*1957*). *Un récent referendum de lecteurs a placé Hervé Bazin en tête des romanciers de la génération d'aujourd'hui. Il a une personnalité très forte et franche, un style clair et direct. Il a été élu membre de l'Académie Goncourt en 1958.*

Le Bureau des mariages

La porte de l'agence était ouverte, mais Louise hésitait, n'osait entrer. Ce bureau lui faisait l'effet d'un cabinet dentaire: Louise avait toujours eu honte de montrer ses caries, comme si elle en était responsable par économie de dentifrice. Trois clientes s'attardaient dans cette succursale du Public-Office-Parisien: une boniche empêtrée dans son orthographe,[1] une grande bringue [2] qui feuilletait le catalogue des numéros,[3] une dame opulente qui s'intéressait à quelque reprise d'appartement.[4] A l'extérieur, devant les cartolines matrimoniales [5] exposées en vitrine, se campait un jeune homme que Louise estima trop bien mis, trop bien fait pour en avoir réellement besoin. Il notait consciencieusement les annonces en commençant par les plus récentes et, à tout hasard, offrit à Louise son plus engageant sourire. Elle détourna la tête aussitôt et considéra les propositions d'achat ou de vente: «et fusil de chasse, calibre 16, modèle récent,» ou «Piano à queue, raquette et costume d'enfant,» ou encore, «Vase chinois, bonne occasion à profiter.» Cette dernière fiche l'amusa: sa famille possédait aussi des sacro-saints,[6] d'affreux vases chinois. Cependant l'effronté se rapprochait de Louise sous le prétexte d'éplucher toutes les étiquettes [7] et son coude rencontra bientôt celui de la

[1] *une boniche empêtrée dans son orthographe,* a young maid struggling with her spelling.

[2] *une grande bringue,* a big gawk of a girl.

[3] *le catalogue des numéros,* the files with the numbers (for each customer's ad).

[4] *reprise d'appartement,* taking-over of an apartment (with contents).

[5] *cartolines matrimoniales,* cards advertising matrimonial intentions.

[6] *des sacro-saints,* saintly and precious objects.

[7] *éplucher toutes les étiquettes,* examine closely all the cards.

jeune fille. A peine flattée, bien que la chose lui arrivât rarement, Louise allait sans doute s'éclipser quand, de l'intérieur, le directeur ou le gérant ou l'employé principal, bref, un homme qui paraissait tenir un rôle correspondant à l'importance de son ventre, l'arrêta du regard et de la voix:

— Entrez donc, Mademoiselle, je suis à vos ordres dans un instant.

Affolée mais polie, Louise se glissa derrière la grosse dame et cet écran lui permit de trouver une contenance. Ses yeux, furetant dans tous les coins, lui apprirent que le bonhomme n'était qu'un sous-ordre [8] car il portait une chemise de toile d'avion très abîmée par l'eau de Javel.[9] Mais le bureau se vidait.

— A nous deux, Mademoiselle. C'est pour une annonce matrimoniale?

Louise frémit. Ce préambule lui colora la pommette droite. Avait-elle donc le type classique de l'esseulée? [10]

— Oui, Monsieur, mais c'est très sérieux.

Vexée, elle avait enrichi le «très» d'une intonation grave. Les moustaches du bonhomme s'écartèrent et Louise sut ainsi qu'il souriait.

— Ne soyez pas gênée, dit-il. Ici rien n'équivoque. Nous avons quelques clientes qui ont pratiqué la politique du héron,[11] mais nous comptons surtout de braves filles qui manquent d'occasions honnêtes.

Il toussa, pour assurer une transition décente entre la publicité et le tarif:

— Votre annonce paraîtra sous le numéro . . . le numéro 4.326. L'affichage dure trente jours et coûte deux cents francs. Un supplément de cent cinquante francs est demandé aux personnes qui désirent domicilier leur courrier [12] à l'agence pour une durée de

---

[8] *un sous-ordre,* an underling.

[9] *eau de Javel,* bleaching water.

[10] *l'esseulée,* the lonely person.

[11] *qui ont pratiqué la politique du héron,* who waited to see if anything better came along, like the heron in La Fontaine (*Fables,* II, 4).

[12] *domicilier leur courrier,* have their mail addressed.

trois mois. Avez-vous une carte d'identité? Bon . . . Désirez-vous prendre un pseudonyme? . . . On choisit généralement un prénom . . . «Martine,» ça vous va? . . . Maintenant, remplissez votre fiche. Je vous serais obligé de faire vite; je vais fermer.

A la devanture, Louise avait repéré quelques modèles. Aucun ne lui donnait satisfaction. Comment se décrire en si peu de mots et surtout comment définir le type d'homme rêvé ou seulement souhaitable ou même passable? Non, Louise n'avait pas pratiqué la politique du héron, mais la vie ne lui avait offert que des limaces. Elle avait bien le droit de les refuser. Ce chef de bureau quinquagénaire, ce voisin de palier chauve et boiteux, ce cousin de province aux yeux vairons,[13] elle les écarterait encore. Elle n'avait pas d'ambition . . . Plus exactement, elle avait de petites ambitions, très simples, très raisonnables, surtout négatives: pas de ventre, pas de tare, pas d'idées subversives, pas de casier judiciaire,[14] pas de . . . Bref, beaucoup de «pas.»

— Allons, dépêchez-vous!

Louise cessa de sucer son stylo, écrivit ce mot pénible:

— *Demoiselle* . . .

Elle y avait strictement droit, ainsi qu'au titre de *Mademoiselle* auquel les commerçants substituaient généralement celui de *Madame*, dont Louise se fût très bien accommodée s'il avait été mérité, mais qui prenait dans leur bouche une valeur agaçante. Demoiselle, qu'on prend pour dame: variété desséchée de jeune fille.

— *Demoiselle* . . . *trentaine* (la trentaine dure jusqu'à trente-neuf ans pour une femme et Louise Dumond n'en avait que trente-huit), *catholique, employée dans administration, épouserait* . . . Non, c'était trop direct. Il fallait dire: *désire connaître en vue mariage* . . . *Monsieur* . . . (Sens restreint: ce «Monsieur» s'oppose au petit J. H. réclamé par les moins de trente ans) . . . *âge et situation en rapport. Pas sérieux s'abstenir.*

Ouf! Corvée terminée. Louise tendit sa fiche, paya, enfonça le reçu au plus profond de son sac et rentra en courant rue de

---

[13] *aux yeux vairons,* with different colored eyes.

[14] *casier judiciaire,* police record.

l'Estrapade,[15] où elle habitait avec son frère depuis plus de vingt ans. Robert, qui arrivait d'ordinaire dix minutes après elle et dont l'estomac était plus précis que celui d'un nourrisson, bâillait déjà, recroquevillé dans son indignation.

— Voyons, Louise, ronchonna-t-il, à quelle heure vas-tu nous faire dîner ce soir?

. . . . .

Louise vivait seule avec Robert depuis la mort de leurs parents, c'est-à-dire depuis la mort de sa mère à elle et de son père à lui qu'avait réunis un mariage tardif entre veufs. Robert venait d'avoir trente-neuf ans et ne tolérait en aucune façon de s'entendre dire qu'il était entré dans la quarantaine. Il était beaucoup plus chatouilleux que Louise sur ce chapitre et s'était rasé la moustache dès que le poivre avait pactisé avec le sel[16] de chaque côté de son nez, long et renflé comme un huilier. Coquetterie gratuite et même démentie par son affection pour les cols amidonnés, les attitudes rigides et surtout par cette peur de ne jamais paraître assez sérieux, assez grave, par cette peur qui lui interdisait de lire *Clochemerle*[17] et lui ordonnait de s'ennuyer une fois par semaine à l'Amicale des Clercs de France.[18] Trop solennel pour être grincheux, Robert était le type même de ces gens qui savent garder leurs distances en les allongeant de telle sorte que leurs intimes éprouvent auprès d'eux la sensation d'être des absents ou des indigènes d'une autre planète, favorisés d'un lointain coup de télescope. Pas méchant pour un sou, bien sûr, et plus discret que ses talons de caoutchouc; plus honnête qu'une chaisière,[19] plus régulier que la trotteuse de son oignon;[20] bref,

[15] *rue de l'Estrapade,* street near the Pantheon and the Sorbonne, in the Latin quarter.

[16] *dès que le poivre avait pactisé avec le sel,* as soon as gray hair had appeared.

[17] *Clochemerle,* a novel by Gabriel Chevallier, written in 1934, in which he relates the salty and amusing goings-on in a small town.

[18] *l'Amicale des Clercs de France,* the Lawyers' Clerks' Association.

[19] *une chaisière,* a chair attendant (in park, church, etc.)

[20] *la trotteuse de son oignon, sl.* the trotter of his ticker (the second hand of his watch).

nanti des qualités complémentaires de ses défauts. Louise avait toujours eu pour ce garçon l'estime raisonnable que l'on doit avoir pour le curé de sa paroisse, pour les grands principes, pour les meilleures marques de savon. Elle l'aimait *bien*. Depuis vingt ans, du reste, Robert lui restituait ce «bien.»

— Pourquoi diable arrives-tu si tard?

La voix de son frère, toujours fêlée par un commencement ou une fin de bronchite, n'avait pas appuyé sur «pourquoi» mais sur «tard.» Le souci de marquer le coup [21] l'emportait sur la curiosité. La question gêna Louise: ils n'avaient point tous deux l'habitude de se rendre des comptes [22] et elle refusait d'avouer une démarche aussi ridicule que son inscription sur les listes d'une agence matrimoniale. Cependant, Robert avait toujours exigé sa ration de sucre dans le café et de politesse dans la conversation.

— Je me suis attardée dans un magasin, répondit-elle.

Elle ne put s'empêcher de sourire en songeant que ce magasin était en somme une boutique d'antiquaire et qu'elle faisait désormais partie de ses occasions. La glace de la cheminée lui sembla mieux renseignée que d'habitude et, tandis qu'elle mettait la table, elle s'observa sans pitié. Ses cheveux donnaient l'impression d'être collés comme la filasse qui sert de perruque aux crânes des poupées. Si encore celles-ci lui avaient prêté leur insolente carnation de celluloïd! Sa peau ne semblait pas poudrée, mais poussiéreuse. Ses yeux, couleur de noisette grillée, ses yeux seuls demeuraient dignes d'elle ... Voire! [23] Ils perdaient leurs cils. Furieuse, Louise lui tourna le dos, s'énerva, cassa une assiette.

— Du calme, ma chère! fit Robert, décidément odieux.

· · · · ·

Le calme revint. Dix jours plus tard, Mlle Dumond n'avait pas remis les pieds [24] au P. O. P. Quand elle consentit enfin à y

---

[21] *de marquer le coup,* to insist on the fact that she was late.
[22] *de se rendre des comptes,* to render an account of themselves.
[23] *Voire!,* Not even that!
[24] *n'avait pas remis les pieds,* had not set foot again.

retourner pour prendre son courrier, l'employé ne la reconnut pas. Il exigea son reçu et le contrôla longuement avant de lui tendre quatre lettres.

Louise ouvrit la première dans le bureau même et, dès les premières lignes, fut épouvantée:

«Ma poule . . .» Suivaient trente lignes de ce que Louise appelait «l'horrible détail.» Elle lut quand même la lettre jusqu'au bout avant de la réduire en confetti, mais il s'en fallut de peu que les autres ne subissent le même sort avant d'avoir été décachetées. Elle surmonta sa répugnance et ouvrit la seconde épître, puis la troisième: elles étaient simplettes et décidées à tout respecter, sauf l'orthographe. Découragée, mais consciencieuse, Louise glissa enfin son cure-dent dans le coin de la quatrième enveloppe: deux feuillets dactylographiés s'en échappèrent, deux feuillets qui sentaient le tabac et dont le second ne lui livra qu'un prénom: Edmond, également tapé à la machine et suivi de la mention: «abonné P. O. P., rue Pasquier.»[25] Louise tiqua.[26] Cet anonymat manquait de courage. Mais n'était-elle pas elle-même «Martine, abonnée P. O. P., rue de Médicis»?[27] Son correspondant s'expliquait d'ailleurs décemment:

Mademoiselle, —

«Depuis des mois, je consulte la vitrine du P. O. P. Au début, je feignais de m'intéresser aux rubriques locatives.[28] Peu à peu, j'en suis venu à examiner franchement les deux ou trois douzaines de cartolines épinglées sous le panneau des mariages. Enfin, aujourd'hui, j'ai relevé trois numéros et loué une case pour la domiciliation des réponses.

«Cette lettre, cependant, n'a pas été tirée à triple exemplaire. Je croirais manquer de pudeur en vous expédiant une sorte de circulaire. Je tiens aussi à vous dire, sans plus attendre, que je n'emploie pas ici mon véritable prénom. Malgré l'usage, je n'ai

[25] *rue Pasquier,* near the Gare Saint-Lazare, in the center of Paris.
[26] *tiqua,* winced.
[27] *rue de Médicis,* near the Luxembourg gardens, on the left bank.
[28] *rubriques locatives,* rental items.

pas cru malséant de dactylographier la présente. Sans doute mon écriture vous eût-elle révélé quelques traits de mon caractère, mais je me méfie de telles interprétations. Pour ne pas être moi-même tenté d'interroger les barres de vos *T* et les boucles de vos *S*, je vous demande d'adopter la même réserve. Ainsi pendant quelque temps jouirons-nous d'une aisance absolue; d'inconnu à inconnue, tout peut s'avouer et le ridicule même n'effarouche plus sa victime quand elle bénéficie de l'impersonnalité.

«Je n'ai pas l'intention d'y tomber. Nous sommes ici entre gens sérieux et j'imagine bien, d'après mes propres sentiments, quels peuvent être les vôtres. Ayons le courage de le dire: je suis un vieux garçon et vous êtes une vieille fille. Le côté plaisant de notre état en masque impitoyablement le côté grave et la prétention de nous en remettre au hasard des [29] agences nous expose moins au fou rire d'autrui qu'à notre propre méfiance.

«A ces précautions oratoires faut-il ajouter de rassurants détails, tels que poids, taille, tour de poitrine, couleur des cheveux et des prunelles? ... Je vous épargne et vous m'épargnerez ces mensurations et ces descriptions classiques, utiles sans doute pour la vente des chevaux. Il suffit, je pense, d'affirmer ici que je ne souffre d'aucune tare physique.

«D'aucune tare sentimentale, non plus: je n'ai personne à oublier. On ne devient pas célibataire, on le demeure. Ce verbe a parfois une telle puissance qu'il est inutile de chercher une autre explication ...»

Certes, si! Louise se connaissait assez pour trouver une autre explication. Elle lut rapidement la fin de la lettre et l'absence de détails précis ne l'empêcha point de se faire une opinion: cette vie effacée, cet égoïsme mineur, ce petit courage qui se cachait sous le nom de résignation, cet excès de prudence et de discrétion, bref, cette vocation de la grisaille [30] était familière. Fallait-il l'avouer? Elle n'avait aucune sympathie immédiate pour cet

---

[29] *de nous en remettre au hasard des,* of risking our luck with the.
[30] *vocation de la grisaille,* dedication to mediocrity (*lit.* to the coming of gray hair).

inconnu trop semblable à elle-même. Qui se ressemble ne s'assemble pas toujours. Cependant elle éprouvait de la curiosité. La vie ne peut ne pas nous satisfaire et pourtant nous suffire. Pourquoi celle de l'inconnu ne lui suffisait-elle plus? Question mal posée: pourquoi la vie de Louise ne lui suffisait-elle plus? Elle relut la lettre entière, nota que les *M* étaient décalés. «Machine à reviser,»[31] fit-elle mentalement. Puis elle rentra chez elle et, son dîner expédié, se mit à griffonner un brouillon de quatre pages.

— Que fais-tu? murmura son frère, qui enchaîna brusquement et lui servit cet étrange coq-à-l'âne:[32] Louise, tu devrais te décider à passer chez le coiffeur. Tu as grand besoin d'une mise en plis.[33]

— On verra! répondit-elle sèchement, décidée à manquer de courtoisie puisque Robert semblait manquer de discrétion. Elle ajouta immédiatement: «Et toi . . . quand te décideras-tu à liquider ces horribles vases chinois?»

— J'y pense, aimable sœur! conclut Robert, qui passa dans sa chambre sans grogner le bonsoir traditionnel.

Louise soupira et son correspondant bénéficia aussitôt d'une petite chaleur: cet autre employé de bureau, ce second Robert montrait au moins du tact et de la délicatesse. La jeune fille remania sa réponse,[34] biffa quelques phrases, en ajouta d'autres, moins neutres et surtout moins fades. Enfin sa lettre, très reléchée, lui donna satisfaction:

Monsieur, —

«Ne vous expliquez pas. Vous finirez par dire, comme l'actrice; ‹Peut-on reprocher au diamant d'être solitaire?› Ni le vôtre ni le mien ne pèsent leur carat. Nous avons sans doute manqué d'amour, mais surtout d'aptitude à l'amour. Aujourd'hui l'important n'est pas de savoir pourquoi nous sommes devenus ou demeurés célibataires, mais pourquoi nous ne voulons plus l'être.

---

[31] *Machine à reviser,* Machine which needs overhauling.
[32] *coq-à-l'âne,* cock-and-bull story.
[33] *une mise en plis,* shampoo and wave.
[34] *remania sa réponse,* worked over her answer.

A défaut de spontanéité, j'aime la rigueur des vocations tardives . . .»

Sur ce ton, Louise aligna deux pages, qu'elle recopia, le lendemain matin, sur la Remington de son bureau pour se conformer au désir de son correspondant.

Sa lettre expédiée, elle n'attendit plus une semaine, mais seulement quatre jours pour se présenter au P. O. P. La politesse n'est-ce pas, exige que l'on ne fasse point attendre les gens. Elle ne trouva d'ailleurs aucun pli d'Edmond. L'employé lui remit deux lettres en retard qui provenaient, l'une d'un veuf et l'autre d'un divorcé. Mlle Dumond les déchira avec impatience: elle n'était pas de celles qui peuvent amorcer plusieurs aventures à la fois. Le surlendemain, toujours rien. Louise dut repasser cinq fois et cinq fois essuyer le sourire ironique du chauve, avant de trouver dans sa case une enveloppe commerciale qui lui permit de sourire à son tour: le *M* de Mademoiselle était décalé. Elle lut, très vite:

. . . Excusez mon retard volontaire. J'ai voulu choisir entre mes trois correspondantes. Vous seule, désormais . . .

Louise sourit de plus belle et le chauve dit très haut, pour l'édification de nouvelles venues:

— Vous voyez, nos clients trouvent toujours chaussure à leur pied.[35]

Mais déjà, de paragraphe en paragraphe, Louise arrivait à celui-ci:

. . . On parle du démon de midi: pourquoi ne pas croire à l'ange de midi?[36] Nous pouvons être de ceux pour qui la vie commence à quarante ans. Nous . . .»

Nous! Nouveau prénom! Louise regagna en courant la rue de l'Estrapade, mais en passant devant le coiffeur de son quartier, sans savoir pourquoi, elle prit un rendez-vous pour le lendemain.

. . . . .

---

[35] *trouvent toujours chaussure à leur pied,* always find a husband (*lit.* always find a shoe which fits).

[36] *de midi,* of middle-age.

Six mois. Cette correspondance, peu à peu devenue bihebdomadaire mais restée anonyme, dura six mois. Cinquante lettres
s'accumulèrent dans le tiroir de la table de nuit de Louise, cinquante lettres qui n'étaient pas des lettres d'amour, mais qu'elle
en vint très rapidement à considérer comme telles. Louise n'était
pourtant pas satisfaite de leur contenu. Sans jamais préciser ce
qu'il appelait «l'accessoire médiocre de sa vie,» Edmond y faisait
de constantes allusions. Jamais une plainte, mais le ton de la
ferveur déçue et l'obsession du passé inutile. Il semblait n'envisager l'avenir que comme un moyen de combler ce passé, tant
il est vrai qu'une vie sans avenir est souvent une vie sans souvenir.

Une intimité sans détails, une complicité lointaine s'établissait
entre eux. Un beau jour, l'*M* décalé de Mademoiselle fut remplacé
par celui de Martine, tout court. Ils étaient sur le bord de la familiarité et ne se connaissaient toujours pas. «*Il est probable,*
avouait Edmond, *que je vous décevrai le jour où je vous rencontrerai
pour la première fois. Je ne vous cache rien, mais pour abolir un
être, il suffit parfois de ne plus l'imaginer.*» C'était aussi ce que
craignait Louise, mais cette peur la transformait: «Louise» faisait
des concessions à «Martine.» Certes, elle n'abandonnait ni ses goûts
ni ses habitudes. Mais sans changer de nature on peut changer
d'humeur: il y a cent façons d'habiter en soi-même. L'indulgence
et la sympathie, qui n'étaient pas ses vertus cardinales, lui devenaient accessibles. Elle faisait aussi quelques frais de toilette.
De la négligence à la mode, la distance était pour elle encore trop
longue, mais il s'agissait de s'habiller sans avoir l'air endimanché.
Pendant quelque temps, Louise fut en butte aux coups d'œil goguenards [37] de Robert. Puis à l'ironie succéda l'étonnement et
enfin une sorte d'intérêt et d'inquiétude. Devinait-il? Craignait-il
de rester seul? Toujours est-il qu'après avoir raillé sa sœur, il se
mit au pas, daigna surveiller sa propre tenue. Louise lui sut gré
de l'intention, s'aperçut que sa prévenance le touchait, qu'il essayait d'y répondre. Elle se reprochait d'avoir été trop sèche avec

---

[37] *fut en butte aux coups d'œil goguenards,* was the object of mocking
glances.

lui: «Au fond, pensait-elle, ce n'est pas un mauvais bougre. Dommage qu'il n'ait pas cette richesse intime qu'on trouve chez Edmond.»

Six mois! Louise avait deux fois renouvelé son abonnement au P. O. P. quand lui parvint la cinquante-sixième et dernière lettre de son correspondant. Elle était courte:

«Je pense, Martine, qu'il est temps de ne plus jouer à cache-cache. Nous avons été très sérieux, très patients. Je vous connais assez bien maintenant pour affronter la déception dont je vous ai parlé. Je vous attendrai samedi à midi devant votre agence, rue de Médicis. Signe de ralliement: nous déploierons chacun le dernier numéro de *l'Intransigeant*.[38] Je vous dirai mon nom, mon adresse, en échange des vôtres. Ah! Martine, je suis sûr d'éprouver quelque difficulté à vous appeler autrement. A bientôt. — *Edmond*.»

Ce soir-là, Louise rentra tout agitée: l'inquiétude dévorait son impatience. Robert se montra charmant, voire expansif. «Est-il si facile de lire sur mon visage, pensait-elle, qu'il s'efforce d'égayer une anxiété dont il ne connaît pas la cause? Je devrais peut-être le mettre au courant.» Elle n'eut pas le courage de doucher cette gentillesse toute neuve [39] et passa trois jours dans une attente solennelle, un peu puérile, comparable à sa lointaine retraite de première communion.

Enfin le samedi arriva. Louise, qui ne travaillait pas ce jour-là, put employer la matinée à une minutieuse toilette. Elle était prête à onze heures, mais, à onze heures et quart, elle décida brusquement de mettre une robe moins habillée, par discrétion, et de se démaquiller,[40] par honnêteté. Partie en retard, elle fit cependant un détour par le jardin du Luxembourg,[41] à travers les grilles duquel on peut observer ce qui se passe en face, rue de Médicis.

[38] *l'Intransigeant,* An important newspaper in Paris before World War II.
[39] *de doucher cette gentillesse toute neuve,* to throw cold water on this new kindness.
[40] *de se démaquiller,* to take off her make-up.
[41] *le jardin du Luxembourg,* famous park in Paris, near the Sorbonne.

Elle s'approcha discrètement. Un homme de taille moyenne était planté devant le P. O. P.: Edmond, à n'en pas douter, car il tenait un journal ouvert. Il lui tournait le dos. Louise ne pouvait voir de lui que son chapeau gris et son manteau bleu marine. Un détail lui sauta aux yeux: ce manteau venait d'être acheté, probablement en son honneur, et le célibataire ingénu avait oublié d'enlever l'étiquette. Intimidé ou soucieux de ne pas être reconnu, il considérait la vitrine avec persévérance. Louise attendit encore quelques minutes, mais comme Edmond ne bougeait pas, elle déplia son *Intransigeant,* quitta le jardin et franchit la chaussée.[42] Au bruit de ses talons, l'homme pivota sur lui-même en portant instinctivement la main à son chapeau et demeura cloué sur place. *Le correspondant,* c'était Robert.

— Que fais-tu là? balbutia Louise.

Elle était devenue très pâle devant son frère, qui, lui, tournait à l'écarlate. Il se reprit cependant plus facilement qu'elle.

— Je viens voir, dit-il, si ma nouvelle annonce est en bonne place. J'en ai déjà fait mettre une, il y a six mois, afin de vendre ces vases chinois que tu détestes. Mais elle n'a rien donné.

Sa lèvre inférieure pendait, piteuse, et ses cils battaient très vite. Il avait glissé son journal derrière son dos et le repliait gauchement. «Non, mon bonhomme, non, pensa-t-elle aussitôt, nous ne pouvons pas feindre. Notre vie deviendrait intolérable.»

— Comment allez-vous, Edmond? fit-elle en éclatant de rire.

Alors, Robert eut le seul geste qui convenait à l'aventure: il attira sa sœur contre lui et l'embrassa, tandis qu'il reprenait d'une voix fêlée:

— Le plus drôle, c'est qu'en effet nous pourrions nous marier: nous n'y avions jamais pensé!

· · · · ·

Bien entendu, Louise n'a pas épousé Robert. Elle le pourrait: il n'est que le fils de son beau-père. Ils ne sont pas vraiment frère et sœur. Mais ils ont vécu comme tels depuis toujours: leur

---

[42] *franchit la chaussée,* crossed the street.

mariage serait un véritable inceste moral. Au surplus, ils se sont vus depuis trop d'années avec les yeux impitoyables de l'intimité, avec ces yeux qui ont noté par le menu ces navrants petits détails de caractère, de visage et de costume. Ils s'aiment *bien*, peut-être mieux, mais ce ne sera jamais de l'amour. Enfin et surtout, comme l'a remarqué Robert, *ils n'y avaient jamais pensé:* certaines suggestions ne s'acceptent pas du hasard.

Pourtant ils ne regrettent rien. Tous deux savent maintenant ce qu'ils sont, ce qu'ils peuvent l'un pour l'autre. Leur vie n'a pas changé, mais ils ne désirent plus qu'elle change. Ils ne demeurent pas célibataires, cette fois: ils ont choisi de le rester. Certes, Robert sera toujours Robert, bougon, important ennuyeux. Mais il a perdu — pour elle seule — le goût de la distance, et quand, d'aventure, il s'éloigne et la considère comme jadis, à bout de regard, Louise n'a plus qu'à lui toucher le bras en murmurant:

— Edmond!

Et l'ange de midi, qui passe dans leur silence, fait battre vivement leurs paupières fripées.

[Hervé Bazin, *Le Bureau des mariages*, 1951. Editions Bernard Grasset. Reproduit avec l'autorisation des Editions Bernard Grasset.]

Questionnaire

1. Que signifie le titre de cette histoire?
2. Décrivez les personnages qui sont dans le bureau.
3. Que faisait le jeune homme à l'extérieur?
4. Pourquoi Louise est-elle entrée dans le bureau?
5. Expliquez un peu ce que veut dire l'expression «pratiquer la politique du héron.»
6. Comment Louise se décrit-elle sur la fiche?
7. Quelle était la parenté entre Louise et Robert?
8. Faites le portrait de Robert.
9. Comment l'auteur caractérise-t-il ses deux personnages?

10. Quelles différences y avait-il entre les quatre lettres reçues par Louise?

11. La correspondance entre Edmond et Louise a duré combien de temps?

12. Quel était le ton de cette correspondance?

13. Comment les correspondants décident-ils de se rencontrer?

14. Après la première déception de la rencontre, quelle a été la réaction de Louise et de Robert?

15. Comment leur vie a-t-elle été changée?

16. Expliquez les dangers qu'il y a à s'inscrire dans un *Bureau des mariages*.

17. Est-ce que cette histoire est: gaie, triste, ironique, vraie, ou simplement banale? Donnez-en votre impression.

L'Hôte

par

Albert Camus

(1913–   )

Albert Camus (1913–1960)

est aujourd'hui le plus important écrivain de sa génération en France. Il naquit à Mondovi (Algérie). Il avait un an quand son père fut tué à la bataille de la Marne (1914). Il fut élevé à Alger par sa mère et sa grand-mère dans un milieu ouvrier. Il connut la misère et sait en parler dans ses livres. Boursier au lycée d'Alger, Camus poursuivit ses études à l'université tout en gagnant sa vie en faisant plusieurs métiers: vendeur d'accessoires d'automobiles, courtier maritime, etc. Il obtint sa licence ès lettres mais, atteint par la tuberculose, il dut interrompre ses études supérieures. Tout en se soignant, il s'intéressa au théâtre, dirigea une troupe qui monta une de ses pièces. En 1938 il fit du journalisme à Alger, puis à Paris. A cette époque il écrivit L'Envers et l'endroit *(1937), des nouvelles ou de «petits tableaux» très émouvants et bien écrits, et* Noces *(1938). Pendant l'occupation allemande il entra dans la résistance et joua un rôle de militant et de journaliste dans le mouvement «Combat» à Paris et à Lyon. En 1943 il assuma la charge de lecteur aux Éditions Gallimard où il dirigea aussi la collection «Espoir.» Commençant avec* L'Étranger *(1942), roman de la négation et du désespoir, continuant avec* Le Mythe de Sisyphe *(1942), une pièce de théâtre,* Le Malentendu *(1944),* La Peste *(1947), encore une pièce* Les Justes *(1949),* L'Homme révolté *(1951),* La Chute *(1956), Camus s'imposa comme un grand écrivain. Dans tous ses livres il affirme très nettement les mêmes principes philosophiques bien exprimés dans cette phrase: «L'homme doit combattre l'absurdité, la cruauté du monde, proclamer la liberté, la justice, le bonheur dans un univers qui les nie.» Les dernières œuvres de Camus sont:* Discours de Suède *(1958),* Actuelles III *(1958). Il obtint le prix Nobel de littérature 1957.*

[La nouvelle que vous allez lire se passe sur les hauts plateaux algériens; la structure en est dramatique et ironique.]

L'Hôte

L'instituteur regardait les deux hommes monter vers lui. L'un était à cheval, l'autre à pied. Ils n'avaient pas encore entamé le raidillon abrupt [1] qui menait à l'école, bâtie au flanc d'une colline. Ils peinaient, progressant lentement dans la neige, entre les pierres, sur l'immense étendue du haut plateau désert. De temps en temps, le cheval bronchait visiblement. On ne l'entendait pas encore, mais on voyait le jet de vapeur qui sortait alors de ses naseaux. L'un des hommes, au moins, connaissait le pays. Ils suivaient la piste qui avait pourtant disparu depuis plusieurs jours sous une couche blanche et sale. L'instituteur calcula qu'ils ne seraient pas sur la colline avant une demi-heure. Il faisait froid; il rentra dans l'école pour chercher un chandail.

Il traversa la salle de classe, vide et glacée. Sur le tableau noir les quatre fleuves de France, dessinés avec quatre craies de couleurs différentes, coulaient vers leur estuaire depuis trois jours. La neige était tombée brutalement à la mi-octobre, après huit mois de sécheresse, sans que la pluie eût apporté une transition et la vingtaine d'élèves qui habitaient dans les villages disséminés sur le plateau ne venaient plus. Il fallait attendre le beau temps. Daru ne chauffait plus que l'unique pièce qui constituait son logement, attenant à la classe, et ouvrant aussi sur le plateau à l'est. Une fenêtre donnait encore, comme celles de la classe, sur le midi. De ce côté, l'école se trouvait à quelques kilomètres de l'endroit où le plateau commençait à descendre vers le sud. Par temps clair, on pouvait apercevoir les masses violettes du contrefort montagneux [2] où s'ouvrait la porte du désert.

[1] *entamé le raidillon abrupt,* tackled the steep path.
[2] *du contrefort montagneux,* of the spur of the mountain range.

Un peu réchauffé, Daru retourna à la fenêtre d'où il avait, pour
la première fois, aperçu les deux hommes. On ne les voyait plus.
Ils avaient donc attaqué le raidillon. Le ciel était moins foncé:
dans la nuit, la neige avait cessé de tomber. Le matin s'était levé
sur une lumière sale qui s'était à peine renforcée [3] à mesure que
le plafond de nuages remontait. A deux heures de l'après-midi,
on eût dit que la journée commençait seulement. Mais cela valait
mieux que ces trois jours où l'épaisse neige tombait au milieu de
ténèbres incessantes, avec de petites sautes de vent qui venaient
secouer la double porte de la classe. Daru patientait alors de
longues heures dans sa chambre dont il ne sortait que pour aller
sous l'appentis, soigner les poules et puiser dans la provision de
charbon. Heureusement, la camionnette de Tadjid, le village le
plus proche au nord, avait apporté le ravitaillement deux jours
avant la tourmente. Elle reviendrait dans quarante-huit heures.

Il avait d'ailleurs de quoi soutenir un siège, avec les sacs de blé
qui encombraient la petite chambre et que l'administration [4] lui
laissait en réserve pour distribuer à ceux de ses élèves dont les
familles avaient été victimes de la sécheresse. En réalité, le malheur les avait tous atteints puisque tous étaient pauvres. Chaque
jour, Daru distribuait une ration aux petits. Elle leur avait manqué, il le savait bien, pendant ces mauvais jours. Peut-être un
des pères ou des grands frères viendrait ce soir et il pourrait les
ravitailler en grains. Il fallait faire la soudure avec la prochaine
récolte,[5] voilà tout. Des navires de blé arrivaient maintenant de
France, le plus dur était passé. Mais il serait difficile d'oublier
cette misère, cette armée de fantômes haillonneux [6] errant dans
le soleil, les plateaux calcinés mois après mois, la terre recroquevillée [7] peu à peu, littéralement torréfiée, chaque pierre éclatant
en poussière sous le pied. Les moutons mouraient alors par

---

[3] *qui s'était à peine renforcée,* which had scarcely become brighter.

[4] *l'administration,* the (French) authorities.

[5] *Il fallait ... récolte,* It was a matter of carrying over to the next
harvest.

[6] *fantômes haillonneux,* ragged phantoms.

[7] *la terre recroquevillée,* the shriveled earth.

milliers et quelques hommes, çà et là, sans qu'on puisse toujours le savoir.

Devant cette misère, lui qui vivait presque en moine dans son école perdue, content d'ailleurs du peu qu'il avait, et de cette vie rude, s'était senti un seigneur, avec ses murs crépis, son divan étroit, ses étagères de bois blanc, son puits, et son ravitaillement hebdomadaire en eau et en nourriture. Et, tout d'un coup, cette neige, sans avertissement, sans la détente de la pluie. Le pays était ainsi, cruel à vivre, même sans les hommes, qui, pourtant, n'arrangeaient rien.[8] Mais Daru y était né. Partout ailleurs, il se sentait exilé.

Il sortit et avança sur le terre-plein devant l'école. Les deux hommes étaient maintenant à mi-pente. Il reconnut dans le cavalier, Balducci, le vieux gendarme qu'il connaissait depuis longtemps. Balducci tenait au bout d'une corde un Arabe qui avançait derrière lui, les mains liées, le front baissé. Le gendarme fit un geste de salutation auquel Daru ne répondit pas, tout entier occupé à regarder l'Arabe vêtu d'une djellabah [9] autrefois bleue, les pieds dans des sandales, mais couverts de chaussettes en grosse laine grège, la tête coiffée d'un chèche [10] étroit et court. Ils approchaient. Balducci maintenait sa bête au pas pour ne pas blesser l'Arabe et le groupe avançait lentement.

A portée de voix,[11] Balducci cria: «Une heure pour faire les trois kilomètres d'El Ameur ici!» Daru ne répondit pas. Court et carré dans son chandail épais, il les regardait monter. Pas une seule fois, l'Arabe n'avait levé la tête. «Salut, dit Daru, quand ils débouchèrent sur le terre-plein.[12] Entrez vous réchauffer.» Balducci descendit péniblement de sa bête, sans lâcher la corde. Il sourit à l'instituteur sous ses moustaches hérissées. Ses petits yeux sombres, très enfoncés sous le front basané, et sa bouche entourée de rides, lui donnaient un air attentif et appliqué. Daru prit la bride,

[8] *qui, pourtant, n'arrangeaient rien,* who, however, didn't help matters.
[9] *une djellabah,* burnoose, robe worn by men in North Africa.
[10] *un chèche,* a long scarf, worn by men in North Africa.
[11] *A portée de voix,* Within earshot.
[12] *débouchèrent sur le terre-plein,* appeared on the terrace.

conduisit la bête vers l'appentis, et revint vers les deux hommes qui l'attendaient maintenant dans l'école. Il les fit pénétrer dans sa chambre. «Je vais chauffer la salle de classe, dit-il. Nous y serons plus à l'aise.» Quand il entra de nouveau dans la chambre, Balducci était sur le divan. Il avait dénoué la corde qui le liait à l'Arabe et celui-ci s'était accroupi près du poêle. Les mains toujours liées, le chèche maintenant poussé en arrière, il regardait vers la fenêtre. Daru ne vit d'abord que ses énormes lèvres, pleines, lisses, presque négroïdes; le nez cependant était droit, les yeux sombres, pleins de fièvre. Le chèche découvrait un front buté [13] et, sous la peau recuite mais un peu décolorée par le froid, tout le visage avait un air à la fois inquiet et rebelle qui frappa Daru quand l'Arabe, tournant son visage vers lui, le regarda droit dans les yeux. «Passez à côté,[14] dit l'instituteur, je vais vous faire du thé à la menthe. — Merci, dit Balducci. Quelle corvée! Vivement la retraite.» Et s'adressant en arabe à son prisonnier: «Viens, toi.» L'Arabe se leva et, lentement, tenant ses poignets joints devant lui, passa dans l'école.

Avec le thé, Daru apporta une chaise. Mais Balducci trônait déjà sur la première table d'élève et l'Arabe s'était accroupi contre l'estrade du maître, face au poêle qui se trouvait entre le bureau et la fenêtre. Quand il tendit le verre de thé au prisonnier, Daru hésita devant ses mains liées. «On peut le délier, peut-être. — Sûr, dit Balducci. C'était pour le voyage.» Il fit mine de [15] se lever. Mais Daru, posant le verre sur le sol, s'était agenouillé près de l'Arabe. Celui-ci, sans rien dire, le regardait faire de ses yeux fiévreux. Les mains libres, il frotta l'un contre l'autre ses poignets gonflés, prit le verre de thé et aspira le liquide brûlant, à petites gorgées rapides.

«Bon, dit Daru. Et comme ça, où allez-vous?»
Balducci retira sa moustache du thé: «Ici, fils.
— Drôle d'élèves! Vous couchez ici?

[13] *un front buté*, a stubborn look.
[14] *Passez à côté*, Go into the next room.
[15] *Il fit mine de*, He made as if to.

— Non. Je vais retourner à El Ameur.[16] Et toi, tu livreras le camarade à Tinguit. On l'attend à la commune mixte.»[17]

Balducci regardait Daru avec un petit sourire d'amitié.

«Qu'est-ce que tu racontes, dit l'instituteur. Tu te fous de moi?[18]

— Non, fils. Ce sont les ordres.

— Les ordres? Je ne suis pas . . .» Daru hésita; il ne voulait pas peiner le vieux Corse. «Enfin, ce n'est pas mon métier.

— Eh! Qu'est-ce que ça veut dire? A la guerre, on fait tous les métiers.

— Alors, j'attendrai la déclaration de guerre!»

Balducci approuva de la tête.

«Bon. Mais les ordres sont là et ils te concernent aussi. Ça bouge,[19] paraît-il. On parle de la révolte prochaine. Nous sommes mobilisés, dans un sens.»

Daru gardait son air buté.

«Écoute, fils, dit Balducci. Je t'aime bien, il faut comprendre. Nous sommes une douzaine à El Ameur pour patrouiller dans le territoire d'un petit département et je dois rentrer. On m'a dit de te confier ce zèbre[20] et de rentrer sans tarder. On ne pouvait pas le garder là-bas. Son village s'agitait, ils voulaient le reprendre. Tu dois le mener à Tinguit dans la journée de demain.[21] Ce n'est pas une vingtaine de kilomètres qui font peur à un costaud comme toi. Après, ce sera fini. Tu retrouveras tes élèves et la bonne vie.»

Derrière le mur, on entendit le cheval s'ébrouer et frapper du sabot.[22] Daru regardait par la fenêtre. Le temps se levait décidément, la lumière s'élargissait sur le plateau neigeux. Quand toute la neige serait fondue, le soleil régnerait de nouveau et brûlerait une fois de plus les champs de pierre. Pendant des jours, encore,

---

[16] *El Ameur,* fictitious name.

[17] *la commune mixte,* Town Hall, with a combined French and native administration.

[18] *Tu te fous de moi?, vulg. for Tu te moques de moi?* Are you kidding?

[19] *Ça bouge,* Things are beginning to hum.

[20] *ce zèbre,* this fellow.

[21] *dans la journée de demain,* sometime tomorrow.

[22] *s'ébrouer et frapper du sabot,* snorting and pawing the ground.

le ciel inaltérable déverserait sa lumière sèche sur l'étendue solitaire où rien ne rappelait l'homme.

«Enfin, dit-il en se retournant vers Balducci, qu'est-ce qu'il a
fait?» Et il demanda, avant que le gendarme ait ouvert la bouche:
«Il parle français?

— Non, pas un mot. On le recherchait depuis un mois, mais ils
le cachaient. Il a tué son cousin.

— Il est contre nous?

— Je ne crois pas. Mais on ne peut jamais savoir.

— Pourquoi a-t-il tué?

— Des affaires de famille, je crois. L'un devait du grain à l'autre,
paraît-il. Ça n'est pas clair. Enfin, bref, il a tué le cousin d'un
coup de serpe, tu sais, comme au mouton, zic! . . .»

Balducci fit le geste de passer une lame sur sa gorge et l'Arabe,
son attention attirée, le regardait avec une sorte d'inquiétude.
Une colère subite vint à Daru contre cet homme, contre tous les
hommes et leur méchanceté, leurs haines inlassables, leur folie
du sang.

Mais la bouilloire chantait sur le poêle. Il resservit du thé à
Balducci, hésita, puis servit à nouveau l'Arabe qui, une seconde
fois, but avec avidité. Ses bras soulevés entrebâillaient maintenant
la djellabah et l'instituteur aperçut sa poitrine maigre et musclée.

«Merci, petit, dit Balducci. Et maintenant, je file.»[23]

Il se leva et se dirigea vers l'Arabe, en tirant une cordelette de
sa poche.

«Qu'est-ce que tu fais?» demanda sèchement Daru.

Balducci, interdit, lui montra la corde.

«Ce n'est pas la peine.»

Le vieux gendarme hésita:

«Comme tu voudras. Naturellement, tu es armé?

— J'ai mon fusil de chasse.

— Où?

— Dans la malle.

— Tu devrais l'avoir près de ton lit.

---

[23] *je file,* I'm off.

— Pourquoi? Je n'ai rien à craindre.

— Tu es sonné,[24] fils. S'ils se soulèvent, personne n'est à l'abri, nous sommes tous dans le même sac.[25]

— Je me défendrai. J'ai le temps de les voir arriver.»

Balducci se mit à rire, puis la moustache vint soudain recouvrir les dents encore blanches.

«Tu as le temps? Bon. C'est ce que je disais. Tu as toujours été un peu fêlé.[26] C'est pour ça que je t'aime bien, mon fils était comme ça.»

Il tirait en même temps son revolver et le posait sur le bureau.

«Garde-le, je n'ai pas besoin de deux armes d'ici El Ameur.»

Le revolver brillait sur la peinture noire de la table. Quand le gendarme se retourna vers lui, l'instituteur sentit son odeur de cuir et de cheval.

«Écoute, Balducci, dit Daru soudainement, tout ça me dégoûte, et ton gars le premier. Mais je ne le livrerai pas. Me battre, oui, s'il le faut, mais pas ça.»

Le vieux gendarme se tenait devant lui et le regardait avec sévérité.

«Tu fais des bêtises, dit-il lentement. Moi non plus, je n'aime pas ça. Mettre une corde à un homme, malgré les années, on ne s'y habitue pas et même, oui, on a honte. Mais on ne peut pas les laisser faire.[27]

— Je ne le livrerai pas, répéta Daru.

— C'est un ordre, fils. Je te le répète.

— C'est ça. Répète-leur ce que je t'ai dit: je ne le livrerai pas.»

Balducci faisait un visible effort de réflexion. Il regardait l'Arabe et Daru. Il se décida enfin.

«Non, je ne leur dirai rien. Si tu veux nous lâcher, à ton aise, je ne te dénoncerai pas. J'ai l'ordre de livrer le prisonnier: je le fais. Tu vas maintenant me signer le papier.

---

[24] *Tu es sonné,* You are crazy.
[25] *nous sommes tous dans le même sac,* we are all in the same boat.
[26] *fêlé,* cracked in the head.
[27] *on ne peut pas les laisser faire,* one can't let them have their own way.

— C'est inutile. Je ne nierai pas que tu me l'as laissé.

— Ne sois pas méchant avec moi. Je sais que tu diras la vérité. Tu es d'ici, tu es un homme. Mais tu dois signer, c'est la règle.»

Daru ouvrit son tiroir, tira une petite bouteille carrée d'encre violette, le porte-plume de bois rouge avec la plume *sergent-major* [28] qui lui servait à tracer les modèles d'écriture et il signa. Le gendarme plia soigneusement le papier et le mit dans son portefeuille. Puis il se dirigea vers la porte.

«Je vais t'accompagner, dit Daru.

— Non, dit Balducci. Ce n'est pas la peine d'être poli. Tu m'as fait un affront.»

Il regarda l'Arabe, immobile, à la même place, renifla d'un air chagrin et se détourna vers la porte: «Adieu, fils,» dit-il. La porte battit derrière lui. Balducci surgit devant la fenêtre puis disparut. Ses pas étaient étouffés par la neige. Le cheval s'agita derrière la cloison, des poules s'effarèrent. Un moment après, Balducci repassa devant la fenêtre tirant le cheval par la bride. Il avançait vers le raidillon sans se retourner, disparut le premier et le cheval le suivit. On entendit une grosse pierre rouler mollement. Daru revint vers le prisonnier qui n'avait pas bougé, mais ne le quittait pas des yeux. «Attends,» dit l'instituteur en arabe, et il se dirigea vers la chambre. Au moment de passer le seuil, il se ravisa, alla au bureau, prit le revolver et le fourra dans sa poche. Puis, sans se retourner, il entra dans sa chambre.

Longtemps, il resta étendu sur son divan à regarder le ciel se fermer peu à peu, à écouter le silence. C'était ce silence qui lui avait paru pénible les premiers jours de son arrivée, après la guerre. Il avait demandé un poste dans la petite ville au pied des contreforts qui séparent du désert les hauts plateaux. Là, des murailles rocheuses, vertes et noires au nord, roses ou mauves au sud, marquaient la frontière de l'éternel été. On l'avait nommé à un poste plus au nord, sur le plateau même. Au début, la solitude et le silence lui avaient été durs sur ces terres ingrates,[29] habitées seule-

---

[28] *la plume sergent-major,* steel pen with convex sides.

[29] *terres ingrates,* poor lands.

ment par des pierres. Parfois, des sillons faisaient croire à des cultures, mais ils avaient été creusés pour mettre au jour une certaine pierre, propice à la construction. On ne labourait ici que pour récolter des cailloux. D'autres fois, on grattait quelques copeaux de terre, accumulés dans des creux, dont on engraisserait les maigres jardins des villages. C'était ainsi, le caillou seul couvrait les trois quarts de ce pays. Les villes y naissaient, brillaient, puis disparaissaient; les hommes y passaient, s'aimaient ou se mordaient à la gorge,[30] puis mouraient. Dans ce désert, personne, ni lui ni son hôte n'étaient rien. Et pourtant, hors de ce désert, ni l'un ni l'autre, Daru le savait, n'auraient pu vivre vraiment.

Quand il se leva, aucun bruit ne venait de la salle de classe. Il s'étonna de cette joie franche qui lui venait à la seule pensée que l'Arabe avait pu fuir et qu'il allait se retrouver seul sans avoir rien à décider. Mais le prisonnier était là. Il s'était seulement couché de tout son long entre le poêle et le bureau. Les yeux ouverts, il regardait le plafond. Dans cette position, on voyait surtout ses lèvres épaisses qui lui donnaient un air boudeur. «Viens,» dit Daru. L'Arabe se leva et le suivit. Dans la chambre, l'instituteur lui montra une chaise près de la table, sous la fenêtre. L'Arabe prit place sans cesser de regarder Daru.

«Tu as faim?

— Oui,» dit le prisonnier.

Daru installa deux couverts.[31] Il prit de la farine et de l'huile, pétrit dans un plat une galette et alluma le petit fourneau à butagaz.[32] Pendant que la galette cuisait, il sortit pour ramener de l'appentis du fromage, des œufs, des dattes et du lait condensé. Quand la galette fut cuite, il la mit à refroidir sur le rebord de la fenêtre, fit chauffer du lait condensé étendu d'eau [33] et, pour finir, battit les œufs en omelette. Dans un de ses mouvements, il heurta le revolver dans le tiroir de son bureau. Quand il revint dans la

---

[30] *se mordaient à la gorge,* fought bitterly (*lit.* bit each other's throats).
[31] *installa deux couverts,* set the table for two.
[32] *butagaz,* bottled gas.
[33] *étendu d'eau,* diluted with water.

chambre, la nuit tombait. Il donna de la lumière [34] et servit l'Arabe:
«Mange,» dit-il. L'autre prit un morceau de galette, le porta vivement à sa bouche et s'arrêta.

«Et toi? dit-il.

— Après toi. Je mangerai aussi.»

Les grosses lèvres s'ouvrirent un peu, l'Arabe hésita, puis il
mordit résolument dans la galette.

Le repas fini, l'Arabe regardait l'instituteur.

«C'est toi le juge?

— Non, je te garde jusqu'à demain.

— Pourquoi tu manges avec moi?

— J'ai faim.»

L'autre se tut. Daru se leva et sortit. Il ramena un lit de camp
de l'appentis, l'étendit entre la table et le poêle, perpendiculaire-
ment à son propre lit. D'une grande valise qui, debout dans un
coin, servait d'étagère à dossiers,[35] il tira deux couvertures qu'il
disposa sur le lit de camp. Puis il s'arrêta, se sentit oisif, s'assit
sur son lit. Il n'y avait plus rien à faire ni à préparer. Il fallait
regarder cet homme. Il le regardait donc, essayant d'imaginer
ce visage emporté de fureur. Il n'y parvenait pas. Il voyait seulement le regard à la fois sombre et brillant, et la bouche animale.

«Pourquoi tu l'as tué?» dit-il d'une voix dont l'hostilité le surprit.

L'Arabe détourna son regard.

«Il s'est sauvé. J'ai couru derrière lui.»

Il releva les yeux sur Daru et ils étaient pleins d'une sorte d'interrogation malheureuse.

«Maintenant, qu'est-ce qu'on va me faire?

— Tu as peur?»

L'autre se raidit, en détournant les yeux.

«Tu regrettes?»

L'Arabe le regarda, bouche ouverte. Visiblement, il ne comprenait pas. L'irritation gagnait Daru. En même temps, il se

[34] *Il donna de la lumière,* He turned on the light.
[35] *étagère à dossiers,* shelf for files and papers.

sentait gauche et emprunté dans son gros corps, coincé entre les deux lits.

«Couche-toi là, dit-il avec impatience. C'est ton lit.»

L'Arabe ne bougeait pas. Il appela Daru:

«Dis!»

L'instituteur le regarda.

«Le gendarme revient demain?

— Je ne sais pas.

— Tu viens avec nous?

— Je ne sais pas. Pourquoi?»

Le prisonnier se leva et s'étendit à même [36] les couvertures, les pieds vers la fenêtre. La lumière de l'ampoule électrique lui tombait droit dans les yeux qu'il ferma aussitôt.

«Pourquoi?» répéta Daru, planté devant le lit.

L'Arabe ouvrit les yeux sous la lumière aveuglante et le regarda en s'efforçant de ne pas battre les paupières.

«Viens avec nous,» dit-il.

Au milieu de la nuit, Daru ne dormait toujours pas. Il s'était mis au lit après s'être complètement déshabillé: il couchait nu habituellement. Mais quand il se trouva sans vêtements dans la chambre, il hésita. Il se sentait vulnérable, la tentation lui vint de se rhabiller. Puis il haussa les épaules; il en avait vu d'autres [37] et, s'il le fallait, il casserait en deux son adversaire. De son lit, il pouvait l'observer, étendu sur le dos, toujours immobile et les yeux fermés sous la lumière violente. Quand Daru éteignit, les ténèbres semblèrent se congeler d'un coup. Peu à peu, la nuit redevint vivante dans la fenêtre où le ciel sans étoiles remuait doucement. L'instituteur distingua bientôt le corps étendu devant lui. L'Arabe ne bougeait toujours pas, mais ses yeux semblaient ouverts. Un léger vent rôdait autour de l'école. Il chasserait peut-être les nuages et le soleil reviendrait.

Dans la nuit, le vent grandit. Les poules s'agitèrent un peu, puis se turent. L'Arabe se retourna sur le côté, présentant le dos

---

[36] *s'étendit à même,* stretched out on top of.

[37] *il en avait vu d'autres,* he had been through worse things.

à Daru et celui-ci crut l'entendre gémir. Il guetta ensuite sa
respiration, devenue plus forte et plus régulière. Il écoutait ce
souffle si proche et rêvait sans pouvoir s'endormir. Dans la chambre où, depuis un an, il dormait seul, cette présence le gênait.
Mais elle le gênait aussi parce qu'elle lui imposait une sorte de
fraternité qu'il refusait dans les circonstances présentes et qu'il
connaissait bien: les hommes, qui partagent les mêmes chambres,
soldats ou prisonniers, contractent un lien étrange comme si, leurs
armures quittées avec les vêtements, ils se rejoignaient chaque
soir, par-dessus [38] leurs différences, dans la vieille communauté
du songe et de la fatigue. Mais Daru se secouait, il n'aimait pas
ces bêtises, il fallait dormir.

Un peu plus tard pourtant, quand l'Arabe bougea imperceptible-
ment, l'instituteur ne dormait toujours pas. Au deuxième mouvement du prisonnier, il se raidit, en alerte. L'Arabe se soulevait
lentement sur les bras, d'un mouvement presque somnambulique.
Assis sur le lit, il attendit, immobile, sans tourner la tête vers
Daru, comme s'il écoutait de toute son attention. Daru ne bougea
pas: il venait de penser que le revolver était resté dans le tiroir
de son bureau. Il valait mieux agir tout de suite. Il continua
cependant d'observer le prisonnier qui, du même mouvement
huilé, posait ses pieds sur le sol, attendait encore, puis commençait
à se dresser lentement. Daru allait l'interpeller quand l'Arabe se
mit en marche, d'une allure naturelle cette fois, mais extraordinaire-
ment silencieuse. Il allait vers la porte du fond qui donnait sur
l'appentis. Il fit jouer le loquet [39] avec précaution et sortit en
repoussant la porte derrière lui, sans la refermer. Daru n'avait
pas bougé: «Il fuit, pensait-il seulement. Bon débarras!» Il
tendit pourtant l'oreille.[40] Les poules ne bougeaient pas: l'autre
était donc sur le plateau. Un faible bruit d'eau lui parvint alors
dont il ne comprit ce qu'il était qu'au moment où l'Arabe s'en-
castra de nouveau dans la porte, la referma avec soin, et vint se

---

[38] *par-dessus,* over and above.
[39] *Il fit jouer le loquet,* He lifted the latch.
[40] *Il tendit pourtant l'oreille,* He nevertheless listened carefully.

recoucher sans un bruit. Alors Daru lui tourna le dos et s'endormit. Plus tard encore, il lui sembla entendre, du fond de son sommeil, des pas furtifs autour de l'école. «Je rêve, je rêve!» se répétait-il. Et il dormait.

Quand il se réveilla, le ciel était découvert; par la fenêtre mal jointe entrait un air froid et pur. L'Arabe dormait, recroquevillé maintenant sous les couvertures, la bouche ouverte, totalement abandonné. Mais quand Daru le secoua, il eut un sursaut terrible, regardant Daru sans le reconnaître avec des yeux fous et une expression si apeurée que l'instituteur fit un pas en arrière. «N'aie pas peur. C'est moi. Il faut manger.» L'Arabe secoua la tête et dit oui. Le calme était revenu sur son visage, mais son expression restait absente et distraite.

Le café était prêt. Ils le burent, assis tous deux sur le lit de camp, en mordant leurs morceaux de galette. Puis Daru mena l'Arabe sous l'appentis et lui montra le robinet où il faisait sa toilette. Il rentra dans la chambre, plia les couvertures et le lit de camp, fit son propre lit et mit la pièce en ordre.[41] Il sortit alors sur le terre-plein en passant par l'école. Le soleil montait déjà dans le ciel bleu; une lumière tendre et vive inondait le plateau désert. Sur le raidillon, la neige fondait par endroits. Les pierres allaient apparaître de nouveau. Accroupi au bord du plateau, l'instituteur contemplait l'étendue déserte. Il pensait à Balducci. Il lui avait fait de la peine, il l'avait renvoyé, d'une certaine manière, comme s'il ne voulait pas être dans le même sac. Il entendait encore l'adieu du gendarme et, sans savoir pourquoi, il se sentait étrangement vide et vulnérable. A ce moment, de l'autre côté de l'école, le prisonnier toussa. Daru l'écouta, presque malgré lui, puis, furieux, jeta un caillou qui siffla dans l'air avant de s'enfoncer dans la neige. Le crime imbécile de cet homme le révoltait, mais le livrer était contraire à l'honneur: d'y penser seulement le rendait fou d'humiliation. Et il maudissait à la fois les siens qui lui envoyaient cet Arabe et celui-ci qui avait osé tuer

---

[41] *mit la pièce en ordre,* picked up the room.

et n'avait pas pu s'enfuir. Daru se leva, tourna en rond sur le terre-plein, attendit, immobile, puis entra dans l'école.

L'Arabe, penché sur le sol cimenté de l'appentis, se lavait les dents avec deux doigts. Daru le regarda, puis: «Viens,» dit-il. Il rentra dans la chambre, devant le prisonnier. Il enfila une veste de chasse sur son chandail et chaussa des souliers de marche. Il attendit debout que l'Arabe eût remis son chèche et ses sandales. Ils passèrent dans l'école et l'instituteur montra la sortie à son compagnon. «Va,» dit-il. L'autre ne bougea pas. «Je viens,» dit Daru. L'Arabe sortit. Daru rentra dans la chambre et fit un paquet avec des biscottes, des dattes et du sucre. Dans la salle de classe, avant de sortir, il hésita une seconde devant son bureau, puis il franchit le seuil de l'école et boucla la porte. «C'est par là,» dit-il. Il prit la direction de l'est, suivi par le prisonnier. Mais, à une faible distance de l'école, il lui sembla entendre un léger bruit derrière lui. Il revint sur ses pas, inspecta les alentours de la maison: il n'y avait personne. L'Arabe le regardait faire, sans paraître comprendre. «Allons,» dit Daru.

Ils marchèrent une heure et se reposèrent auprès d'une sorte d'aiguille calcaire.[42] La neige fondait de plus en plus vite, le soleil pompait aussitôt des flaques, nettoyait à toute allure le plateau qui, peu à peu, devenait sec et vibrait comme l'air lui-même. Quand ils reprirent la route, le sol résonnait sous leurs pas. De loin en loin, un oiseau fendait l'espace devant eux avec un cri joyeux. Daru buvait, à profondes aspirations, la lumière fraîche. Une sorte d'exaltation naissait en lui devant le grand espace familier, presque entièrement jaune maintenant, sous sa calotte de ciel bleu. Ils marchèrent encore une heure, en descendant vers le sud. Ils arrivèrent à une sorte d'éminence aplatie, faite de rochers friables. A partir de là, le plateau dévalait, à l'est, vers une plaine basse où l'on pouvait distinguer quelques arbres maigres et, au sud, vers des amas rocheux qui donnaient au paysage un aspect tourmenté.

---

[42] *aiguille calcaire,* pointed rock made of limestone.

Daru inspecta les deux directions. Il n'y avait que le ciel à l'horizon, pas un homme ne se montrait. Il se tourna vers l'Arabe, qui le regardait sans comprendre. Daru lui tendit un paquet: «Prends, dit-il. Ce sont des dattes, du pain, du sucre. Tu peux tenir deux jours. Voilà mille francs aussi.» L'Arabe prit le paquet et l'argent, mais il gardait ses mains pleines à hauteur de la poitrine, comme s'il ne savait que faire de ce qu'on lui donnait. «Regarde maintenant, dit l'instituteur, et il lui montrait la direction de l'est, voilà la route de Tanguit. Tu as deux heures de marche. A Tanguit, il y a l'administration et la police. Ils t'attendent.» L'Arabe regardait vers l'est, retenant toujours contre lui le paquet et l'argent. Daru lui prit le bras et lui fit faire, sans douceur, un quart de tour vers le sud. Au pied de la hauteur où ils se trouvaient, on devinait un chemin à peine dessiné. «Ça, c'est la piste qui traverse le plateau. A un jour de marche d'ici, tu trouveras les pâturages et les premiers nomades. Ils t'accueilleront et t'abriteront, selon leur loi.» L'Arabe s'était retourné maintenant vers Daru et une sorte de panique se levait sur son visage: «Écoute,» dit-il. Daru secoua la tête: «Non, tais-toi. Maintenant, je te laisse.» Il lui tourna le dos, fit deux grands pas dans la direction de l'école, regarda d'un air indécis l'Arabe immobile et repartit. Pendant quelques minutes, il n'entendit plus que son propre pas, sonore sur la terre froide, et il ne détourna pas la tête. Au bout d'un moment, pourtant, il se retourna. L'Arabe était toujours là, au bord de la colline, les bras pendants maintenant, et il regardait l'instituteur. Daru sentit sa gorge se nouer.[43] Mais il jura d'impatience, fit un grand signe, et repartit. Il était déjà loin quand il s'arrêta de nouveau et regarda. Il n'y avait plus personne sur la colline.

Daru hésita. Le soleil était maintenant assez haut dans le ciel et commençait de lui dévorer le front. L'instituteur revint sur ses pas, d'abord un peu incertain, puis avec décision. Quand il parvint à la colline, il ruisselait de sueur. Il la gravit à toute allure

---

[43] *sentit sa gorge se nouer,* felt a lump in his throat.

et s'arrêta, essoufflé, sur le sommet. Les champs de roche, au sud, se dessinaient nettement sur le ciel bleu, mais sur la plaine, à l'est, une buée de chaleur montait déjà. Et dans cette brume légère, Daru, le cœur serré,[44] découvrit l'Arabe qui cheminait lentement sur la route de la prison.

Un peu plus tard, planté devant la fenêtre de la salle de classe, l'instituteur regardait sans la voir la jeune lumière bondir des hauteurs du ciel sur toute la surface du plateau. Derrière lui, sur le tableau noir, entre les méandres des fleuves français s'étalait, tracée à la craie par une main malhabile, l'inscription qu'il venait de lire: «Tu as livré notre frère. Tu paieras.» Daru regardait le ciel, le plateau et, au-delà, les terres invisibles qui s'étendaient jusqu'à la mer. Dans ce vaste pays qu'il avait tant aimé, il était seul.

[44] *le cœur serré*, with a heavy heart.

Questionnaire

1. Dans quel pays se passe cette histoire?
2. Que savez-vous de l'auteur?
3. Expliquez pourquoi l'instituteur et le pays vous semblent être taillés de la même pierre?
4. Que vit Daru en s'avançant sur le terre-plein?
5. Décrivez les vêtements de l'Arabe.
6. Quelles sont les différences physiques entre les trois hommes réunis dans la salle de classe?
7. Que viennent faire Balducci et l'Arabe chez l'instituteur?
8. Comment expliquez-vous que Daru ait refusé de mener l'Arabe à la prison?
9. Par quels détails le pays décrit donne-t-il une impression de déses‧poir et de malheur?
10. Comment expliquez-vous l'inquiétude et l'incertitude de l'Arabe?

11. Le pays où se passe cette histoire a été le théâtre de beaucoup de discussions et de violence. Quand et pourquoi?

12. Que s'est-il passé pendant la nuit pour causer l'agitation de Daru?

13. Où se dirigent Daru et l'Arabe?

14. Pourquoi l'Arabe choisit-il la route de la prison?

15. Quels ont été les résultats de la bonté de Daru envers l'Arabe?

16. Une fois revenu à l'école, que voit Daru écrit au tableau noir?

17. Pourquoi les bonnes intentions de Daru n'ont-elles pas été comprises par les rebelles arabes?

18. Pourquoi est-ce que les mots «isolés,» «malheureux,» et «exilés» vous semblent bien choisis pour décrire les personnages de cette histoire?

19. Quelle est la vraie tragédie d'un Français comme Daru qui reste Français mais qui fait sa vie dans un autre pays?

Le Terrain d'Immacolata

par

Félicien Marceau

(1913–)

Félicien Marceau (1913–   ),

écrivain, critique et peintre, est né à Cortenberg, en Flandre belge; son père était fonctionnaire. Il fit ses études secondaires dans un collège de religieux, et son droit à Louvain; il suivit ensuite des cours de bibliothécaire au Vatican. D'abord journaliste, il devint employé de la Radiodiffusion Nationale Belge jusqu'à la Libération (1944). Depuis, il vit en France et se consacre à son œuvre littéraire. Il écrivit successivement les romans Chasseneuil *(1948),* Capri, petite île *(1951);* L'Homme du roi *(1952) lui valut le prix des Quatre Jurys; vinrent ensuite* Bergère légère *et* Les Élans du cœur, *ce dernier obtint le prix Interallié. Il fut critique littéraire à divers journaux, parmi lesquels l'hebdomadaire* Arts. *Un de ses livres de critique les plus importants est* Balzac et son monde *(1955). Il fit de fréquents séjours en Italie et son dernier livre,* Les Belles natures *(1957), est un recueil de nouvelles napolitaines, pleines de charme et d'humour. Tenté par la carrière d'auteur dramatique, il obtint un grand succès dans sa première pièce,* L'Œuf. *Un referendum récent l'a classé parmi les dix meilleurs romanciers d'aujourd'hui et un des plus intelligents critiques français de sa génération. Le style de Marceau est concis, direct, sans descriptions détaillées. En 1958, il fit jouer* La Bonne Soupe, *pièce pessimiste et cynique.*

Le Terrain d'Immacolata

— Mari'Anto![1]

Au fond de ma sieste, le cri vient me rejoindre et me réveille. Je grogne. Inutile d'essayer de me rendormir. Lorsque Immacolata commence à appeler sa fille, il y en a pour vingt minutes. J'ai vérifié. Il faut une trentaine d'appels à peu près, soit pour que Mari'Anto obéisse, soit pour que sa mère se dérange et aille la chercher.

— Mari'Anto!

La voix n'a pas monté d'un ton. On dirait qu'Immacolata pousse son cri presque machinalement et sans vraiment croire à son utilité. Par la fenêtre, je vois le jardin étroit, bourré d'orangers, de cactus, de figuiers de Barbarie,[2] de fleurs sauvages. Il y a un soleil éclatant. Sur la terre sèche, les ombres ont l'air d'être coupées au couteau. Rien ne bouge. Même pas Mari'Anto dont j'aperçois la petite robe rouge derrière le datura.[3] Elle continue à jouer. Comme d'ailleurs, certainement, dans sa cuisine, tout en l'appelant, sa mère continue à fourbir ses casseroles[4] ou à s'éventer avec le petit engin de paille tressée[5] dont elle se sert aussi pour ranimer la braise. Il y a là comme une convention tacite. La mère et sa petite fille savent bien, toutes les deux, que ces appels ne constituent que des sortes de formalités destinées ...

— Mari'Anto!

[1] *Mari'Anto*, Marie-Antoinette.
[2] *figuiers de Barbarie*, prickly-pear trees.
[3] *le datura*, datura, ill-smelling plant of the potato family.
[4] *à fourbir ses casseroles*, to polish her pots and pans.
[5] *le petit engin de paille tressée*, the little device made of braided straw.

... destinées à amener les rites finaux, à peu près invariables: Immacolata qui éclate en objurgations, qui descend dans le jardin, la brusque ponctuation d'une taloche, les sanglots de Mari'Anto et Immacolata qui remonte dans sa cuisine en prenant le ciel à témoin, en confiant aux orangers et au datura que cette enfant est son calvaire, qu'elle la tuerait. Manière de parler, il va sans dire. Immacolata adore sa petite dernière, lui passe tous ses caprices,[6] excuse tous ses méfaits. L'autre jour, Mari'Anto a déchiré des papiers qu'elle a trouvés sur ma table. Sa mère l'a bien grondée mais pour me faire aussitôt remarquer qu'une autre petite fille, certainement, aurait répandu les débris à travers toute la chambre alors que Mari'Anto les a laissés en un beau petit tas. C'est tout juste si elle ne m'a pas forcé d'admirer ce joli trait.

Brusquement quelque chose me frappe: Immacolata n'appelle plus. Mari'Anto aurait-elle obéi? Non, elle est toujours là. Je vois toujours sa robe rouge derrière les longues clochettes du datura. Je dois en prendre mon parti: c'est Immacolata qui a renoncé. Ça, par exemple, c'est nouveau. Immacolata est faible mais elle est entêtée. Ses projets, même les plus minces, elle les mène jusqu'au bout. Elle n'avance qu'en gémissant mais jamais elle ne recule. Il est vrai que, depuis quelque temps, Immacolata ne va pas bien. Il y a quelque chose qui la ronge. Je sais même ce que c'est. Elle m'en a parlé. C'est l'histoire de son terrain. Une longue histoire. Qui remonte loin.

Il faut dire ici qu'un jour, il y a bien dix ans, Immacolata a hérité de son frère. Jusque-là, elle avait vécu tranquillement, pauvrement, avec ses cinq enfants et son mari. C'est à dessein que j'ai cité son mari en dernier. Il est mort maintenant mais, même lorsqu'il vivait, il était, de toute la famille, celui qui comptait le moins. Immacolata le dominait entièrement. Physiquement déjà. Jeune fille, elle était sans doute gracieuse. Moi, je l'ai toujours connue énorme, tenant à peine dans sa robe, les cheveux dans la figure, le verbe haut.[7] Son mari, au contraire,

---

[6] *lui passe tous ses caprices,* gives in to all her whims.
[7] *le verbe haut,* loud-mouthed.

était un petit homme fluet, paisible, poli. Il était menuisier. Et, trait particulier, il citait volontiers Dante.[8] Je ne veux pas dire par là qu'il en récitait des passages mais il se référait couramment à lui, disant: «C'est Dante qui aurait dû voir ça» ou «Dante n'aurait pas mieux dit» ou encore, plus simplement: «C'est dantesque.»

Donc Immacolata avait un frère, le vieux Fabio, entrepreneur de son état [9] et qui, à ce titre, régnait sur quatre maçons et sur cinq ou six vieilles femmes, véritables ahuries, qu'il employait à porter des paniers de moellons sur la tête, manière habile d'esquiver les tarifs syndicaux.[10] Ce Fabio, un jour, mourut, laissant à Immacolata tous ses biens: un logement et un vague matériel en fort mauvais état. Le matériel fut aussitôt vendu. Immacolata et les siens allèrent occuper le logement. Celui-ci faisait partie d'un immense bâtiment, jadis couvent puis caserne pour les soldats du roi Murat [11] et qui, depuis, avait été divisé en une quarantaine de logements, tous délabrés mais avec des murs épais d'un mètre et des escaliers où auraient pu passer six chevaux de front.[12] Au milieu, il y avait une grande cour où végétaient trois vieux palmiers crevassés comme des pattes d'éléphant.

Une quinzaine de mois après cette succession, Immacolata reçut une feuille portant indication des impôts fonciers [13] qu'elle avait à payer. Bien entendu, cela ne lui était jamais arrivé. Elle en fut fort glorieuse,[14] en parla trois semaines durant à ses voisins, sut montrer un accablement de bon ton en citant la somme qu'on lui réclamait et finit par la payer sans même avoir bien lu la feuille et, il va sans dire, sans l'avoir montrée à son mari. Ces biens immobiliers [15] étaient à elle. C'était à elle de les gérer.

---

[8] *Dante,* the greatest Italian poet (1265–1321), author of the *Divine Comedy.*
[9] *entrepreneur de son état,* contractor by trade.
[10] *tarifs syndicaux,* union rates.
[11] *Murat,* king of Naples (1808–1815), brother-in-law of Napoleon I.
[12] *de front,* abreast.
[13] *portant indication des impôts fonciers,* mentioning the land taxes.
[14] *Elle en fut fort glorieuse,* She was very proud of it.
[15] *Ces biens immobiliers,* This real estate.

L'année suivante, comme de raison, la même feuille revint. L'enthousiasme d'Immacolata s'était un peu apaisé. Elle lut la feuille plus attentivement et, malgré une certaine épaisseur, s'aperçut qu'il était question là-dedans d'un terrain, sis[16] au n° 17 de la via[17] Capodimonte et dont elle entendait parler pour la première fois. Elle en fut troublée, médita là-dessus pendant quelques semaines et finit par conclure qu'on avait dû la frustrer de quelque chose dans la succession. D'où une visite chez le notaire et un entretien très animé au cours duquel, à grand'peine et l'inventaire au poing, cet homme put enfin la persuader que les opérations de la succession avaient été tout à fait correctes et qu'il devait s'agir d'une erreur de l'administration. Immacolata passa quelques semaines à couver ce problème, à la suite de quoi, elle reçut un rappel qui la fit se rendre chez le receveur des contributions.[18] Celui-ci fut formel: il y avait peut-être une erreur, il n'en repoussait pas l'hypothèse, mais il fallait d'abord payer.

— Même pour le terrain?

— Même pour le terrain.

— Mais il n'est pas à moi ...

— Il faut d'abord payer. En même temps, je signalerai votre réclamation. Si c'est une erreur, ne craignez rien, vous serez remboursée.

— Mais ...

— C'est la règle.

Cette loi sévère émut Immacolata. Elle paya.

Ce receveur était un homme excellent. Mais il avait ce travers éminemment latin de prétendre avoir compris avant même qu'on ne lui ait expliqué. Sans doute rédigea-t-il la réclamation tout de travers. Ou y eut-il là une nouvelle erreur de l'administration. Toujours est-il que la réponse fut décevante. Dix mois plus tard, Immacolata recevait une lettre l'informant que ses doléances ne pouvaient être prises en considération, la dite taxe ayant été

---

[16] *sis* (*p. part. of* **seoir,** be seated), situated.

[17] *via,* *Ital.* street.

[18] *le receveur des contributions,* the tax collector.

calculée au plus juste. Et, deux mois plus tard, nouvelle feuille: le terrain y était toujours porté, ainsi que l'impôt dont il était frappé. Immacolata retourna chez le receveur. On fit une nouvelle réclamation et, en attendant, un nouveau payement.

Un an passa. Nouvelle feuille, suivie, un peu plus tard, d'une nouvelle lettre soulignant qu'une année au moins la contribuable avait payé l'impôt sans rechigner; qu'on en pouvait donc conclure qu'à ce moment au moins elle était la propriétaire de ce terrain; que si, depuis, il avait changé de mains, il fallait que la contribuable communiquât le nom de l'acquéreur et une copie de l'acte de vente.

Là, Immacolata perdit contenance. On peut mesurer son accablement à ceci: qu'elle en parla à son mari. Celui-ci poussa quelques exclamations, qualifia la situation de dantesque. Ce n'était pas une solution. Ils allèrent consulter un de leurs voisins, un maréchal de carabiniers [19] à la retraite qui jouissait dans le quartier d'un certain prestige. D'autres voisins furent appelés à la rescousse. La conversation prit bientôt un air vertigineux et les idées les plus étonnantes furent jetées sur le tapis.[20] Au milieu du brouhaha, le mari essaya d'exprimer la sienne.

— Si on allait le voir, ce terrain?

Mais il eut le tort, étant timide, de ne le dire qu'une seule fois. Personne ne l'écouta. Les autres étaient partis dans des discours infinis. Le maréchal, lui, estimait qu'il fallait payer et faire confiance à l'administration.

— D'abord payer!

Ce principe autoritaire lui plaisait. Un autre, plus retors,[21] exprima qu'à force de payer, finirait par jouer, un jour, une certaine prescription dont il disait le plus grand bien. Un troisième, allant plus loin, exposa que, Immacolata ayant payé, elle était parfaitement en droit d'aller dès le lendemain occuper le terrain. Le maréchal se récria:

[19] *un maréchal de carabiniers = un maréchal-des-logis,* sergeant in the *Carabinieri Corps,* now the police.

[20] *furent jetées sur le tapis,* were discussed (*lit.* thrown on the rug).

[21] *plus retors,* more clever.

— Où est le titre de propriété?

Ce maréchal avait le nez droit et le regard vide que l'on voit généralement aux bustes des empereurs romains. Cela donnait à ses propos un poids particulier. L'assemblée finit par s'atteler à une longue lettre où chacun mit du sien, ce qui la rendit assez incohérente. Avec beaucoup de bonne volonté, on y pouvait démêler que, si Immacolata avait payé la première année, c'était en raison de son chagrin et du désarroi de ses pensées; qu'elle ne formulait d'ailleurs à cet égard aucune réclamation; que ses récriminations portaient uniquement sur les années suivantes; que si la volonté de l'administration était telle, elle était prête à entrer en possession de ce terrain mais qu'en attendant, n'en ayant jamais été la propriétaire, elle eût été bien en peine, malgré toute sa bonne volonté, d'en exhiber l'acte de vente.

Bon. Mais le mari, lui, n'avait pas renoncé à son idée. Le lendemain, il partit à la recherche du terrain.

La via Capodimonte est une petite rue, fort courte, paisible et qui se trouve de l'autre côté de la ville. Le début en est constitué par un vieux mur de pierres rêches d'où débordent des bougain-villées. Après quoi, de petites maisons se succèdent. Le mari examina attentivement les numéros. Le 14 était une maison basse, peinte en rose bonbon. Une petite fille était assise sur le seuil, fort occupée à enrouler une ficelle autour d'un bout de bois. Le 15 avait une façade lézardée et semblait vide. Le 16 était une maison plus grande où la disparate du linge [22] pendu aux fenêtres indiquait qu'il avait plusieurs locataires. Après le n° 15 et le n° 16, la via Capodimonte était coupée par une autre rue, caillouteuse et montante. Le mari la franchit, le cœur battant. Il allait y arriver, à ce fameux terrain. Seulement, la rue transversale franchie, il ne trouva que des maisons. Il regarda les numéros: la première maison portait le n° 1, la maison en face le n° 2. Grâce à une coquetterie de la municipalité,[23] les numéros étaient peints en

---

[22] *la disparate du linge,* the ill-assorted laundry.
[23] *la municipalité,* the town council.

noir sur de petits carrés de majolique verte encastrés [24] dans les murs. C'était aussi clair que possible: il n'y avait pas de nº 17. Auprès d'une femme corpulente apparue à la fenêtre du nº 2, le mari s'informa. Non, la via Capodimonte était de l'autre côté. Ici, c'était la via Napoli. Le mari retourna sur ses pas. Mais de toute évidence, la via Capodimonte finissait aux numéros 15 et 16. Aucune trace du 17. Et aucun terrain en vue.

Le mari rentra chez lui, triomphant. Trop triomphant. Immacolata n'avait déjà que trop tendance à trouver qu'il s'occupait exagérément de ces biens fonciers qui, après tout, ne lui étaient rien. La nouvelle qu'il apportait ne lui parut qu'une raison supplémentaire de maudire le destin.

— Si le terrain n'existe pas, comment prouver qu'il n'est pas à moi?

Je serais assez tenté de penser d'ailleurs que, dans le secret de son cœur, Immacolata n'avait pas cessé de croire à ce terrain et à ses droits sur lui. Cela seul peut expliquer la docilité avec laquelle elle continuait à payer l'impôt et le sentiment de déception qu'elle éprouva en apprenant que le terrain n'existait pas. Quoi qu'il en soit, sur les objurgations de son mari, elle envoya à l'administration une nouvelle lettre pour signaler la chose.

La réponse tarda. Il y avait cette fois une bonne raison: la guerre venait de commencer. Le mari d'Immacolata fut mobilisé. En son absence, Immacolata fut un jour, comme tout le monde, invitée à passer à la mairie pour retirer ses feuilles de ravitaillement.[25] Elle s'y entendit déclarer que, propriétaire d'un terrain qu'elle pouvait cultiver ou faire cultiver, elle n'avait pas droit à la feuille des légumes. Immacolata en fut frappée en plein cœur. Pas de légumes? Et ses enfants? C'en était trop! Elle courut (non, Immacolata ne courait jamais. Son esprit pouvait s'affoler, non ses jambes. Sa corpulence l'obligeait à une démarche paisible). Elle se rendit donc chez le receveur. Celui-ci, d'abord, refusa d'en

---

[24] *carrés de majolique verte encastrés*, squares of green majolica (Italian pottery coated with enamel and decorated in vivid colors) embedded.

[25] *feuilles de ravitaillement*, ration coupons.

croire ses oreilles. Un terrain qui n'existait pas? Non, la ruse
était trop grossière, la malice cousue de fil blanc.[26] Qu'on ait pu
se tromper sur le propriétaire du terrain, soit, de telles erreurs
n'étaient pas sans exemples, mais un terrain qui n'existait pas . . .
Devant les protestations d'Immacolata, il finit par la renvoyer au
cadastre.[27] Elle alla au cadastre. On déplia devant elle de grandes
feuilles. L'index de l'employé erra un instant au-dessus des lignes
violettes . . .

— Le voilà, votre terrain . . .

Car il était là. Bien indiqué. Soigneusement dessiné. En forme
de trapèze allongé avec, au bout, un retour sur le terrain voisin.

Ce coup aurait dû achever Immacolata. Ou l'indigner, la faire
se répandre en un de ces discours où elle excellait et où, avec aisance,
elle passait de la fureur au gémissement. Il n'en fut rien. Penchée
sur cet index et sur ce trapèze, Immacolata était fascinée. Il
existait donc, ce terrain. Il avait même une forme. Au lieu de
l'accablement ou de la colère, elle connut un grand apaisement.

— Merci, dit-elle.

En sortant du Municipe,[28] sur la place, elle rencontra le maréchal
des carabiniers. — C'était moi qui me trompais, pour ce terrain,
dit-elle. Il est bien à moi.

L'expression déjà majestueuse du maréchal s'accentua encore.
Il le savait bien, lui, que l'administration ne pouvait pas se tromper.

— Vous voyez, dit-il.

Et Immacolata cheminait, transfigurée.

Ce n'était pas qu'elle doutât de son mari. Elle le tenait pour
un homme sans importance mais elle le savait sérieux. Si, au
cours d'une visite sur les lieux, il n'avait pas trouvé trace de ce
terrain, c'est que ce terrain n'existait pas. Ou, du moins, pas à
cet endroit-là. Car, d'autre part, comment douter du cadastre?
C'est une chose sérieuse aussi le cadastre. Ce ne sont pas des

[26] *la malice cousue de fil blanc,* the obvious trick (*lit.* trick sewn with
white thread).

[27] *cadastre,* official register of land owned.

[28] *Municipe,* Lat. "Municipium," town, (in this case, it means town hall).

plaisantins. Ce ne sont pas des gens qui s'amusent à dessiner des trapèzes quand il n'y a rien. Si le terrain était couché sur leurs papiers,[29] c'est qu'il existait. En un autre endroit probablement. Mais on finirait bien par le trouver.

Grâce aux soins du maréchal, grand parleur et pilier de café,[30] la nouvelle avait bientôt fait le tour du quartier. Le soir même les voisins vinrent chez Immacolata lui porter leurs félicitations. Elle les reçut sans fausse modestie.

Et le terrain, ainsi, entra dans sa vie. Immacolata prit l'habitude d'en parler. Oh, sans excès de vanité. Sans, pour cela, écraser personne. Au contraire, elle prenait soin de faire observer que ce nouvel accroissement de ses biens n'était pas sans lui donner quelque souci. Ce terrain, c'était très bien, mais comment l'exploiter? Fallait-il le cultiver ou le mettre en location?[31] Ah, ce n'est pas rose tous les jours, d'être propriétaire. Fréquemment aussi, elle parlait du cadastre, faisait l'éloge de cette administration. Ou bien, assise dans sa cuisine, elle rêvait à son terrain. Pauvre terrain! Où pouvait-il bien être? Et dans quel état? Depuis le temps qu'il était abandonné, il devait être plein de cailloux, de mauvaises herbes. De pareils gaspillages ne sont-ils pas scandaleux? Immacolata se sentait de plus en plus une âme de propriétaire.

Quelques mois plus tard, elle abandonna son logement pour aller en occuper un autre, le rez-de-chaussée où elle vit encore maintenant. A quoi rimait cette opération? Je soupçonne Immacolata d'avoir vu là le moyen de se sentir plus propriétaire encore. Son ancien logement, elle l'avait loué à des gens modestes qu'elle pouvait terroriser tout à son aise et à qui elle rendait visite avec une bienveillance tempérée d'une certaine hauteur. Son point de vue sur les choses avait changé. Jadis, elle professait des vues assez avancées. Maintenant, elle faisait volontiers remarquer que, si la grande propriété a des devoirs, elle a aussi des droits auxquels on ne pense pas assez.

[29] *couché sur leurs papiers,* set down in writing.
[30] *pilier de café,* bar fly.
[31] *le mettre en location,* to rent it.

— Ainsi, avec mon terrain ...

Grâce à lui, elle se sentait plus puissante, plus forte. La mort de son mari, si elle lui donna un grand chagrin, ne réussit pas à entamer sa neuve assurance.

— Heureusement que j'ai ce terrain, pour les mauvais jours ...

Cette légende lui permit de marier assez avantageusement son aînée qui allait sur ses dix-neuf ans. Sans s'engager formellement, Immacolata avait laissé entendre à la belle-famille qu'elle pourrait un jour donner ce terrain à sa fille. Pendant un temps aussi, elle caressa l'idée de prendre une hypothèque [32] sur ce terrain. La chose ne paraissait pas impossible. Bien entendu, elle continuait à payer l'impôt, tous les ans, et je crois bien qu'elle le faisait même avec plaisir.

C'est tout cela que, le mois dernier, une lettre est venue détruire. Une lettre de l'administration disant que, suite à [33] ses réclamations, une enquête avait été faite, qu'il s'agissait d'une erreur et qu'on allait lui rembourser les impôts indûment versés. Cela fait une assez grosse somme. Mais qu'est-ce que l'argent au prix d'une illusion détruite? Depuis, Immacolata dépérit. Je la voyais encore hier, tandis qu'elle faisait son ménage: elle a perdu son entrain et la vivacité de ses propos. Elle ne gémit même plus, se traîne languissamment et, on l'a vu, lorsque Mari'Anto ne répond pas à ses appels, tout de suite elle renonce. Par-dessus le marché,[34] elle n'ose plus se montrer. On lui parlerait de son terrain et que pourrait-elle répondre?

· · · · ·

Mais on a toujours tort de désespérer de la vitalité des gens. Tout à l'heure, descendu dans le jardin, j'ai rencontré Immacolata. Lui ayant trouvé meilleure mine, je lui en ai fait compliment. Nous avons parlé de choses et d'autres, du petit-fils qu'elle vient d'avoir, du temps, des prochaines élections ...

— Oh, cette République! [35] a-t-elle dit sur un ton assez amer.

[32] *une hypothèque,* a mortgage.   [33] *suite à = par suite de,* following.
[34] *Par-dessus le marché,* On top of everything else.
[35] *cette République,* Italy became a Republic in 1946, after the abdication of King Victor Emmanuel the III.

— Quoi, Immacolata, vous n'aimez pas la République?

— Cette République, a-t-elle repris, cette République, qui m'a volé mon terrain.

Un nouveau mythe commence. Une nouvelle illusion. Une nouvelle raison de vivre.

Questionnaire

1. Pourquoi l'appel de la mère reste-t-il sans réponse?
2. Est-ce que la colère d'Immacolata est justifiée?
3. En s'apercevant du silence, pourquoi le narrateur s'est-il inquiété?
4. Quelle est la cause des soucis d'Immacolata?
5. Quel rôle jouait le mari dans sa famille?
6. Que savez-vous du poète qu'il citait souvent?
7. Qu'est-ce que le frère d'Immacolata lui a laissé?
8. Quelle impression avez-vous des administrateurs de son village?
9. Pourquoi Immacolata continue-t-elle de payer l'impôt?
10. Quelle bonne idée a eue le mari?
11. Décrivez la soi-disant *via* Capodimonte?
12. Quand son mari est revenu et a annoncé ce qu'il avait découvert, qu'a dit Immacolata?
13. Pourquoi Immacolata n'avait-elle pas droit à une feuille de légumes?
14. Que montrait le cadastre?
15. Quel rôle jouait le terrain dans la vie d'Immacolata?
16. Qu'est-ce qui vient détruire les illusions d'Immacolata?
17. A qui en veut-elle d'avoir volé son terrain?
18. Indiquez brièvement les ressemblances et les différences entre Maupassant et Marceau comme conteurs.

La Boîte de carton

par

François Bernadi

(1922-   )

François Bernadi (1922–)

*est né de mère italienne et de père catalan français à Col-
lioure, pittoresque port de pêche de la Méditerranée occi-
dentale. Son père exerçait le métier de pêcheur. François
étudia à l'école communale et occupa ses loisirs à dessiner.
A partir de onze ans il poursuivit ses études au lycée de
Menton où il attira l'attention de ses professeurs par ses
talents de dessinateur. En 1939 il s'engagea dans la
marine et fit la guerre dans les sous-marins. Il se trouvait
à Toulon au moment du sabordage de la flotte française
(1942). Il fut déporté en Allemagne comme prisonnier
de guerre (1943). Recherché pour sabotage, il se cacha
à Erfurt où il fut libéré par les Américains (avril 1945).
De 1945 à 1947 il fit le métier de son père, celui de pêcheur.
En 1947 un jury présidé par le peintre Raoul Dufy lui
décerna le premier prix d'un concours d'affiches. Entre-
temps il exerça plusieurs métiers manuels: débardeur,
facteur, livreur, etc. Il est actuellement professeur de
dessin dans un lycée de Toulouse. En plus de son recueil
de nouvelles,* Rue du soleil *(1955), il écrivit un roman,*
Le Vin de lune *(1957). Un autre recueil de nouvelles est
en préparation ainsi qu'un roman. Bernadi est un des
excellents écrivains de la jeune génération française.*

La Boîte de carton

Il habitait tout au haut de la rue. Tout petit déjà, il avait une façon de la descendre, qui faisait se pencher les gens aux fenêtres, et secouer la tête de droite à gauche. Leur façon à eux de dire: «Ce garçon n'a pas la cervelle bien en place!»

Il descendait la rue en courant, les bras en croix, les agitant comme des ailes. Il criait:

«Je suis un oiseau! ... La lumière tombe ... la lumière tombe ...»

La première fois qu'il fit vraiment rire de lui, ce fut à l'école.

Le maître avait donné le sujet de rédaction suivant:

«Vous avez été le témoin d'un accident. Racontez-le comme s'il devait servir à l'enquête de la police.»

Et le maître avait dit qu'il serait bon «qu'il y eût des morts ... Ou, au moins, des blessés ...»

Voici la composition qu'il rendit, et que le maître lut à toute la classe:

«Je me promenais sur le bord de la Seine. Comme je passais près de la Tour Eiffel, je vis un attroupement. Je m'approchai et aperçus un gros homme qui, ayant voulu ramasser son chapeau, avait glissé sur une peau de banane. Il était tombé sur son ventre. Le ventre était si gros, que l'homme avait été projeté comme un ballon jusqu'au premier étage de la Tour Eiffel. Sous le poids, la Tour Eiffel s'est pliée, et l'homme est retombé sur son ventre, il a alors rebondi jusqu'au sommet de la Tour. Celle-ci a plié de nouveau, l'homme est encore retombé, a rebondi et est allé s'accrocher par le fond de son pantalon au paratonnerre. Mais l'homme était si lourd que le pantalon a craqué. L'homme est retombé sur son derrière. Il s'est relevé, a ramassé son chapeau, l'a mis sur sa tête, et s'en est allé ...»

Jusqu'au conseil de révision,[1] on prit l'habitude de dire de lui:
«C'est un brave garçon ... Un peu simple, mais qui ne ferait
pas de mal à une mouche!»

C'est au cours du conseil de révision, qu'éclata le second fou
rire général.

«François Massat! appela l'adjudant.[2]

— Présent, mon capitaine!» répondit-il d'une voix de stentor.

On commençait de sourire autour de lui.

«Réformé,[3] pour déficience mentale! conclut le sous-officier,
regardant François d'un œil soupçonneux.

— Tant mieux, mon capitaine! cria François encore plus fort.
‹La Marie-de-la-rivière› [4] sera contente!»

Les rires se déchaînèrent alors, emplissant la grande salle de la
caserne. Seul, François ne riait pas. Il n'y avait dans ses gros
yeux noirs, à fleur de tête,[5] qu'une naïveté fraîche d'enfant.

L'adjudant eut un sourire indulgent, d'homme supérieur, puis
agacé, hurla: «Silence! Là-dedans!»

Les rires cessèrent, coupés nets.

Ils arrivèrent au village en chantant. Se tenant par les épaules.
Couverts de cocardes tricolores, de plaques brillantes comme de
l'or, gravées de lauriers et de lettres qui disaient:

«Bon pour le service.»

Ils en avaient sur la poitrine, sur les épaules.

Ils braillaient des chansons à boire ...

François, sans plaque ni cocarde, les suivait, un peu en retrait,
l'air inspiré.

Quand la bande des conscrits arriva devant le café, elle s'y en-
gouffra, braillant de plus belle. Les conscrits, en vidant force

---

[1] *conseil de révision,* draft board physical examination.

[2] *l'adjudant,* top sergeant.

[3] *Réformé,* 4-F, rejected (for physical or mental reasons), unfit for service
in the armed forces.

[4] *La Marie-de-la-rivière,* Mary-of-the-River, river nymph or sprite.

[5] *yeux noirs à fleur de tête,* protruding black eyes.

verres, racontèrent au milieu des éclats de rire, l'histoire de François et de l'adjudant.

Pendant ce temps, François était allé dans le lit de la rivière,
couper des bambous. Puis, il alla acheter un carnet de feuilles de
papier à cigarettes, se procura un drapeau. Ce dernier roulé sous
son bras, il vint se planter devant l'école.

Lorsque les enfants sortirent, il les harangua:

«Écoutez! Ce soir, c'est fête . . . La fête des conscrits. Il faut
que ce soit comme un 14 Juillet! . . . Nous allons faire le défilé.[6]
Je vous ai apporté des fifres . . . Je chanterai, je porterai le drapeau, et vous me suivrez en faisant de la musique!

A chaque enfant, il distribua un morceau de bambou, percé
d'un trou, avec un papier à cigarette ficelé à son extrémité. Les
enfants ne se tenaient plus de joie. Ils se mirent en rang par deux,
comme ils le faisaient pour entrer en classe. François se mit à
leur tête, déploya son drapeau et, levant sa main libre, cria:

«En avant la musique! *La Marseillaise!* . . .»

Allons enfants de la Patrie
Le jour de gloire est arrivé . . .

Tous les enfants suivirent, soufflant en mesure dans leur fifre.

Il les promena dans toutes les rues du village.

Les gens qui rentraient des vignes, s'arrêtaient pour les regarder
passer. François, raide, la tête haute, le regard bien droit, fixé
devant lui, hurlait *la Marseillaise* à s'en briser la gorge . . .

Devant le café, les conscrits et tous les autres buveurs, sortirent
pour lui faire une ovation, le verre à la main.

Devant sa maison, il vit sa mère, assise sur le seuil, en train de
nettoyer des anchois au sel.[7] Il leva encore plus haut son drapeau,
se dressa sur la pointe des pieds, et cria de toutes ses forces, **pour**
bien lui montrer qu'il passait devant tout le monde:

Le jour de gloire est arrivé . . .

---

[6] *Nous allons faire le défilé,* We're going to march.
[7] *anchois au sel,* salted anchovies.

La mère rentra un peu plus la tête dans les épaules, se courba davantage vers le sol, ferma les yeux, comme si un malheur, ou une immense honte, s'était abattu sur elle ...

A l'heure du souper, ce fut la débandade.[8] Les mères vinrent saisir leurs enfants, les poussèrent devant elles, d'une bourrade ou d'une taloche.[9] En un clin d'œil,[10] il ne resta plus personne derrière François.

Lui, continua, impassible, comme si rien n'était changé.

A la nuit tombante, il remontait la rue du Soleil, le drapeau dressé vers le ciel, chantant toujours:

Marchons ... Marchons ...

Personne ne se mit à la fenêtre pour le voir passer. Les gens savaient, maintenant, et c'était assez triste.

Il poussa la porte de sa maison, claqua des talons,[11] amena le drapeau, le roula, et le replaça au-dessus du buffet.

S'asseyant devant son assiette, il se mit à avaler sa soupe froide.

En face de lui, sa mère tenait la tête obstinément baissée. Elle ne mangeait pas. A côté d'elle, son père lui lançait de temps à autre des regards pleins de colère contenue. A chaque bout de la table, ses frères plus âgés se curaient les dents,[12] regardant au plafond.

François ne voyait rien. Il mangeait sa soupe. Ce n'est que lorsqu'il se servit un verre de vin, que son père s'emporta:

«Ce vice! Quand donc te débarrasseras-tu de ce vice ...? Fainéant! Nous, on se crève,[13] et toi, tu fais rire tout le village! Tu ne nous ressembles pas! Tu as eu de la chance que nous ayons été à la vigne ... Tu n'as pas honte, non? Te faire suivre par des enfants!

[8] *ce fut la débandade*, it was a stampede.
[9] *d'une bourrade ou d'une taloche*, with a thump on the back or a slap.
[10] *En un clin d'œil*, In the twinkling of an eye.
[11] *claqua des talons*, clicked his heels.
[12] *se curaient les dents*, were picking their teeth.
[13] *Nous, on se crève*, We're killing ourselves (from work).

— Tu n'as pas honte?» insista encore le père.

Alors, François levant vers lui les mêmes yeux qu'il avait en répondant à l'adjudant lui dit:

«C'était de la musique d'abeille . . .»

A compter de ce jour, il délaissa peu à peu la maison. Non pas à la suite des paroles de son père; non! Cela faisait des années qu'il les entendait. Chaque soir, c'étaient les mêmes. C'était plutôt par besoin de vagabonder dans la montagne; d'aller d'un village à l'autre, en traversant les garrigues,[14] les bois de chênes-lièges.

Jusqu'au moment où il ne rentra plus du tout. Il avait découvert un endroit dont il fit son chez lui.[15]

Au sommet d'une colline ronde, dans un bois de chênes-lièges, il avait trouvé une baraque, comme en construisaient autrefois les vignerons, pour se mettre à l'abri en cas d'orage.

Elle avait la même forme que celles qu'habitent les Gaulois, telles qu'il les avait vues sur les pages de l'«Histoire de France.» Faite de pierre noire, un trou dans le haut, pour laisser passer la fumée. L'ouverture pour y entrer était si basse, qu'il fallait y passer à quatre pattes.

Du côté opposé à l'entrée, il amassa des feuilles de vignes sèches, les recouvrit d'un sac.[16] C'est là qu'il dormait, ou qu'il restait allongé, les mains croisées derrière la nuque. De là, en tournant la tête, il pouvait voir un carré de mer, pris dans l'ouverture.

Dès lors, il régla sa vie sur les saisons.

Au printemps, il sortait de sa tanière, et descendait au village, de bon matin. Il savait que sur les glacis du fort,[17] il trouverait les mangeurs d'oursins.[18]

Ils se tenaient par groupes de trois ou quatre autour d'une corbeille de roseaux tressés. Ils ouvraient les oursins avec de grands couteaux, sur des pierres plates, les vidaient avec des

---

[14] *garrigues,* poor lands (in the south of France).
[15] *son chez lui,* his home.   [16] *un sac,* a gunny sack.
[17] *glacis du fort,* slopes in front of the fort.
[18] *oursins,* sea urchins.

morceaux de pain, qu'ils mangeaient ensuite. Ils buvaient à la régalade,[19] tendant à bout de bras des outres en peau de chèvre.[20]

Autour d'eux, montaient de riches odeurs d'algues et d'iode.

Dès qu'ils apercevaient François, ils lui faisaient des signes d'amitié et l'appelaient à grands cris.

Il venait s'asseoir parmi eux, ouvrait son couteau, puisait dans la corbeille, et buvait tout à tour à la gourde de chacun.

Quand le festin était terminé, ils se tournaient vers François en disant:

«Maintenant, chante-nous quelque chose!

— Montez [21] le phonographe!» disait François.

Un homme allait s'agenouiller derrière son dos, faisant semblant de tourner une manivelle.

«Crac! Crac ... Crac!» faisait François.

Puis, il criait:

«A bloc!» [22]

Et l'homme cessait de tourner.

François pinçait ses narines entre le pouce et l'index, et chantait d'une voix de fausset, qui avait le don de les amuser tous. C'étaient de vieilles chansons du pays, ou encore *Le temps des cerises*.[23]

Et, à chaque chanson, il fallait remonter le phonographe.

François ne s'arrêtait que lorsque les hommes sentaient qu'il était temps de retourner chez eux. Quand il se retrouvait tout seul, parmi les moitiés d'oursins qui jonchaient l'herbe, il allait s'allonger sur les remparts, et s'endormait doucement, en mordillant un brin de fenouil.[24]

---

[19] *Ils buvaient à la régalade,* They drank from the bottle without touching their lips.

[20] *outres en peau de chèvre,* goatskin bottles.

[21] *Montez = Remontez,* Wind.

[22] *A bloc!,* That's enough!

[23] The song begins: «Quand nous chanterons le temps des cerises/ Et gais rossignols et merles moqueurs/ Seront tous en fête ...» It was composed during the Second Empire (1852–1870); the words are by Jean-Baptiste Clément and the music by A. Renard.

[24] *en mordillant un brin de fenouil,* nibbling a sprig of fennel (yellow-flowered herb).

En été, c'était sur la plage qu'il arrivait, peu avant midi. Il y avait toujours un équipage qui mangeait la bouillabaisse,[25] à la manière des Maures,[26] chacun se servant au plat avec la pointe de son couteau. Ça sentait l'ail et le piment rouge. Le mousse, seul, était servi dans un plat par le patron, et mangeait à l'écart des hommes.

Ou bien, c'étaient des grillades de sardines, sur d'immenses brasiers de sarments.[27] La graisse de poisson grésillait en tombant sur les braises.[28] Il s'élevait dans l'air des nappes de fumée qui sentaient l'huile, le sel et le poivre.

Quand les sardines étaient à point, les grils étaient vidés sur de grandes plaques de liège, alignées sur le sable. Les hommes mangeaient, saisissant les poissons entre la pointe du couteau et le pouce.

Chacun apportait son vin, dans des outres ou de petits barils de chêne. Ils mangeaient à l'ombre d'une voile, tendue d'une barque à l'autre.

Lorsque François apparaissait sur le haut de [29] la plage, ils avaient les mêmes cris, les mêmes gestes que les mangeurs d'oursins pour l'inviter à les venir rejoindre.

Il arrivait, souriant, se dandinant comme un enfant timide.

Il mangeait, buvait, se transformait en phonographe, jusqu'au moment où il se retrouvait seul. Les pêcheurs, après avoir bien ri, abandonnaient la plage brûlante pour des alcôves sombres et fraîches.

François allait alors s'étendre, sous le flanc de la barque, du côté opposé au soleil. Il s'endormait les bras en croix, les jambes ouvertes, dans le sable encore humide.

Quand venait l'époque des vendanges, il vagabondait tout au long de cette période, d'un bout à l'autre de la région.

[25] *la bouillabaisse, Prov.* fish soup or fish chowder.

[26] *Maures*, Moors, Arabs.

[27] *brasiers de sarments,* embers of vine shoots.

[28] *grésillait en tombant sur les braises,* sizzled when dropping on the embers.

[29] *sur le haut de,* up above the.

Il n'avait qu'à passer la tête, par-dessus les ceps, pour que la même scène se reproduise partout, à l'heure du premier repas.

«Voilà François! On va rire ... Eh! François, viens manger un morceau!»

Et c'étaient des anchois salés, de l'ail, de la saucisse grillée, des poivrons rouges, du vin pur, rafraîchi dans l'eau du puits.

Après il chantait, dans une atmosphère qui sentait le moût et la fumée de sarment.[30] Après, les porteurs et les cueilleuses s'en retournaient à leur travail, avec de la joie en réserve pour la journée entière.

Quelques heures après, il était un peu plus loin dans une autre vigne. Les vendangeurs commençaient à se fatiguer et mangeaient à peine, un bout de pain et une bricole,[31] le prétexte pour boire une lampée [32] de vin frais.

François mangeait leurs restes, puis, à l'ombre du figuier, il les amusait jusqu'à ce que revienne le moment de retourner travailler, dans l'air embrasé par l'après-midi.

«Avec lui, disaient-ils, la journée est plus courte!»

Quant à François, jusqu'au soir il s'en allait rôder sur les crêtes. Quand il croisait un porteur, il lui disait un mot pour le faire rire. Puis, il regardait longtemps l'homme qui descendait vers le village, les bras ballants, la lourde comporte,[33] tassée de grappes, en équilibre au travers des épaules.

Il rencontrait aussi des muletiers, qui lui tendaient leur gourde. Leurs bêtes étaient décorées de pompons de laine aux couleurs éclatantes, leurs harnais enrichis de clous de cuivre.

L'automne était sa saison de repos. Il se nourrissait de champignons, d'escargots, de coings qu'il faisait griller sous la cendre. Il restait des journées entières, couché sur son lit de feuilles de vigne, occupé à détailler chaque pierre du mur de sa cabane. Il trouvait un dessin sur chacune, là une vache rousse, ailleurs une

---

[30] *le moût et la fumée de sarment,* the must (of grapes), and the smoke of the vine shoots.

[31] *une bricole,* a bit of something.

[32] *une lampée,* a big swallow.

[33] *la lourde comporte,* the heavy wooden bucket.

fleur, une tête d'oiseau, un visage d'homme, un profil de femme, ou des barques, des poissons. Il connaissait chaque pierre et son dessin particulier.

L'hiver le voyait redescendre au village. Il entrait au café, par les journées les plus mauvaises. Les journées de vent, de pluie, de tempête.

Dès qu'il poussait la porte, la bonne humeur entrait avec lui. Jusqu'aux joueurs de cartes qui [34] arrêtaient leur partie.

On le hissait sur une table. On tournait la manivelle. Il se bouchait le nez, et tout le répertoire y passait. Puis, le bonnet à la main, François faisait la quête. Ainsi allait sa vie . . .

Ainsi, il amusait le monde, et le monde avait remplacé le nom «d'idiot» par le sien.

«C'est un Massat,» disaient-ils!

Un hiver, où il avait neigé toute la nuit, une mince couche blanche recouvrait la campagne, au matin. Exceptionnellement, il faisait gris et froid.

Dans le trou d'un mur, François trouva un moineau, qui s'était blotti là, tremblant de froid.

Il l'emporta dans sa baraque. Au creux de sa main, il le sentait grelotter. Il le mit dans la boîte de carton où il gardait son pain. Une boîte à chaussures recouverte d'un papier glacé, blanc et lisse. Il laissa quelques mies à l'intérieur, et posa la boîte près du feu.

«Demain, il fera bon. Demain, il revolera!»

Cette nuit-là, il se prit à sourire,[35] en voyant, dans le carré de l'ouverture, une lune immense, claire au-dessus de la mer qui scintillait, comme poudrée d'argent . . . Le ciel s'était dégagé, demain, il n'y aurait pas de neige.

Il faisait soleil lorsqu'il se réveilla. Il sortit la boîte dans la lumière. C'est alors qu'il s'aperçut que le petit moineau était mort, couché sur le dos. Hébété, il contempla les paupières jaunes qui voilaient les yeux. Les pattes, si fragiles, si fines, pliées sur le duvet clair du ventre.

---

[34] *jusqu'aux joueurs de cartes qui,* even the card players.
[35] *il se prit à sourire,* he began to smile.

Le moineau était mort, et pourtant, il l'avait déposé près du feu, dans une boîte, avec du pain . . .

A partir de ce jour, il ne cessa de penser au moineau . . . Il n'avait pas voulu qu'il meure, et pourtant . . .

C'est ce qu'il essayait de dire au garde champêtre, quand il le rencontrait dans les garrigues:

«Le jour de la neige, j'ai voulu sauver un moineau . . . ,» commençait-il à lui raconter. Le garde se promenait dans la campagne, avec deux fusils en bandoulière. Une longue carabine à pierre,[36] qui avait plus de cent ans, et un gros fusil de chasse à deux coups.[37] Avec aussi, un sac de cuir pendu sur la poitrine. Dans le sac, des cartes d'État-Major [38] de la région. Sur le sac, une paire de jumelles, qui lui battaient le ventre.

Il voyait des brigands, des contrebandiers partout, et passait des jours entiers, caché dans les roches, à observer la montagne, mètre par mètre. Ou bien, étalait ses cartes devant lui, et «tirait des plans» [39] comme il avait coutume de dire . . .

Il portait sur le bras, une énorme plaque de cuivre,[40] avec écrit dessus: «LOI,» en lettres noires.

«Le moineau! Le moineau! répondait-il à François, tiens! Moi, quand je veux un lièvre, je m'embusque derrière un créneau du fort de là-haut. Vers les six heures. Je n'attends pas beaucoup . . . Je vise . . . Pan! Et je m'en vais avec le lièvre . . . Moi! Tel que tu me vois, j'étais fait pour les mathématiques; j'ai un cerveau formidable . . . Les étoiles! Les étoiles! Je peux te les dire en fermant les yeux . . . Je peux naviguer autour du monde, rien qu'avec elles . . . Si j'avais pu étudier, moi, les mathématiques . . . Oui! J'étais né pour compter . . .

— Le moineau! Le moineau! essayait de lui faire entendre François, mais l'autre braquait ses jumelles un instant, puis s'en allait en courant . . .

[36] *carabine à pierre,* flint gun.
[37] *fusil de chasse à deux coups,* double-barreled shotgun.
[38] *cartes d'Etat-Major,* General Staff maps.
[39] *tirait des plans,* made plans, thought up things.
[40] *plaque de cuivre,* brass badge.

— Le moineau! Tu sais, le jour de la neige?» François en parlait aussi à l'homme du hameau. Celui qui descendait le lait des chèvres au village.

C'était un homme très grand et très maigre. Toujours mal rasé, il avait un visage étroit et pâle.

L'homme ne semblait pas voir François. Les yeux dans le vague, fixés droit sur le milieu du chemin, sans même penser à poser ses bidons, il prenait un sourire ravi pour raconter:

«Ils m'ont changé en Notre-Seigneur! ... Tu sais, c'était le jour où l'on marquait le bétail [41] dans la montagne? Il y avait tous les jeunes gens du village ... Ils m'ont fait boire, boire ... Je me rappelle que j'ai dansé, puis, plus rien ... Un peu après, ils m'ont montré la photographie ... C'était vraiment Notre-Seigneur, cloué sur la croix ... Ils m'ont dit que c'était moi, le jour où on avait marqué le bétail, dans la montagne. Ils m'ont dit, en riant entre eux, qu'une fois ivre mort, ils m'avaient amené, tout nu, vers un arbre qui avait la forme d'une croix, et m'y avaient amarré [42] pour prendre une photographie ... Ils le disaient aux autres gens aussi, en montrant la photographie:

«Regardez! On dirait le Christ!»

Et l'homme, avant de partir, posait chaque fois la même question à François:

«Pourquoi rient-ils, tous ceux qui voient la photo? Tu ne sais pas?»

François ne savait que répondre:

«Mais le moineau? Tu sais, le moineau? ... Pourquoi est-il mort?»

L'homme du hameau n'entendait pas. Il s'en allait sur le chemin, les bras étirés par le poids qu'il portait à chaque main.

Toute l'année, François essaya de parler du moineau aux mangeurs d'oursins, aux pêcheurs, aux vendangeurs. Tous lui répondaient:

«Laisse le moineau tranquille ... Chante-nous plutôt quelque chose!»

[41] *où l'on marquait le bétail,* when they were branding the cattle.
[42] *m'y avaient amarré,* had fastened me to it.

C'était par un matin d'automne. Il faisait un peu frais. En sortant de la cabane de pierre noire, François vit, sur la mer bleu foncé, une multitude d'éclats blancs. Il pensa: «Petite tramontane [43] ... Il fera soleil!»

Il avait plu dans la nuit, le bois sentait l'herbe humide. Les vignes avaient encore toutes leurs feuilles vertes, l'automne ne les ayant pas encore mordues de rouille.

Il s'apprêtait à aller chercher des champignons et des escargots, quand il s'entendit interpeller:

«Eh! Vous, là-bas ... Que faites-vous dans ma propriété?»

Deux hommes se tenaient à l'entrée du bois. Ils devaient venir de la vallée. L'un d'eux était du village. François le connaissait bien. C'était lui qui enlevait l'écorce orange des arbres. L'autre portait un chapeau, une veste de cuir, des bottes rouges qui lui montaient jusqu'aux genoux. Il tenait une canne à la main, avec laquelle il désignait François ...

C'était bien à lui qu'il parlait, et François put remarquer sa lèvre dure et sa chemise blanche.

Alors François s'approcha et dit:

«C'est ma maison!»

L'homme à la veste de cuir se mit à rire:

«Allons! Allons! Ne racontez pas d'histoires ... On n'habite pas dans une cahute pareille ... Trêve de balivernes [44] ...»

François restait debout, devant lui, la tête basse. Ses mains croisées dans le creux des reins.

Devant cet air piteux, l'homme crut devoir hausser le ton. Agiter sa canne.

François leva la tête, fixa sur lui ses grands yeux naïfs.

L'autre reprit:

«Le bois est à moi, maintenant ... Fini, le laisser aller [45] ... Faut que ça produise ... On va tout raser, et planter de la

---

[43] *Petite tramontane,* Gentle north wind.
[44] *Trêve de balivernes,* Enough of this nonsense.
[45] *Fini, le laisser aller,* Enough of this carelessness (i.e., letting the land go to waste).

vigne ... La baraque aussi sera rasée. Allez! Hop! Déguerpis![46]»

Et il brandissait toujours sa canne ...

François ne devait jamais se rappeler parfaitement ce qui suivit.
Mais l'homme du village, lui, ne devait pas l'oublier de sitôt.

Quand il racontait ce qui s'était passé, il disait qu'il avait vu
Massat bondir, tout à coup, en hurlant:

«Ma maison ... Tu veux détruire ma maison! Et tous les
dessins qu'il y a sur les pierres ...»

Puis, il avait arraché la canne des mains du nouveau propriétaire, et s'était mis à frapper de toutes ses forces, sur la tête, sur
le visage ...

L'homme à la veste de cuir était tombé, comme une masse.[47]

Lui, l'homme du village, n'avait pu qu'aller appeler «à l'aide!»
en descendant dans la vallée.

François, disait-il, «avait un air féroce, enragé, qui faisait peur!»

Ceux qui travaillaient dans les vignes étaient descendus vers
celui qui appelait à l'aide. Ils étaient plus de dix hommes rudes,
groupés, qui montèrent jusqu'à l'entrée du bois de chênes-lièges.

Ils trouvèrent l'homme à la veste de cuir, couvert de sang, qui
râlait, couché sur le dos, les bras en croix. François s'était longtemps acharné sur lui, jusqu'à ce que la canne se brise. Il en avait
alors jeté les morceaux sanglants sur la poitrine du blessé.

Quelques-uns des hommes s'approchèrent de la baraque ...
François surgit dans l'entrée, à quatre pattes, grognant sourdement comme une bête. Les lèvres retroussées sur ses dents éclat-
tantes, ses yeux démesurés, noyés de sang, avaient un éclat fou.

Les hommes reculèrent. Emportant le blessé, ils s'en allèrent
vers le village ...

Maintenant, il est enfermé dans une pièce carrée, toute blanche.
Quand il voit un homme, il est tout habillé de blanc, lui aussi.

---

[46] *Allez! Hop! Déguerpis!*, Come on now! Quick! Get out of here!
[47] *comme une masse*, like a log.

Parfois, il se jette dans un coin, à quatre pattes, prêt à mordre. Ou bien, les bras en croix, les agitant comme si c'étaient des ailes, il crie:

«Je suis un oiseau! La lumière tombe, la lumière tombe . . .»

Mais, le plus souvent, il pleure. Les yeux clos. Branlant la tête de gauche à droite. Il fait, avec ses mains, sur le mur, les mêmes gestes qu'il avait autrefois pour caresser un chien.

On peut l'entendre, alors, dire, humblement, entre deux sanglots: «Monsieur l'homme blanc, laissez-moi retourner à la baraque de pierre noire . . . Monsieur l'homme blanc . . . Sur chaque pierre il y avait un dessin . . . Monsieur l'homme blanc, je sais pourquoi le moineau est mort . . . Je le sais maintenant . . . Et moi aussi je vais mourir, par ce beau clair de lune . . . dans la boîte en carton . . . La boîte en carton!»

> [François Bernadi, *La rue du soleil*, Librairie Gallimard, 1955. Copyright by Librairie Gallimard, Paris, tous droits réservés.]

Questionnaire

1. Que faisait François en descendant la rue?
2. Racontez l'histoire qu'il a écrite.
3. Pourquoi a-t-il été réformé?
4. Comment François a-t-il fait les fifres?
5. Pourquoi les enfants ne se tenaient-ils plus de joie?
6. Comment au début de l'histoire vous vient l'impression que François n'est pas normal?
7. L'attitude du père est-elle justifiée ou non? Expliquez.
8. Après avoir quitté la maison où François est-il allé?
9. Décrivez brièvement la région où se passe cette histoire.
10. Comment les travailleurs gagnaient-ils leur vie?
11. Pourquoi les mangeurs d'oursins, les marins et les pêcheurs aimaient-ils voir François?
12. Après avoir trouvé le moineau, qu'est-ce que François en a fait?
13. Pourquoi est-il tellement ému par la mort du moineau?
14. Faites un parallèle entre l'homme du hameau et François.
15. Quelles différences voyez-vous entre les hommes qui mangent avec François et les deux autres, le garde champêtre et l'homme du hameau?

16. Qu'est-ce que les deux hommes ont dit à François?
17. Quand François est devenu furieux, qu'est-ce qu'il a fait?
18. Où l'a-t-on mené?
19. Quel est le sens de ce titre «La Boîte de carton»?
20. Faites un parallèle entre la mort du moineau et la fin de François.

Vocabulaire

From this vocabulary have been omitted easily recognized cognates, articles, normally formed adverbs (when the noun or adjective is given) some prepositions, conjunctions, and the more common pronouns. Otherwise, it is as complete as the editor has been able to make it.

Abréviations

a.	adjective	*pers.*	person
adv.	adverb	*pl.*	plural
colloq.	colloquial	*pop.*	popular; population
conj.	conjunction	*prep.*	preposition
f.	feminine	*pron.*	pronoun
fam.	familiar	*Prov.*	Provençal
fig.	figuratively	*qch*	quelque chose
Fr.	French	*qn*	quelqu'un
lit.	literally	*sing.*	singular
m.	masculine	*sl.*	slang
mech.	mechanical	*subj.*	subjunctive
mil.	military	*tech.*	technical
n.	noun	*th.*	theater
obs.	obsolete	*v.*	verb
p. part.	past participle	*vulg.*	vulgar

A

a has; *il y —* there is, there are; *il y — dix ans* ten years ago; *il y — que* the trouble is that; *qu'est-ce qu'il y —?* what's the matter? what's going on?

à at, to, on, in, into, with, for, from, by, of; to the point of; according to; as a result of; *— cette condition* on this condition; *son livre — la main* his book in his hand; *c'est — moi* it's mine

abaisser to lower, pull down; *s'—* come down, become lower; slope down

abandon *m.* desertion; forlornness; loneliness

abandonné: totalement — completely relaxed

abandonner to abandon, desert; *s'— à* give way to

abasourdir to dumfound, amaze; daze

abattre to knock down, strike (throw, cut, pull, lay) down; kill; *s'—* crash down

abattu felled; killed; downhearted, depressed; *qui s'était — sur elle* which had befallen her

abbé m. priest, father; abbot

abeille f. bee

abhorrer to dislike intensely, loathe

abîme m. abyss

abîmer to spoil; damage, wreck; injure

abject mean, contemptible, vile

abolir to abolish

abondamment abundantly, profusely

abondant abundant, plentiful; numerous

abonder to abound (*en,* in), be plentiful

abonné m. subscriber

abonnement m. subscription

abord m. access, approach; *aux —s de* in the vicinity of, in approaching; *d'—* at first, in the first place; for one thing; *tout d'—* at the very first, at once, right away

aborder to approach, accost; land; *en abordant* in (on) landing; *s'—* to come up to, accost each other; meet

aboutir (*à*) to end (in); go as far as, come out (at), arrive (at), lead (to)

aboyer to bark

abréger to abridge, shorten

abreuvoir m. watering place

abri m. shelter; protection; *à l'— de* protected against, free from; *se mettre à l'—* to take shelter

abriter to shelter, protect

abrupt steep

abrutir to stupefy, daze

absolu absolute, definitive

absolument absolutely, definitively

absolution f. pardon; *qui ne lui a pas donné l'—* who did not pardon him

absorber: s'— to become absorbed, engrossed

absoudre to absolve, pardon, exonerate

abstenir: s'— de to abstain (refrain) from

abstention f. abstaining, refraining (*de,* from)

abstrait absent-minded, inattentive; vague, abstract

absurde absurd, preposterous

absurdité f. absurdity

abuser to deceive, delude; take advantage of; *s'—* be mistaken

accablant: chaleur —e sweltering (oppressive) heat

accablement m. discouragement, dejection

accabler to oppress; overwhelm, crush; overcome

accéder to have access (to, *à*)

accélérer to speed up, hasten

accent m. tone (of voice), sound; stress

accentuer to bring out; emphasize

accès m. access; approach, entrance; fit

accessoire m. accessory

accidenté full of incidents; eventful; *chemin —* rough (uneven, twisting) road

acclamer to acclaim, applaud, cheer

accommoder to fix up; *s'—* agree, get along

accompagner to accompany

accomplir to accomplish, perform; do; *s'—* take place

accomplissement m. accomplishment, achievement, performance

accord m. agreement; chord; *d'—*

all right! agreed! O.K.!; *mettre d'— avec* put in agreement with, harmonize with

accorder to grant, bestow, concede; *s'—* to harmonize, fit in; get along together

accoster to approach, come up to; dock (*ship*)

accouder: s'— à to lean (one's elbows) on

accoupler to couple; connect

accourir to come in a hurry, come running

accoutrement m. dress, getup

accoutumer: s'— à to get used to

accroché: — par within range (radius) of

accrocher to hang (hook) up; *s'— à* cling (hang on) to

accroissement m. increase

accroupir: s'— to crouch, squat

accueil m. welcome, reception; *faire — à* to welcome

accueillir to welcome, receive; accept

accumuler to accumulate, collect, gather; *s'—* to accumulate, amass

accusation f.: un acte d'— a bill of indictment

accusé m. defendant

accuser to accuse; bring out, show up; profess

acharner: s'— sur to persist in, beat (hit) relentlessly

achat m. purchase; *d'—* purchasing, buying

acheminer: s'— to walk, go along; proceed; be on one's way

acheter to buy (from, à)

acheteur m. buyer

acier m. steel

acquéreur m. buyer

acquérir to acquire; buy

acquiescer to assent, agree

acte m. act, action; deed (*law*)

actif active; industrious

action f. action, deed, act; feat; *— de grâces* act of thanks

activement actively; diligently

activer to quicken, hasten; stir

actrice f. actress

actuel present; existing; current; *les —les n. f. pl.* news; articles about current events

adapter to adapt, fit, put

addition f. bill; *régler l'—* to pay (settle) the bill

additionner to add (up)

adieu m. farewell; good-by; *faire des —x* to say good-by

adjoint m. deputy (assistant) mayor

admettre to admit

administrateur m. administrator; manager

administration f. government service; *entrer dans l'—* to be employed by the government; *il était d'une —* he belonged to a government department

administrer to administer; perform

adoptif adopted (child)

adosser to lean; *s'—* lean against

adoucir to quiet, subdue, calm; soften

adresse f. skill, dexterity; *à son —* addressed to him

adresser to send; *s'— à* to speak to, address oneself to

adroit skillful

adroitement skillfully

advenir to happen; *ce qu'il était advenu de* what had happened to, what had become of

adversaire m. opponent

affaiblir to weaken

affaire f. thing, matter, question; business; problem; case; situation; happening; affair; *les Affaires Étrangères* the Foreign Office

affaissé collapsed, sunk (down), crumpled

affalé sunken, collapsed; slumped

affecter to pretend, feign; show, assume

affectueux *a.* affectionate

affichage *m.* posting (of announcements)

affiche *f.* poster, sign

afficher to post, exhibit

affilié affiliated; *n. m.* associate

affirmation *f.* assertion; statement

affirmer to affirm, assert; *s'—* assert oneself

affliger to afflict; upset; *s'—* be tormented, distressed; grieve

affolement *m.* panic, distraction

affoler: *s'—* to become panicky

affreusement horribly, terribly, frightfully

affreux horrible, terrible, awful

affront *m.* insult; *faire un — à* to insult

affronter to confront, face; brave

afin: *— de* so as to, in order to; *— que* so that, in order that; that

Afrique *f.: l'—* Africa

agaçant irritating

agacer to tease; irritate; *elle m'agace* she gets on my nerves

agacerie *f.* provocation, teasing; irritation

âge *m.* age; *dès l'— de huit à neuf ans* from the age of eight or nine; *d'— mûr* middle-aged

âgé old; aged; *le plus —* the eldest

agence *f.* agency

agenouiller: *s'—* to kneel (down)

agent *m.* agent; employee; policeman

aggraver to aggravate, make worse

agilité agility, nimbleness

agir to act; behave; *— en* do like; *s'— de* be a question of, concern; *de quoi il s'agissait* what it was all about

agiter to agitate; disturb, trouble,

upset; shake; *s'—* move around (about)

agonie *f.: être à l'—* to be at death's door

agonir to agonize

agonisant *m.* dying man

agrandi enlarged

agréable agreeable, pleasant

agréer to accept

agrégation *f.* French equivalent of Ph.D. degree

agrégé *m.* French equivalent of holder of Ph.D. degree

agrément *m.* pleasure; charm; amusement

agrès *m. pl.:* rigging

aguerrir to inure, harden; *s'—* grow hardened, become inured (to, à)

aguets *m. pl.: demeurer aux —* to remain on the alert, in wait

ahuri bewildered, taken aback, confused

ahurie *n. f.* scatterbrained woman

ahurissement *m.* bewilderment, confusion

aide *f.* help, aid; *venir à l'— de* to come to the help of

aider to help

aie: *que j'—* that I (should, will, may) have

aïe! ouch! ow!

aigle *m.* eagle

aigre shrill (*voice*); sour, bitter (*taste*)

aigrement shrilly; sourly, bitterly

aigrir to embitter, exasperate; sour

aigu, -uë sharp, shrill; pointed; acute

ail *m.* garlic

aile *f.* wing; *— de moulin* windmill sail (vane)

ailleurs elsewhere; *d'—* besides, anyway, furthermore; *comme d'—* as on the other hand

aimable nice, kind

aimablement nicely, gently

aimé m. loved one

aimer to like, love, be fond of; — *mieux* prefer

aîné m. elder, eldest

ainsi so, thus; therefore; for example; in this (that) way; — *donc* therefore; — *que* as

air m. air; tune; atmosphere; appearance, manner, way; look; *avoir l'*— *de* to have the appearance of; *prendre l'*— get some fresh air

aisance f. ease

aise f. ease; contentment, joy; *être bien* — to be very happy; *être mal à l'*— be ill at ease; *être à son* — be comfortable; *à ton* — as you will

aisé well-to-do

aisselle f. armpit; arm

ajouter to add

ajuster to fix, fit; straighten

alangui languid; faint

alcool m. alcohol

alentours m. pl. neighborhood; surroundings; *aux* — *de* in the vicinity of

alerte n. f. alarm; *a.* quick, agile, brisk; *en* — alerted

alerter to alert, alarm

Alger f. Algiers

Algérie f.: l'— Algeria

algue f. seaweed

aligner to line (draw) up; lay out; *Louise aligna deux pages* Louise typed up two pages

aliment m. food, nourishment

allée f. path; alley; *—s et venues* goings and comings

allègrement cheerfully, gaily; lively

allégresse f. cheerfulness; gladness; joy

Allemagne f.: l'— Germany

allemand a., n. m. German

aller to go; be going; fit; be becoming; *s'en* — go away, leave; *qu'irais-je y faire?* what would I do there? *se laisser* — let oneself go, give way to; *cela va bien* that fits well

allez! go! come now! you may be sure! *ne cherchez pas,* — don't try and find out, please

alliance f. wedding ring

allonger to lengthen, stretch out; *s'*— stretch out, lie down

allons: —! —! come, come! — *donc!* not really! I don't believe it! you don't say!

allumer to light; enliven

allumette f. match

allure f. manner, bearing; gait, walk; pace; speed

allusion f. reference; *faire*— *à* to allude to

alors then, at that time; in that case; so; well then; all right; *alors?* so? well? — *que* whereas, while

alouette f. lark

alourdi heavy, drowsy; — *par le poids de* overweighted by

alourdir to make heavy; dull; *s'*— to become heavy

Alpes m. pl. great chain of mountains in western Europe, starting near the Gulf of Genoa (in Italy) and ending at the Danube

alsacien a. Alsatian

altérer to change; affect; *s'*— change; fade

alterner to alternate

amabilité f. kindness, politeness

amaigri grown thin, emaciated

amant m. lover

amas m. heap, pile

amasser to gather, accumulate; pile up

ambitieux ambitious

âme f. soul; spirit; *un état d'*— a state of mind

amender: s'— to mend one's ways
amener to bring, lead; conduct; cause; bring out
amer bitter; sour
amèrement bitterly
américain a., n. m. American
Amérique f.: *l'*— America; *l'*—*du Sud* South America
amertume f. bitterness
ameublement m. furniture; furnishings
ameuter to rouse, stir up; excite
ami m. friend; a. friendly
amical a. friendly
amidonné starched
amitié f. friendship; *prendre qn en* — to take a liking to someone, become friends with someone
amorcer to begin; draw
amour m. love; affection
amoureusement lovingly
amoureux a. loving; n. m. lover; — *de* in love with; *devenir* — *de* fall in love with
amour-propre m. pride, self-respect; vanity
ample spacious, large
amusant amusing, funny
amuser to amuse; *s'*— have a good time
an m. year; *j'allais sur mes treize* —*s* I was going on thirteen; *le jour de l'*— New Year's Day; *par* — a year
analogue a. similar, parallel
analyse f. analysis
analyser to analyze
ancêtre m. ancestor
anchois m. anchovy
ancien a. old; ancient; former; n. m. old man
ancre f. anchor
âne m. donkey
anéantir to annihilate, destroy; *s'*— be reduced to nothing
ange m. angel

Angers capital of Anjou, province southwest of Paris
anglais a. English; *semaine* —*e* weekend
Anglais m. Englishman
angle m. angle; corner
Angleterre f.: *l'* — England
angoisse f. anguish; anxiety; terror
angoissé anguished, terrified
animer to animate, enliven; arouse, quicken; *s'*— to become aroused, incensed; perk up
anneau m. ring
année f. year; *souhaiter la bonne* — to wish a happy New Year
anniversaire m. anniversary; birthday
annonce f. announcement
annoncer to announce; break the news, reveal
annuellement annually
anonymat m. anonymity
anonyme anonymous
antan: d'— of former years, of yesteryear
antérieur prior, beforehand
antidater to antedate
antiquaire m. antique dealer
antique ancient; old
antiquité f. antiquity; f. pl. antiques
anxiété f. anxiousness
anxieux anxious, worried
août m. August
apaiser to appease, pacify; *s'*— subside; calm (down)
apercevoir to see, notice, perceive; catch sight of; *s'*— realize, notice
aperçu m. general outline, sketch, summary
apeuré afraid
apitoiement m. pity
aplati flattened, flat
aplomb m. self-assurance; *d'*— upright; *remettre d'*— to straighten out; put back in place
apparaître to appear

appareil m. apparatus, contraption; mechanism; telephone

appareiller to set sail

apparemment apparently; — *que* apparently

apparence f. look, appearance; *en* — on the surface, ostensibly; *selon toute* — according to all appearances

apparition f. appearance; ghost

appartement m. apartment

appartenir (à) to belong (to)

appel m. call

appeler to call, summon; *faire* — *qn* summon someone; *s'* — be called (named)

appentis m. shed

appétissant appetizing

appétit m. appetite; desire

applaudir to applaud, praise

applaudissement m. applause, clapping

application f. diligence, careful endeavor

appliqué studious, serious

appliquer to apply; *s'* — *à* apply oneself to

appointements m. pl. salary, wages

apporter to bring

apposer to affix, put, place

apprécier to appreciate

apprendre to learn; teach; inform

apprêter to make (get) ready, prepare; *s'* — *à* to get ready to

apprivoiser to tame; *s'* — become more adaptable

approbation f. approval

approche f. approach, nearness

approcher to approach, come (draw) near; bring forward; *s'* — *de* approach, draw (come) near

approfondissement m. probing

approuver to approve

approvisionner to supply, furnish supplies (to)

appui m. support; help

appuyer to lean, press; support; back; *s'* — *à* lean against

âpre bitter; sharp, keen

après after; behind; later; afterward; *d'* — according to

après-midi m., f. afternoon

a priori from cause to effect

Arabe m. Arab; *en arabe* in Arabic

araignée f. spider; — -*crabe* spider crab

arbre m. tree

arc m. arch

arche f. arch

archéologie f. archaeology

archéologue archaeological

ardemment ardently, passionately; enthusiastically

ardent burning, roaring (*fire*); eager, keen; passionate

ardeur f. ardor, passion; love; zeal

arête f. ridge; fishbone

argent m. money; silver

argot m. slang

argumenter to argue (*contre* against)

aride barren

aristocratique aristocratic

arme f. weapon; rifle; *pl.* arms

armée f. army

armer to arm; fit out (*ship*); *s'* — *de* to arm oneself with, defend oneself with

armoire f. closet; cupboard; wardrobe; chest; — *à glace* wardrobe with a mirror door

armure f. armor

arpenter to walk over, stride over; survey; measure

arracher to tear, pull (out, up); snatch

arranger to arrange, prepare, settle; fix; *s'* — manage, get along

arrestation f. arrest

arrêt m. stop; arrest; *le chien d'* — pointer

arrêter to stop; arrest; **s'—** stop, pause; *où l'on ne s'arrête guère* where one rarely stops

arrière *n. m.* back, rear; *en* — behind; backwards, back

arrivant *m.:* *nouvel* — newcomer

arrivée *f.* arrival

arriver to arrive; come (in); happen; — *à* reach; — *à faire* succeed in doing; *lui arrivant même de* even going so far as to; *il arrive que* it happens that

arrondissement *m.* ward, district (subdivision of a French department)

arroser to sprinkle

arrosoir *m.* sprinkler

artisan *m.* craftsman

artiste *m.* artist

artistique artistic

asile *m.* shelter, retreat; asylum

aspect *m.* look(s), appearance, sight

aspiration *f.* inhaling, breathing; desire; — *creusée* hollow breathing

aspirer to inhale, breathe; — *à* aspire to, long for

assaillir to assail, assault, attack

assassiner to assassinate

assaut *m.* attack, onslaught; *prendre d'*— to take by storm

assemblée *f.* assembly; group, gathering

asséner to hit hard, strike; *il lui asséna un coup* he hit him hard

asseoir to seat; **s'**— sit down

assez enough; rather; fairly; — *bien* well enough; *un* — *grand nombre* quite a lot

assiette *f.* plate

assistance *f.* audience; public; help

assister *à* to be present at, be a witness of; help (aid) in

associé *m.* associate

associer to associate, mix

assommer to knock down; overcome; beat to death

assourdi muffled

assujettir to subject, subjugate; fasten

assumer to assume, take on

assuré assured, firm, confident; *mal* — ill at ease, ill-assured

assurément surely, naturally

assurer to make sure, assure; **s'**— *que* make sure that; check

astiquer to polish, wax

astucieux cunning, witty

atelier *m.* workshop; studio

âtre *m.* fireplace; hearth

atroce *a.* atrocious; terrifying

attacher to attach, tie, fasten; **s'**— *à* cling to

attaque *f.* attack; blow; *lancer l'*— to launch the attack

attaquer to attack; **s'**— *à* attack; tackle (*job*)

attarder: s'— to linger, loiter; stay late

atteindre to attain, reach, arrive at; hit

atteint (*v.* **atteindre**): — *dans sa fierté* wounded in his pride

atteinte *f.* blow, attack; stroke

atteler to harness; **s'**— *à* tackle (*job*); *faire* — harness (*horse*)

attenant: — *à* adjoining

attendant: *en* — in the meanwhile, meantime; while waiting

attendre to wait for, expect; **s'**— *à* expect

attendrir to move, touch the heart; **s'**— be moved (*emotion*)

attendrissant moving

attendrissement *m.* tender emotion, feeling of pity

attendu expected, hoped for

attentat *m.* attack; (criminal) attempt

attente *f.* waiting, expectation; *la salle d'*— waiting room *attentif* attentive; anxious

attention f. —! look out! be careful! *faire —* (*à*) pay attention (to); *il n'eût fait aucune —* he would not have paid any attention; *fixer son — sur* concentrate on

attentivement attentively, carefully

atterré dumfounded; disturbed; overwhelmed

atterrir to land (*plane*)

attester to certify

attirer to attract, draw, bring together

attitré titled

attrait m. attraction, charm

attraper to catch; *je vous ai attrapé* I fooled you

attribuer to attribute, ascribe; assign

attrister to sadden

attroupement m. gathering

aubaine f. good fortune

aube f. dawn

auberge f. inn; *tenir une —* to run an inn

aubergiste m., f. innkeeper

aucun a. no, any; *pron.* no one; anyone, any

aucunement not at all, in no way, by no means

audace f. boldness, daring

audacieux bold, brave

au-delà beyond

au-dessous adv. below; *prep. — de* below, under

au-dessus adv. above; *prep. — de* above, over; higher than

au-devant adv. toward; *prep. — de* toward; *aller — de qn* to meet someone

audience f. hearing; *la salle d'—* courtroom

auditoire m. audience; assembly; congregation

augmenter to add, increase; raise

aujourd'hui today, nowadays

aumône f. alms, charity; *demander l'—* to beg

auparavant before, previously

auprès near, by, close to; *— de* by the side of, next (near, close) to; with; in comparison with (to)

auquel at (to, of) which

auréole f. halo

aurore f. dawn

aussi also, too; so, consequently, therefore; finally, for sure

aussitôt immediately, at once; *— que* as soon as

autant as much, as many; *— que* as much as; all the more (so) that; *d'— plus ... que* all the more ... because

autel m. altar

auteur m. author

autobus m. bus

automatiquement automatically

automne m. autumn

autoriser to authorize, permit

autoritaire authoritarian

autorité f. authority

autour around, about, near; *— de* around

autre a. pron. other, one; *— chose* something else; *quoi d'—* what else; *— part* elsewhere; *d'—* besides; *de temps à —* from time to time

autrefois formerly, in the old days; *d'—* of old, in the past

autrement otherwise; particularly; *il était bien — cruel* it was far more cruel

autrui other people

avaler to swallow

avance f. advance; *d'—, par —* in advance

avancer to advance; put forth; go ahead; progress; *s'—* move (step, ride) forward

avant before, in front (of); *— de*

before; *en —* before, forward; in front of; *mettre en —* to present (*idea*); *n. m.* front

avantage m. advantage

avantageusement advantageously; creditably

avant-goût m. foretaste

avant-veille f.: l'— two days before

avare a. stingy, miserly; *n. m.* miser

avenir m. future; *à l'—* in the future

aventure f. adventure; *d'—* by chance

aventurer to venture; *s'—* venture forth

aventureux adventurous

averse f. shower, downpour

avertir to warn, notify

avertissement m. warning

aveu m. confession; *faire un —* to confess, admit

aveuglant blinding

aveugle blind; *n. m.* blind man

avide eager; greedy

avidité f. greediness

avion m. airplane

avis m. advice, opinion; notice, warning; *donner son —* to give one's opinion (advice); *à votre —* in your opinion

aviser to inform, notify; *s'— de* take into one's head to

avocat m. lawyer; counsel; *— général* public prosecutor

avoir to have, possess; get, obtain; *— besoin de* need; *qu'est-ce que vous avez?* what's the matter with you? *— beau* do in vain, in spite of, no matter how much; *— envie de* feel like

avoir m. property

avouer to confess, admit; acknowledge

avril m. April

azur m. azure (blue) sky

B

badaud m. idler, loafer

badinage m. trifling, jesting

bagatelle f. mere trifle

bague f. ring

baguette f. small stick, rod

bah! really! so what! nonsense!

baie f. bay

baigné bathed, wet

baigner to bathe

baignoire f. bathtub

bâillant (*v. bâiller*): *tout —* wide open

bâiller to yawn; gape

bain m. bath

baiser to kiss; *m.* kiss

baisser to lower, let down; *se —* lean (bend) down

bajoue f. cheek

bal m. dance, ball

balai m. broom

balancé well-poised, well-balanced

balancer to swing, balance

balayer to sweep

balbutier to stammer, mumble

balcon m. balcony

baliverne f. nonsense; *dire des –s* to talk nonsense

ballade f. ballad

ballant: les bras –s arms dangling

balle f. ball; bullet, shot

ballon m. balloon

bambou m. bamboo

banal commonplace

banalité f. banality, triteness; *dire des –s* to say commonplace things

banane f. banana

banc m. bench

bande f. band; crowd; *— de terre* strip of land

bander to bandage; bind up

banlieue f. suburbs, outskirts; *grande —* distant outskirts

bannir to banish; expel, exile

banque f. bank

banqueroute f.: faire — to become bankrupt

banquette f. bench

banquier m. banker

baraque f. hut, shack, hovel

barbare barbarous

barbe f. beard

barbiche f. goatee

barbier m. barber

barbouillé scribbled; confused

baril m. cask, keg

barque f. (small) craft; boat

barre f. helm; tiller; bar; eddy of water

barreau m. bar (*law*)

barrer to bar, block; draw a line across (*writing*)

barrière f. fence, gate

bas a. low; base, vile; down; *adv.* low; *n. m.* bottom; lower part; *en* — downstairs; (down) below; *se parler* — to speak in a low voice (to each other); *à voix basse* in a whisper

basculer to swing, rock

base f. base, basis, foundation

baser to base; *se* — *sur* to base oneself on

bassesse f. baseness, lowness; meanness

bassin m. basin

Bastille: la — fortress in Paris used as a political prison. A symbol of tyranny, it was destroyed in the Revolution of 1789.

bataille f. battle

bateau m. boat

bâtiment m. building; small ship

bâtir to build

bâton m. stick

battant m. wing, leaf (*door*); *pluie* *-e* heavy downpour

battement m. beating; flapping; clashing

battre to beat, strike; *qui lui battaient le ventre* which banged

against his stomach; *se* — fight

battue f. search; jaunt, excursion

bavant (*v. baver*) drooling

bavard talkative

bavardage m. idle talk, gossip; chattering

bavarder to gossip

baveux: des varices baveuses running varicose veins

beau a. beautiful, fine; handsome; *avoir* — (*faire*) to (do) in vain; *faire* — be a nice day

beaucoup much, many; a lot; a great deal

beau-fils m. son-in-law; stepson

beau-frère m. brother-in-law

beau-père m. father-in-law; stepfather

beauté f. beauty

Beaux-Arts m. pl. Fine Arts

bec m. beak, bill; mouth

béer to gape

bégayer to stutter, stammer

bel m. (*before vowel, h mute*) beautiful, fine, handsome

Belgique f. Belgium

Bellac town in central France

belle a., n. f. beautiful, fine; *de plus* — all the more; *elle sourit de plus* — she kept on smiling; *les enfants braillaient de plus* — the children hollered all the more; *la* — the beautiful girl

belle-famille f. in-laws

belle-mère f. mother-in-law

bénédiction f. blessing

bénéfice m. profit, benefit

bénéficier to profit by, benefit

bénir to bless

bénitier m. holy-water font

bercail fold (*sheep*)

berceau m. cradle

bercer to rock; lull, soothe

berger m. shepherd

bergère f. shepherdess

bernicle m. barnacle

besicles *f. pl.* spectacles (*for eyes*)

besogne *f.* task, job, work; chore; *il se mit à la —* he began to work

besoin *m.* need; want, necessity; *au — * if necessary; *avoir — de* to need; *faire faire ses petits –s au chien* take the dog for an airing

bestiole *f.* small animal, insect

bête *a.* stupid, silly; *n. f.* animal; creature; *tu fais la —* you are acting like a fool

bêtise *f.* foolishness; *faire des –s* to do stupid things, act silly

beugler to bellow; yell

beurre *m.* butter

bibliothécaire *m.* librarian

bibliothèque *f.* library

biblique Biblical

bicyclette *f.* bicycle

bidon *m.* can

bien *adv., conj.* well; very, very much; indeed, certainly; exactly; *eh —!* well now! really! *ou —* or else, rather; *— que* although; *— sûr* certainly, naturally; of course; *a.* comfortable

bien *m.* wealth, fortune; property; estate

bien-aimé *m.* beloved

bien-être *m.* well-being

bienfait *m.* favor, kindness

bientôt soon, presently

bienveillance *f.* kindness

bienvenu *m.* welcome; *soyez le —* welcome

bière *f.* beer

biffer to cross (scratch) out

bihebdomadaire biweekly

bijou *m.* jewel

bijouterie *f.* jewel shop

bilieux liverish, bilious

billard *m.* billiards; *son fils est au —* his son is playing billiards

billet *m.* ticket; *— de banque* banknote

binocle *m.* eyeglasses, pince-nez

biographe *m.* biographer

biographique biographical

biscotte *f.* rusk (*biscuit*)

bizarre strange, odd

bizarrerie *f.* peculiarity, oddity

blafard pale, livid

blâmer to blame; disapprove of

blanc, *f.* **blanche** white; pale; blank; *ce qui était en —* that which remained (in) blank

blanchâtre whitish

blancheur *f.* whiteness, brightness

blanchir to whiten; paint (in) white

blasphémer to blaspheme, swear

blé *m.* wheat, grain; *faire du —* to grow wheat

blême pallid, pale, livid

blessant offensive, harsh; wounding

blessé *a.* wounded, injured; *il fut — * his feelings were hurt

blesser to wound, hurt; offend (*feelings*)

blessure *f.* wound, injury

bleu blue; *— marine* navy blue

**blottir: se —* to crouch, huddle, squat

blouf! splash!

bœuf *m.* ox; beef; *œil de —* (small) skylight

boire to drink; *n. m. le —* drinking

bois *m.* wood; woods, forest; *— blanc* soft natural pine

boisson *f.* drink, beverage

boîte *f.* box; *— de carton* cardboard box

boiter to limp

boiteux lame, crippled

bon *a.* good, nice; correct; rare; genuine; *adv.* all right; well; *vous êtes bien —* you're really too nice; *à quoi —* what's the use; *pour de —* for good; *le sens* good sense; *tenir —* to stand firm *bon m.* order, voucher, bill

bonbon m. candy; *rose* — candy pink

bond m. jump, leap; *d'un* — all of a sudden

bondir to jump, leap (up); start

bonheur m. happiness; good fortune, luck; *quel* —*!* what luck!

bonhomme m. (good-natured) chap; old fellow (boy)

bonjour good morning; hello; *dire* — to say hello

bonne f. maid (servant)

bonnet m.: — de nuit nightcap

bonsoir m. good evening, good night

bonté f. goodness, kindness; *avoir la — de* to be kind enough to

bord m. side; edge; border; *sur le (au) — de* on the edge (border) of; *à —* on board

border to line, border; edge, fringe

bordure f. edge, border; curb

borne f. limit; milestone; curbstone

bossué dented; battered; humped

botte f. boot; bundle; *— de paille* bundle of straw

bouche f. mouth; *à pleine —* in big mouthfuls

boucher to stop, plug (up); cork; *se — le nez* stop (up) one's nose; *se — les oreilles* plug up one's ears; *n. m.* butcher

bouchon m. cork

boucle curl; buckle

boucler to curl; lock (*door*)

bouder to pout, sulk

boudeur pouting, sulking

boue f. mud

bouffer vulg. to eat, cram down (one's throat)

bouffonnerie f. clowning

bougainvillée f. bougainvillea (*vine with small flowers*)

bouger to move, budge; *Ça bouge* Things are brewing.

bougie f. candle

bougon grumbling, griping

bougre m. fellow; brute, nasty fellow

bouilloire f. kettle

boule f. ball; scone (*cake*)

bouleversement m. upheaval; — *d'air* violent displacement of air

bouleverser to upset; overthrow, discompose

bourdonnement m. humming, buzzing; *le — des moteurs* the purring of motors

bourdonner to hum, buzz

bourg [bur] m. large village, town, community

bourgeois middle-class

bourgeoisie f.: la haute — the upperclass

Bourgogne f. Burgundy

bourrer to stuff, fill

bourru brusque, cross, morose

bourse f. purse: — *de voyage* travel grant

boursier m.: être — to be on a scholarship

bousculer to push; jostle; knock aside; *se —* jostle (bump into) each other

bout m. end, tip; (small) piece; *jusqu'au —* to the very end; *mener jusqu'au —* bring to an end, to completion; *tendant à — de bras* holding in his outstretched arms

bouteille f. bottle

boutique f. shop, store

bouton m. button

boutonner to button (up)

brailler to yell, scream

braise f. lighted (live) coals, (burning) embers

branche f. branch, bough

brandir to brandish, flourish, gesticulate with; wield

branler to move, shake, put into motion, agitate

braquer (*sur*) to aim, point, level (at)

bras m. arm; *à —* in arms; *à bout de —* on his finger tips, in outstretched arms; *à tour de —* with all one's might

brave brave, gallant; good; *n. m.* brave man; good man; *— fille* good girl; *-s gens* good (honest) people; *mon — M. Martin* my good Mr. Martin

bravoure f. bravery

bref, f. brève a. brief, short; abrupt; *adv.* in short; to make a long story short; *il répondit d'une voix brève* he answered curtly

Brest m. French naval base in western Brittany

Bretagne: la — Brittany

bretelle f. suspender; *-s en lisière* cotton suspenders

Breton m. Breton, man from Brittany

bride f. bridle, rein

bridé: avoir les yeux -s to have slant(ed) eyes

brièvement briefly

brigand m.: -s de grands chemins highway robbers

brillant bright; shining, glimmering

briller to shine, gleam

brisant m. breaker, wave

brise f. breeze

briser to break; *se —* break; *il hurlait à s'en — la gorge* he yelled until he was hoarse

britannique British

broc m. jug; pitcher; *les -s se suivaient et se vidaient* a continual stream of drinks was emptied

brodequin m. boot, heavy shoe

broncher to stumble (*horse*)

bronchite f. bronchitis

brosse f. brush; *la moustache en —* closely-clipped mustache

brosser to brush

brouette f. wheelbarrow

brouhaha m. uproar, hubbub

brouillard m. fog

brouillé confused

brouillon m. rough draft

broyer to grind, pound

bruit m. noise, sound; rumor; *à grand —* noisily; *au seul —* at the very sound

brûlant burning, on fire

brûlé burning, burned; tanned; *je sentais le —* I smelled something burning

brûler to burn; *— vif* burn alive

brûlure f. burn, scald

brume f. mist, haze, thick fog

brumeux misty, hazy, foggy

brun a. brown; *-e f.* brunette

bruni burnished, darkened

brusque abrupt, sudden

brusquement abruptly; suddenly; violently

brusquerie f. abruptness, suddenness, bluntness

brutalement brutally, viciously; suddenly

bruyamment noisily

bruyant noisy

bûcheron m. woodcutter

buée f. steam; fog

buffet m. sideboard; dresser

bureau m. desk, writing table; agency; office

bureaucrate m. government employee, bureaucrat

but m. purpose, aim, goal; *toucher au —* to reach one's objective

buté obstinate, stubborn

buter (*dans*) to knock (against), bump (into)

butiner to plunder

buveur m. drinker

buvez (*v. boire*): drink; *— donc!* go ahead and drink!

C

c' pron. this, that; he, she, it

ça pron. that, it

çà adv. there; *ah —!* well, now! really! — *et là* here and there

cabane f. cabin, hut, shanty

cabaret m. tavern, café; nightclub

cabine f. cabin

cabinet m. office; — *de travail* study

cache-cache: jouer à — to play hide-and-seek

cacher to hide; *se —* hide

cachet m. pill

cachot m. dungeon, cell

cadavre m. corpse

cadeau m. present

cadet m. youngest (*of family*)

cadre m. frame; setting, scene

café m. coffee; café, bar; *garçon de —* waiter

cahier m. notebook

cahute f. shack, hut, hovel

caillou m. stone, pebble

caillouteux stony, bumpy

caisse f. cashbox, cash register; *en — on* hand (*cash*)

calciné burned to a cinder; sunbaked

calcul m. calculation, figuring

calculer to reckon; calculate

cale f. hold (*ship*)

calibre m. caliber; size

calme m. quiet; calm

calotte f. dome

calvaire m. calvary

camarade m. comrade, friend, buddy

cambriolage m. burglary

cambrioleur m. burglar

cambuse f. storeroom

camionnette f. small (delivery) truck

campagne f. countryside; campaign

camper: se — to station oneself; stand

canard m. duck

cancre m. dunce; incompetent person

caniche m. poodle

canne f. cane

canot m. canoe, rowboat

caoutchouc m. rubber

capeline f. hooded cape

capitaine m. captain

caporal m. corporal

caqueter to cackle

car because, for, as; — *enfin* because really

caractère m. character, disposition, temperament; characteristic

caractériser to characterize; describe; define

carafon m. small flask; — *de vin* small bottle of wine

carat: ne pèsent leur — are not up to standard

caressant affectionate

caresse f. caress

caresser: se — le cou to caress (pat) one's neck

carie f. decay; cavity

carillon m. chimes

carillonner to ring, chime

carnation f. complexion, colors of flesh (*painting*)

carnet m. (small) notebook; — *de feuilles de légumes* ration book for vegetables

carré a. square; stocky; broadshouldered; *n. m. — de papier* slip of paper

carreau m. square; windowpane; tiled floor

carrefour m. crossroads; intersection

carrière f. career

carte f. card; map; *jouer aux —s* to play cards

carte-lettre f. letter-card

carton *m.* cardboard; *la boîte de* — cardboard box

cartouche *f.* cartridge, bullet

cas *m.* case; matter; event; situation; *en tout* —, *dans tous les* — in any case, anyway, at all events

case *f.* compartment, pigeonhole (*in desk*)

caserne *f.* barracks

casquette *f.* cap

casser to break; *se* — break

casserole *f.* pan

catégorie *f.* category

catholique Catholic

cauchemar *m.* nightmare

cause *f.* cause; case; *à* — *de* because of, on account of

causer to cause; chat; talk

cavalier *m.* man on horseback; gentleman; escort

cave *f.* cellar

ce *a.* this, that; *pron.* it, this, that; they; he, she; the (a) thing

ceci *pron.* this, this thing

céder to yield, give in (up); let go; give way (*argument*)

ceinture *f.* belt; waist

cela *pron.* that; it; *ce n'est que* —? is that all?

célèbre famous

célébrer to celebrate; praise

célébrité *f.* celebrity

céleste heavenly

célibataire *m.* bachelor

celle *pron. f.* this (that) one; the one; —*ci* this one; the latter

cellier *m.* storeroom (*wine, cider*)

cellule *f.* cell

celui *pron. m.* this (that) one; the one; —*ci* this one, the latter; —*là* that one, the former

cendre *f.* ash(es); *sous la* — in hot ashes

cent *a., n. m.* hundred

centaine *f.* about a hundred

centième *m.* hundredth (part)

centimètre *m.* centimeter

centre *m.* center, middle

cep(s) *m.* vine stock

cependant however, nevertheless, for all that; — *que* while

céphalopode *m.* cephalopod, squid

cercle *m.* circle; set

cérémonie *f.* ceremony

cerise *f.* cherry

cerner to encircle, surround

certes certainly, of course

certitude *f.* certainty; *avoir la* — to be sure

cerveau *m.* brain; mind

cervelle *f.* brain(s)

cesse: *sans* — incessantly

cesser to cease, stop

c'est-à-dire that is to say

ceux *pron. m. pl.* these, those; —*ci* these, the latter; —*là* those, the former; — *du Croisic* the Croisic people

chacun *pron.* each (one)

chagrin *a.* sad, peevish; gloomy; *n. m.* sorrow, distress

chaîne *f.* chain; range (*mountains*)

chaînette *f.* small chain

chair *f.* flesh; *la* — *de poule* goose pimples

chaire *f.* pulpit

chaleur *f.* heat, warmth; *avec* — with enthusiasm

chaloupe *f.* launch

chamarré heavily adorned

chambre *f.* room; — *à coucher* bedroom; *femme de* — chambermaid

champ *m.* field

champagne: *du vin de* — champagne, sparkling wine

champignon *m.* mushroom

chance *f.* luck; *quelle* —! what luck! *tenter sa* — take one's chance

chanceler to stagger, stumble

chandail m. sweater; turtle-neck sweater (pullover)

chandelle f. candle, candle light

changer to change

chanson f. song; — *à boire* drinking song; — *du pays* folk song

chant m. song; melody

chanter to sing

chantier m. yard (*work*)

chanvre m. hemp; *la chemise de* — coarse cloth shirt

chapeau m. hat

chapelet m. rosary

chapitre m. chapter; *sur ce* — on this subject

chaque each, every

charbon m. coal

charbonnier m. coalman

charge f. load; burden; responsibility; *avoir des -s* to have responsibilities

chargé: j'étais — *d'une commission* I had a message to deliver

charger to load; burden; fill; *se* — *de* to take upon oneself

charité f. charity; *faire la* — to give alms; *par* — for charity's sake

charmant charming, delightful

charmer to charm; please, delight, bewitch

charmeur m. charmer

charpentier m. carpenter

Charte f. Charter (*guarantee of rights or franchises*)

chasse f. hunting

chasser to hunt; chase, drive away; dismiss; kick out

chasseur m. hunter; *mil.* rifleman; page boy, bellboy

chatouiller to tickle; tease

chatouilleux ticklish; susceptible

chaud warm, hot; *faire* — to be hot

chauffage m. heating

chauffer to heat; get some heat in; *faire* — heat

chausser to put on (*shoes*)

chaussette f. sock

chaussure f. shoe

chauve a., n. m. bald; bald man

chèche m. long scarf worn in North Africa

chef m. leader, chief; head

chef-lieu m. principal town (*of French department*)

chef-d'œuvre m. masterpiece

chemin m. way, road, path; — *de fer* railroad (station); *grand* — highway

cheminée f. chimney; fireplace; hearth

cheminer to go (walk) along, make one's way

chemise f. shirt; slipcover; — *de toile à voile* (sailcloth) shirt

chêne m. oak tree; oakwood; —*liège* cork tree

cher dear; costly; *coûter* — to cost a great deal

chercher to look for, seek; *aller* — go get; — *à* try to, strive to; *envoyer* — send for

chéri a. darling; n. m. dear, dearest

chérubin m. cherub

chétif weak, delicate

cheval m. horse; — *échappé* runaway horse

chevalier m. knight

chevelure f. (head of) hair

chevet m. head (*of bed*); bedside

cheveu m. hair; *les -x* hair

chèvre f. goat

chez at (in, to, into) the house (shop, country) of; at; with; — *lui* at his house; — *nous* at our house

chicot m. stump (*of tooth*)

chien m. dog; — *d'arrêt* setter, pointer

chiffon m. piece of cloth; rag

chiffre m. number; amount; figure

chimiste m. chemist

Chine f. China

chinois a. Chinese; *n. m.* Chinaman

choc m. shock

choisir to choose

choix m. choice; *faire — de* to choose, decide upon

choquer to shock, offend; knock (against)

chose f. thing; affair; matter; *quelque —* something

chronique f. chronicle

chuchotement m. whisper, whispering

chuchoter to whisper

chute f. fall; *la — du jour* nightfall

ci here; *vous êtes une — et une ça* you are a so-and-so; *celui-—* this one; *comme — comme ça* so-so

cicatrice f. scar

cidre m. cider

ciel m. (pl. cieux) sky, heaven(s); *pour entrer au —* to go to heaven

cierge m. taper; candle

cil m. eyelash

cîme f. summit, top (*of tree*)

cimenté a. cement (*floor*)

cinématographe m. cinema

cinquantaine: la — about fifty; *d'une — d'années* fiftyish

cinquante fifty

circonstance f. circumstance, event; incident

circulaire f. advertisement

circuler to move about, circulate

ciseaux m. pl. scissors

cité f. city, large town

citer to mention; quote, cite

citoyen m. citizen

civilisation f. civilization

clair clear, bright; *n. m. le — de lune* moonlight; *voir —* to see clearly, understand

clairement clearly, precisely

clair-obscur m. half-light

clameur f. outcry, uproar

clapotis m. lapping, splashing (*of waves*)

claque f. slap

claquer to clap; bang; slam; click (*heels*); *faire — ses doigts* snap one's fingers

clarté f. clearness; brightness; light, glow

classe f. class; *de basse —* from the lower classes

classer to classify, arrange

classique classical

clé, clef f. key; *fermé à —* locked

clerc m. assistant; *— de notaire* notary's clerk

client m. customer

clientèle f.: une bonne — a good many customers

climat m. climate

cliquetis m. click(ing); clink(ing); jingle, jingling

cloche f. bell

clocher m. (church) steeple

clochette f. small bell

cloison f. partition, thin wall

cloîtré cloistered, shut up

clopin-clopant: aller — to limp (hobble) along

clos a. shut, closed; *mi-—* half-closed

clôture f. enclosure; fence; *le mur de —* the surrounding wall

clou m. nail; stud

clouer to nail; hold fast; pin down; *il demeura cloué sur place* he froze in his tracks

cocarde f. cockade, knot of ribbon

cocher m. coachman

cochon m. pig; *mes —s!* you skunks!

cœur m. heart; affection; *il en avait le — meurtri* he was broken-hearted (sick) about it; *une maladie de —* heart disease

coffre m. strong box; *—-fort* safe

cogner: se — dans bump into

coiffe f. headdress, cap (*of peasant woman*); bonnet

coiffé: — *de* (his, her) head covered with, surmounted by

coiffer to put on one's (someone's) head; *comment étaient-elles coiffées?* what did they have on their heads?

coiffeur m. barber, hairdresser

coiffure f. headdress; hairdo

coin m. corner

coincé wedged, stuck

coing [kwɛ̃] m. quince

col m. collar

colère f. anger; fit of anger; *en* — angry; *se mettre en* — to become angry

collation f. refreshment(s); meal

collectionner to collect, gather

collège m. high school, (primary and secondary) school

collègue m. colleague

coller to stick, plant; paste, glue

colline f. hill

Colombien m. Colombian, man from Colombia

colorer to color

combat m. battle; struggle

combattre to fight, struggle

combien (*de*) how much, how many

comble m.: *mettre le* — *à* to add the last straw to

combler to gratify; overwhelm

comédie f. comedy; *quelle* —! what a fuss!

comestible a. good to eat

comité m. committee

commander to order

comme like, as, as such; because, since; just as, as well as, as if, as it were; *et* — *ça* so, now

commencement m. beginning

comment adv. how; —! what! why! — *donc!* really! are you serious!

commentaire m. commentary

commerçant m. merchant; salesman

commerce m. business, trade; *entrer dans le* — go into business; *faire le* — *de* trade (deal) in

commission f. errand; *faire la* — deliver (give) the message; *être chargé d'une* — to be responsible for a message; be asked to deliver a message

commissure f. end, side (*of lip*)

commode practical; convenient; easy

commodément easily; conveniently

commun common, usual; ordinary

communauté f. community

communication f.: *la porte de* — communicating door

compagne f. (female) companion, friend; chum

compagnie f. company; party

compagnon m. (male) companion, friend; chum

comparaître to appear (*before court, judge*)

comparer to compare; *ne pouvait se* — *qu'à* could only be compared to

compartiment m. compartment

compas m. compass

complaisant obliging, kind

complémentaire complementary, supplementary

complet complete, full

complexion f. temperament; constitution

complicité f. complicity, participation

compliment m. greeting; congratulation

comporter: se — to behave, act

comprendre to understand; know; comprise

compris (*v. comprendre*) understood; *y* — including

compromettre to compromise; jeopardize, endanger

compte *m.* account; score; tally; *se rendre — de l'enjeu* to realize what the stake is

compter to count, reckon; expect; *à — de ce jour* from that day on

comptoir *m.* counter; cashier's desk; *—-caisse* cash register

comte *m.* count, earl

concevoir to conceive (of); imagine, understand; derive

concilier to reconcile

concis concise

conclure to conclude, end; decide

condamner to condemn, sentence; *se —* condemn oneself

condition *f.* condition; *à — que* provided that

conduire to lead; drive; take; *— vers* take (lead) toward; *se —* conduct oneself, behave

conduit (*v. conduire*) conducted, led; *il s'est mal —* he behaved badly

conduite *f.* conduct, behavior

conférencier *m.* lecturer

confesser to confess; *se —* go to confession

confiance *f.* confidence, trust; *faire — à* to trust

confier to confide, entrust; commit, turn over

confiné confined; moldy

confondre to confuse; upset; disconcert; *il m'a confondu* he perplexed me

conformer: *se — à* to conform to

confrère *m.* colleague

confus confused; *bruit —* indistinct noise

confusément confusedly; indistinctly

congé *m.* leave, holiday

congeler: *se —* to congeal, be frozen

conjugaux: *ses devoirs —* his conjugal duties

connaissance *f.* knowledge; acquaintance; consciousness

connaissement *m.* bill of lading

connaisseur: *en —* with an expert eye

connaître to know; *vous devez vous y —* you should know (enough) about it

connivence *f.* connivance, complicity; *de —* conniving

conquérir to conquer, win over

consacrer to devote, dedicate

consciencieusement conscientiously

conscientieux conscientious

conscrit *m.* draftee

conseil *m.* counsel, advice; *être de bon —* to be of good judgment, give good advice

conseiller to advise

consentir to consent

considérable important, large

considérer to consider; examine; regard

consistance *f.* consistency

consoler to comfort

constellé starry, starred; *— de* studded with

constituer to constitute, establish; organize

construire to build, construct

consumé consumed

conte *m.* short story; story

contempler to gaze at, look at

contemporain *m.* contemporary

contenance *f.* countenance; appearance; demeanor; *perdre —* to lose face; *trouver une —* assume a proper attitude

contenant *m.* container

contenir to contain; restrain

contentement *m.* satisfaction, happiness

contenter: *se —* to content oneself; *il se contentait d'épier* he was merely watching

contenu *m.* repressed; *n. m.* contents

conter to tell, relate

conteur *m.* storyteller

continuel continuous

continuer to continue

contour *m.* outline; edge

contourer to circle

contracter to develop (*habit*)

contraindre to constrain, force

contraint constrained, forced (*de, to*)

contrainte *f.* constraint, compulsion

contrarier to annoy, vex; trouble; oppose, contradict

contrariété *f.* annoyance; disappointment

contre against; contrary to; *par —* on the other hand

contrebandier *m.* smuggler

contrée *f.* region; countryside

contrefort *m.* foothill

contribuable *m.*, *f.* taxpayer

contrôler to control

convaincu convinced

convenir to be suitable, be proper suit; fit; *— de* agree upon

converser to talk; chat

copeau *m.* shaving (*wood*); thin layer

copier to copy

coq *m.* rooster; *Coq-Galine* Hen-Cock, Henpecked (*nickname*)

coque *f.* shell; hull

coquet pretty, smart, spruce

coquetterie *f.* affectation; vanity

coquille *f.* shell

corail *m.* coral

corbeau *m.* crow

corbeille *f.* (small) basket

corde *f.* rope, string

cordelette *f.* small rope

cordialement cordially

cordon *m.* cord, string

cordonnier *m.* shoemaker

cornu horned

corps *m.* body; *— franc* commando, raiding party

correspondre to correspond

corridor *m.* hallway; passage(way)

Corse *m.* Corsican; *f.* Corsica

cortège *m.* procession

corvée *f.* chore, task

costaud *m.* husky fellow

côte *f.* coast; shore; hill, slope; rib; *— à —* side by side

côté *m.* side; direction; section; *à — de* near, next to, next door; *d'à —* next door; *de son —* on his part, as for him; *de tous les -s* in (from) all directions; *du — de* alongside, in the direction of; in the neighborhood of; *passez à —* go into the next (other) room

coteau *m.* hillside, slope

coton *m.* cotton

cou *m.* neck

couche *f.* layer; bed

coucher to put to bed; lay down; (*aller*) *se —* go to bed

couchette *f.* bunk, cot

coude *m.* elbow

couler to flow, run; glide on; sink; slip; pour, shed; *on coula la lessive* the wash was rinsed

couleur *f.* color

couloir *m.* hallway; hall; passageway

coup *m.* blow, stroke; shot; rap; jerk; incident; trick; shock; drink, glassful; *boire un —* to have a drink; *— dur* hard knock; ordeal; *faire un — à* play a trick on; *lointain — de téléphone* far-off telephone ring; *du même —* at the same time; *— d'œil* glance; *tout à (d'un) —* all of a sudden

coupable guilty

coupe *f.* cup

couper to cut; cut off (*motor, breathing*); — *net* cut short (*speech*)

cour f. court, barn(yard); court (*law*)

courageux courageous

couramment easily; readily

courant m. current; *mettre au —* to inform, bring up to date

courber to bend; *se —* bend

courir to run; *faire —* spread (*news*)

couronner to crown; cap

courrier m. mail; messenger; — *maritime* ship's messenger

courroux m. anger

cours m. course; flow; class, lesson; *au — de* in the course of; *suivre un —* to take a course

course f. race

court short; *tout —* simply, just

courtoisie f. courtesy, politeness

coussin m. cushion

couteau m. knife; *un coup de —* stab

coûter to cost; *coûte que coûte* cost what it may, at any cost

coutume f. custom, habit; *avoir — de* to be accustomed to

couvercle m. cover; lid

couvert m. cover, plate; *mettre le —* to set the table

couverture f. blanket

couvrir to cover (*de,* with)

crac! creak!

cracher to spit

crachoir m. cuspidor

cra-cra scratch-scratch

craie f. chalk

craindre to fear

crainte f. fear

cramoisi crimson, deep red

cramponner to cling to; *se — à* hold fast to

crâne m. skull

craquement m. cracking, creaking

craquer to creak, crack, give way

crayon m. pencil

crédule credulous

créer to create

crémerie f. dairy bar

créneau m. loophole; battlement

crépi covered with coarse plaster; roughcast, stucco

crépu fuzzy, woolly

crête f. top of the hill; crest, ridge

creusé: une aspiration -e deep breathing

creuser to dig

creux hollow; sunken; *au — de* in the hollow of

crevassé cracked; split

crever to burst, pierce; *sl.* to die

cri m. cry; *à grands -s* loudly; *pousser un —* to let out (utter) a cry

criailler to cry, scream

crier to yell, shout

crinière f. mane

crise f. crisis; outburst; spell; attack

critiquer to criticize

crochet m. hook; loop

croire to believe (in, *à, en*), think; fancy; *faire — à* suggest

croisée f. casement window

croiser to cross, fold, clasp; come across; meet

croissant (*v. croître*) growing, increasing

croix f. cross

croûte f. crust; *casser (la) —* to have a bite to eat

croyable believable

cruauté f. cruelty

cruche f. pitcher; *— de grès* stone pitcher

cueilleuse f. woman picker

cueillir to pick, gather

cuir m. leather

cuire to cook; bake

cuisine f. kitchen; cooking

cuisson f. cooking

cuivre m. copper

culotte f. pl. knee pants; — *de golt* knickers

cultivé cultured

culture f. cultivation; cultivated field

curé m. (parish) priest

cure-dent m. toothpick

curieux a. curious; *n. m.* onlooker; *pl.* spectators; curious people

curiosité f. curiosity

cuve f. vat, tub; trough

cuvette f. basin

D

dactylographie f. typing

daigner to consent to, be willing to

dame f. lady

damné accursed

dandiner: se — to strut

Danemark m. Denmark

dans in, into; within; among

darder: — un regard de haine sur to look daggers at

datte f. date

davantage more, still more, further

de of, from; with, during, about; for; as a; by, on account of; to; on

débarras m.: bon —! good riddance! *chambre de —* junk room

débarrasser to rid; clear; *se — de* get rid of

débat m. debate, discussion

débauche f. spree; debauchery

débordement m. excess, overflowing

déborder to overflow; stick out

débouché m. outlet

debout standing; upright; on end, up; *se tenir —* to stand (up); *rester —* remain standing

débris m. rubbish; *pl.* remains; pieces

débrouiller: se — to get along, manage

début m. beginning

décacheté unsealed

décalé out of line (*typewriter*)

décapité m. beheaded man

décemment decently, properly

déception f. disappointment

décès m. death

décevoir to deceive; disappoint

déchaîner to let forth; *se —* to be unleashed, let loose

décharger to discharge, unload; relieve

déchiqueter to cut up, tear (to pieces)

déchirant heart-rending

déchirer to tear (up); — *la nuit d'un cri* to rend the night with a cry

déchireur m. tearer

déchirure f. tear, hole

de-ci, de-là here and there

décidément definitely

décider to decide; *se — à* decide, make up one's mind (to)

décoloré discolored

déconcerter to confuse, baffle; abash; embarrass; upset

déconfit non-plussed

déconfiture f. discomfiture; rout

décor m. decoration; stage-setting

découpure f. (newspaper) cutting

découragé discouraged

découvert clear (*sky*); uncovered

découverte f. discovery

découvrir to discover; uncover

décret m. decree, order

décrire to describe

décrocher to unhook, take down

dedans adv. inside, within; in it, in them; *là-—* in there, in it

défaut m. fault, lack; *à — de* for lack of; *être en —* be at a loss; be breaking the rules

défendu protected

déferler to unfurl

déficience f. deficiency

défier: se — to mistrust, be suspicious of

défiler to file by
définir to define
définitivement definitely
défunt dead; — *ma mère* my late mother
dégagé cleared, removed
dégager: se — to break loose (*person*); free oneself; clear (*sky*)
déganté ungloved
dégonflé deflated
dégourdir: se — to stretch out, limber up
dégoût m. disgust
dégoûter to disgust
dégringoler to tumble (rush) down
déguiser to disguise
dehors m. outside; *au* — outside; *en* — (*de*) outside of, beside, apart from
déjà already; *tout petit* — even quite small
déjeuner to lunch; *n. m.* breakfast; lunch
delà: au- — beyond, farther; *au-* — *de* beyond
délabré in a wretched condition; shabby
délaisser to neglect, abandon
délibéré deliberate
délicat dainty; epicurean
délicatesse f. delicacy; tact
délice m., often pl. pleasure, delight
délier to untie, free
délire m. delirium
délivrance f. liberation
demain m. tomorrow
demander to ask (for), request; require; call for; — *un poste* apply for a position; *il fait* — *la bonne femme* he asks for the good woman; *je vous demande!* I ask you!
démarche f. gait, step, walk; *faire une* — *auprès de qn* to apply to, approach someone
démêler to untangle; decipher

démener: se — to struggle about
démentir to contradict, belie
démesuré enormous, huge
demeure f. house, dwelling, residence
demeurer to remain; dwell, live
demi half; *à* — half (way); *à* —-*voix* in a low voice
démission f.: donner sa — to resign
démissionner to resign
demoiselle f. young girl (lady); miss; old maid
démon m. devil; rascal
démoniaque devilish
démontrer to demonstrate; prove
dénoncer to denounce; tell on; inform against
dénonciateur denouncing, accusing
dénouement m. outcome, end(ing)
dénouer to untie, undo
dent f. tooth
dentaire dental
dentelle f. lace
dénué deprived; devoid
départ m. departure
dépasser to go beyond; stick out
dépêcher: se — to hurry
dépeindre to depict, describe
dépendre (*de*) to be dependent (on)
dépense f. expense
dépérir to waste away
dépêtrer: se — (*de*) extricate oneself (from)
dépister to put off the track; outwit; baffle
déplacer to displace
déplaire to displease, be unpopular with
déplier to unfold; *se* — unbend
déployer to unfurl, unroll; display; open up; spread out
déposer to put, place, set (down)
dépouillé robbed; stripped
dépourvu: — (*de*) lacking (in), devoid (of)

depuis since; for; from; — *que* since

déraisonnable unreasonable

dérangement m. disorder; inconvenience; disturbance; *tout ce* — all this upset (trouble)

déranger to bother, annoy; *se* — to go out of one's way

dérision f.: par — derisively

dernier last; latter, final; *n. le* — the last one

dérobée f.: à la — stealthily, without being seen

dérober to steal; *se* — *à* conceal from; evade

derrière m. rear; behind

dès prep. from, as early as, at, since, beginning with; — *avant* even before; — *lors* from that time on; — *que conj.* as soon as, when

désagrément m. unpleasantness

désaltérer to quench someone's thirst; *se* — quench one's thirst

désarmer to disarm

désarroi m. confusion

désavantage m. disadvantage

descendre to go (come, bring, get) down

descente f. descent

désert deserted

désespéré desperate; hopeless; in despair

désespoir m. despair, desperation

déshabiller: se — to undress

déshonorer to dishonor

désigner to designate, point out; indicate

désintéressé disinterested

désintéresser: se — (*de*) to lose interest (in)

désir m. wish, desire; eagerness

désirer to desire; *laisser à* — leave to be desired, to be not quite satisfactory

désireux eager

désœuvré idle

désolation f. heartbreak

désolé broken-hearted; distressed; desolate, dreary; *je suis* — I am extremely sorry

désoler: se — to lament, be distressed, grieve (for)

désormais henceforth

désséché dried up, withered

dessein m. purpose; plan; *à* — on purpose

dessin m. drawing, design; plan

dessiner to draw; design, chisel; sketch; mark; *se* — *sur* be outlined on, stand out on

dessous underneath, below; *au-*— (*de*) under, below, beneath; *par-* — under(neath)

dessus on; on it, on them; *là-*— up there; thereupon; *n. m. reprendre le* — to take the upper hand

destin m. destiny

destinataire m. recipient

destinée f. destiny

détacher to detach; bring out; loosen; *se* — stand out (in relief); — *les yeux de* to take one's eyes from

détail m.: un — *lui sauta aux yeux* a detail caught his eye

détailler to examine in detail

détendre: se — relax; expand (*wood*)

détenir to hold; be in possession of

détente f. respite; relaxation

déterminé determined; distinct

détour m.: faire un — to go a roundabout way

détourner: — *son regard,* — *les yeux* to look away; — *la tête* turn one's head; *se* — turn away

détriment m.: soit au — *d'une banque* or at the expense of a bank

détromper to enlighten; — *qn* correct someone's mistake

détruire to destroy

dette f. debt

deuil m. mourning; sorrow; *porter le —* to wear (be in) mourning

deux two; *tous —* each one, both

dévaler to slope down

devant adv., prep. before, in front of; in the presence of; *aller au-— de* to go meet; *par-—* in front; *passer —* go by

devanture f. display window

devenir to become

déverser to shed

dévêtir to undress; bare

deviner to guess; make out; *on devinait un chemin* a road was faintly visible; *qu'on nous devine* that they guess who we are (or what we think)

dévisager to stare, look (at); look over (*person*)

deviser to converse, talk

dévisser to unscrew

devoir must, ought, have to, be supposed to; owe; *n. m.* duty

dévorer to devour; *le soleil lui dévorait le front* the sun was beating down on his head

dévouement m. devotion, self-sacrifice

diable m. devil

diantre! the devil! *où —?* where the devil? where in heaven's name?

diamant m. diamond

dicter to dictate

dieu m. God; *le Bon Dieu* the Good Lord

difficulté f. difficulty

digne worthy; dignified

dignité f. dignity

dilater: se — to expand

diligence f. first-class carriage

dimanche m. Sunday

dinde f. turkey

dîner m. dinner

diplomatie f. diplomatic(s), science of deciphering

dire to say, tell; think; mention; *pour ainsi —* so to speak, as it were; *cela veut —* that means; *n. m.* saying; *pl.* rumors, gossip, talk; *avoir beau —* to say in vain

directement directly

directeur m. director; manager; *comité —* board of directors

diriger to direct; *se —* go toward, proceed; make one's way

discours m. speech; lecture

discret m. discreet

discrétion f.: par — discreetly

discuter to discuss; argue

disgrâce misfortune

disparaître to disappear

disperser to scatter

disposer to arrange, place

disposition f. taste; aptitude; natural ability; *— d'âme* feeling(s)

disséminé scattered

disserter to discourse upon, talk about

dissimulé: être — to be secretive

dissimuler to hide, conceal; *se —* to hide

distinctement distinctly, clearly

distinguer to recognize; perceive; notice

distraire to distract; amuse

distrait listless (*expression*)

distribuer to distribute; hand out

district m. district, region

divan m. sofa, couch

divers different, various, varied

divisé divided

divorcé m. divorced man

dizaine f.: une — about ten

djellabah f. burnoose

docilité f. gentleness

doigt m. finger; *avoir une alliance au —* to have a wedding ring on one's finger

doléance f. complaint

dolent doleful; plaintive

domaine m. domain; property

domestique n. m., f. servant

domicile m. home, residence; *à —* at home

dominer to dominate; overlook

dommage m. damage; *c'est —* it's too bad, a shame

don m. gift; talent

donc therefore, then, so; indeed, now, I say; do; please; *allons —!* come now! *dis —!* say! I say! well! really!

donner to give, offer; yield; *— de la lumière* put on the light; *— sur* open into; *— de la voix* give tongue, cry out

dont whose, of (from, with) which; among whom (which)

dorer to gild, emblazon; turn to gold

dormir to sleep

dos m. back

dossier m. back (*of chair*)

douane f. customs

douanier m. customs officer

doucement quietly, gently; cautiously

douceur f. tenderness, gentleness; *sans —* roughly

doué gifted, endowed with

douleur f. suffering; pain; sorrow

doute m. doubt; *sans —* of course; probably

douter to doubt; *se — de* suspect; *à n'en pas —* without a doubt

doux f. douce soft, gentle; quiet; kind

douzaine f. dozen; *une —* about a dozen

dramatique dramatic; *auteur —* playwright

drame m. tragedy; drama; play

drap m. cloth; sheet

drapeau m. flag

dresser to raise; erect; *se —* stand up, draw oneself up

drogue f.: armoire à —s drug cabinet

droit straight; upright; *n. m.* right; law; *bien —* straight ahead; *de — by* right; *— devant vous* straight ahead; *être en —* to have a right

droite f. right; *sur la —, à main —* on the right

drôle a. funny, droll, amusing; strange; *n. m.* rascal; *mes —s* my fine friends

dru thick (*hair*)

dûment in due form, probably

dunette f. poop deck (*stern*)

duquel pron. (from) which (whom)

dur hard; tough; painful; *le plus — the* hardest (toughest) part (time), the worst

durant during

durcir to harden

durée f. duration; period (*of time*)

durer to last

dureté f. harshness, toughness

duvet m. down (*feather, hair*)

E

eau f. water; *j'étais tout en — I* was dripping with perspiration

eau-de-vie f. brandy

éblouir to dazzle

éblouissement m. dazzlement; dizziness

ébranler to shake; disturb

ébrouer: s'— to shake; snort (*horse*)

écaille f. tortoise shell

écarlate scarlet, crimson; *tourner à l'—* to turn red

écart m.: à l'— aside, apart

écarter to get (something) out of the way; set aside; spread; *s'—* withdraw; disappear; turn aside; spread out

échafaud m. scaffold; guillotine

échancrure f. opening

échange m. exchange; *en — de* in exchange for

échanger to exchange

échapper to escape; *s'—* escape, run away

échauffer to heat, warm

échec m. failure; defeat

échelle f. ladder

échouer to fail; *— à (sur)* land on (*from boat*)

éclair m. flash of lightning

éclairage m. lighting

éclaircir to clarify, clear up

éclairer to light; light (up)

éclat m. light, reflection; *— de rire* burst of laughter; *des —s blancs sur la mer* gleaming whitecaps on the sea

éclatant bright (*color*); dazzlingly white (*teeth*)

éclater to burst out; explode

éclipser: s'— to disappear

écœuré disgusted; sick to one's stomach

écœurer to disgust, make sick

école f. school, schoolhouse

écolier m. student, pupil

économie f. economy

écorce f. bark (*of tree*)

écouler to dispose of; flow (*river*); pass (*time*); *s'—* to flow out; go by

écouter to listen (to)

écran m. screen

écraser to crush

écrier: s'— to exclaim, cry out

écrire to write

écriteau m. (shop) sign

écriture f. handwriting, penmanship

écrivain m. writer

écrou m. screw, bolt

écrouler: s'— to collapse, crumble (down)

écu m. *obs.* crown (3 francs; about 60 cents before 1918)

écureuil m. squirrel

écurie f. stable; *valets d'—* stable boys

édenté toothless

éditeur m. publisher; editor

effacé retired; unobtrusive; *cette vie —e* this dull life

effacer to erase, cross off; *s'—* disappear

effarement fright, alarm

effarer: s'— be scared; flutter in fright (*chickens*)

effaroucher to frighten, scare

effectivement indeed

effectuer to carry out, bring about

effet m. effect; *en —* as a (matter) of fact; *faire l'— de* give the impression of

efficace efficient, effective

effleurer to brush against, touch lightly

effondrer: s'— to collapse

efforcer to endeavor; strive; *s'— de ne pas* try not to

effrayant terrifying, horrible; frightful

effrayer to frighten; *s'—* become frightened; be alarmed

effroi m. fear, fright, terror; dismay

effronté m. impudent, shameless, bold; brazen

effroyable frightful, horrible, terrible

également equally; likewise, so

égard m. consideration, respect; *à l'— de* concerning

égaré: un je ne sais quoi d'— something wild, disordered

égayer to cheer up

église f. church

égorger to cut the throat of someone; slay; butcher

élan m. impulse; warmth; life; transport; *prendre son —* to take a running jump; *les —s du cœur* the heart's impulse(s)

élancer: s'— to start forth, spring forward; rush forth; jump

élargir: s'— to become broader; increase; spread out

élégant: se déguiser en — to dress like a dandy

élève m., f. student, pupil

élevé high; intelligence -e superior intelligence

élever to raise; bring up; s'— rise up; reach; stand

élire to elect; se faire — be elected

éloge m. praise

éloigné distant, removed; remote; at some distance from

éloigner to remove; s'— go away, withdraw, leave

embarras m. embarrassment; trouble

embarrassant embarrassing

embarrasser: s'— (de) to bother (with), worry (about)

embaumer to be fragrant; perfume

emboîter: — le pas to fall into step, begin to follow closely

embrasé burning, hot; aglow; fiery; ablaze

embrasser to kiss; embrace; ils s'embrassèrent à s'étouffer they hugged each other passionately

embrouillé confused, complicated, entangled

embusquer: s'— to take cover; lie in wait

émerveillé enraptured, amazed

éminemment eminently, right away

éminence f. rising, small hill; elevation

emmêler to mix, mingle; tangle; confuse

emmener to take away

émoi m. emotion, excitement

émouvoir to move; touch

emparer: s'— de to seize, capture; take possession of

empêchement m. impediment; objection

empêcher to prevent, keep from

empereur m. emperor

empêtrer to flounder; s'— get all tangled up

emplir to fill; s'— fill up

employé m. employee; — de bureau office clerk

employer to employ

emporté: — de fureur bursting with rage

emporter to take, carry away; s'— get mad

empresser: s'— to hurry, bustle; hasten

emprunté awkward, self-conscious

en prep. in, into; within; of, at, on; upon; while; as a

en pron., adv. of it (him, her, that); from it; on account of it; of them; some (of it, of them); one (of them); about it; by; for it; any

encadrer: s'— to stand framed

encaissé enclosed, closed in; embanked, sunk

encens m. incense

enchaîner to chain (up); link, follow up; qui enchaîna brusquement who passed on suddenly to another subject

enchère f. betting; vente aux -s auction

enclos (p. part. of enclore) enclosed

encombrer to pack, crowd; fill, clutter (room)

encore still, yet; furthermore; ou — or again, or still

endimanché in one's best Sunday clothes; all dressed up

endormir: s'— to fall asleep

endroit m. place, spot; par -s in spots

énerver to irritate; s'— become nervous

enfant m., f. child

enfantillage m. childishness

enfer *m.* hell; *une partie d'—* a reckless game

enfermer to shut in (up)

enfiler to slip (on) (*jacket*)

enfin at last, finally; well; now; I mean; after all

enflammer to set fire to, burn; excite

enfoncé deep-set

enfoncement *m.* recess; *une espèce d'—* a sort of hollow

enfoncer: *s'—* to bury oneself; sink; push oneself in

enfouir to bury

enfuir: *s'—* to escape, run away (off), flee

enfumé smoked

engageant engaging

engager: *s'—* to promise, undertake

engouffrer: *s'— dans* surge (sweep, sail in a body) into; ingulf oneself

engourdi numb; dull; vacant (*look*)

engraisser to enrich; grow fat

enhardir to make bold; *s'—* pluck up one's courage

énigme *m.* enigma

enjeu *m.* stake (*game*)

enjoué humorous, lively

enlèvement *m.* abduction; taking; capturing

enlever to take (carry) away; take off

ennui *m.* trouble; bother; boredom

ennuyer to annoy; bother; *s'—* be (get) lonely, bored

ennuyeux boring

énorme tremendous, terrific

enquérir to inquire, ask

enquête *f.* inquest; inquiry; investigation

enragé mad (*dog*); *n. m.* fanatic

enregistrement *m.: le ministre de l'Enregistrement* the Registrar of Deeds

enrhumé with a cold

enrichir to enrich

enrouler to roll up; *s'— dans* roll oneself in

ensanglanté bloody; bloodshot

ensemble together; simultaneously

ensuivre: *s'—* to follow

entamer to make an impression on; make a dent on; cut into; begin

entasser to pile (up); heap (on); cram

entendre to hear; listen to; understand; *à — les gens du port* from what the harbor people say; *faire —* make understood; *se faire —* be heard

entendu (*v. entendre*): *bien —* naturally, of course

enténébré darkened

enterrement *m.* burial, funeral

entêté stubborn

enthousiasmer: *s'— pour* to get excited about

entier entire; complete; whole; *tout — occupé à* completely occupied with

entour: *à l'— de* around, around about

entouré: *— de* surrounded with (by)

entourer to surround, encircle

entrailles *f. pl.* bowels; *son fils qui lui tient encore aux —* his son, whom he still cares about

entrain *m.* animation, gusto; good humor

entraînement *m.* allurement, carrying away

entraîner to drag (along); pull; *s'—* train

entre between, among

entrebâillé ajar, half-opened

entrebâiller to half-open

entrée *f.* entrance, opening

entr'ouvert half-open

entr'ouvrir to half open

entreprendre to undertake

entreprise f. undertaking, enterprise; venture

entre-temps m. in the meantime, meanwhile; during that time

entretien m. conversation; upkeep

entrevue f. interview

énumérer to enumerate, count

envelopper to wrap up; be wrapped around

envers prep. toward, to

envers m. wrong side, reverse

envi: s'arrosant à l'— de leurs larmes crying profusely on each other's shoulders

envie f. desire; envy, jealousy

environ about, nearly, approximately; *d'—* of about; *m. pl. aux –s de* in the neighborhood of

environner to surround

envisager to look forward to; consider

envoi m. shipment; expedition

envolé: les notes –es de ses doigts the notes flying from under his fingers

envoler: s'— to fly away

envoyer to send

épais thick, deep

épaisseur f. thickness

épandre: s'— to spread; *ses cheveux s'épandaient autour de sa tête* her hair spilled about her head

épanouissement m. blossoming; outburst; opening

épargner to spare, save

éparpiller to scatter; *s'—* be scattered

épars scattered

épatant fam. swell, wonderful

épaule f. shoulder

éperdu desperate; bewildered

éperon m. spur

épi m. ear, head (*of grain*)

épier to watch, spy upon

épingler to pin (down)

épistolaire epistolary; letter-writing

épître f. letter; missive

éplucher to scrutinize

éponge f. sponge

éponger: s'— to wipe (one's face)

époque f. epoch; period

épouse f. wife

épouser to marry

épouvantable horrible, frightful

épouvanter to frighten, terrify

époux m. husband; *les —* the married couple

épreuve f. proof; test, trial; *mettre à l'—* to try out

éprouver to feel, experience; suffer

épuisement m. exhaustion

équilibre m.: en — balanced

équilibrer to equalize, balance

équipage m. (ship's) crew

équivaloir to be worth

équivoque f. ambiguity; misunderstanding

équivoquer to be doubtful; quibble

errer to wander, roam

érudit m. scholar

escabeau m. stool

escalier m. stair; *les –s* flight of stairs

escarboucle f. carbuncle (*red stone*)

escargot m. snail

escroqué robbed; gypped

espace m. space; empty space

espacer to space; *s'—* become farther away, less frequent

espadrille f. canvas shoe (with rope soles)

Espagne f.: *l'—* Spain

espèce f. sort; kind; species

espérance f. hope

espérer to hope

espoir m. hope

esprit m. mind; soul; *une disposition d'—* a state of mind; *revenir à l'—* come back to mind; *simple d'—* simple-minded

esquisse f. sketch, drawing

esquiver to avoid, evade

essayer to try

essoufflé out of breath

essuyer to undergo; wipe, dry

est m. east

estimable worthy of esteem, respectable

estimation f. estimate

estimer to estimate; esteem

estomac m. stomach

estrade f. platform

estuaire m. estuary

étable f. stable

établir to establish

étage f. floor

étagère f. shelf

étalage m. display; shop window

étaler to spread; *s'—* spread out; sprawl

étape f. stretch; stage (*of journey*)

état m. state; condition

États-Unis m. pl. United States

été m. summer

éteindre to turn out the light

étendre to spread; set up (*bed*); *s'—* stretch out

étendue f. expanse, area; extent

éternel eternal; everlasting

éternité f. eternity; *de toute —* from time immemorial

étiquette f. label

étiré drawn; stretched; elongated

étoile f. star

étonnement m. astonishment, surprise

étonner to astonish, surprise; *qu'on ne s'étonne donc point* let's not be astonished therefore

étouffé muffled (*steps*); stifled (*cry*)

étourdiment thoughtlessly; foolishly

étourdir to daze, overwhelm; stun

étrange strange, queer, odd

étranger m. foreigner; *à l'—* abroad

étranglé: d'une voix —e in a stifled (choked) voice

être to be; *pour ce qui est de la voilure* as far as the sails are concerned

être m. being

étroit narrow; tight; careful

étroitement strictly; closely; narrowly

étude f. study; learning; *—s secondaires* high school studies

étudier to study

étui m. case; *— de peigne* comb case

eux they; them; themselves; *entre —* among themselves

évader: s'— to escape

Évangile m. Gospel

évanouir: s'— to faint

éveil m. waking; awakening; *donner l'—* to give warning, alert; awaken suspicion

éveiller: s'— to wake up

événement m. event, occurrence

éventer: s'— to fan oneself

éventrer to rip open

éviter to avoid

évoquer to evoke, think about

exact accurate

exagérément exaggeratedly

exaspéré exasperated

excéder to irritate

exceptionnellement exceptionally

excès m. excess, exaggeration

exciper (de) to plead

excitation f. excitement

excuser: s'— to excuse oneself; apologize

exemplaire m. copy; sample

exemple: ça, par — that, by the way; *par —!* really! the idea!

exercer to exercise; *s'exerçait sur moi* was exercised on me

exergue m. exergue (*space at the bottom of coin or medal*)

exhaler to exhale; *s'—* be exhaled

exhiber to exhibit; show
exiger to demand, require
exil m. exile
exilé exiled
expansif unreserved
expédition f. sending, shipping
expier to expiate, suffer for, pay for
explication f. explanation
expliquer to explain
exploiter to work; cultivate
exposer to expose, exhibit, show; present
exprès on purpose; *par un fait —* on purpose, as if everything had been conspiring (to)
exprimer to express
expropriation f. dispossession
extérieur m. exterior; *à l'—* (on the) outside
extraordinaire extraordinary
extrémité f. extremity, end

F

fabrique f. factory
fabriquer to make, manufacture
façade f. front (*house*), façade
face f. face; *— à —* opposite, face to face; *attaquer de —* to attack from the front; *faire — à face* meet
fâché sorry; angry
fâcher to anger, make angry; *se —* to get (become) angry
fâcheusement regretfully
fâcheux bad, regrettable; unpleasant; distasteful; dangerous; unfortunate
facile easy
facilité f. ease; easiness; aptitude
façon f. way, manner; fashion; kind; *à la — de* like, in the manner of; *de — à* so as to; *à votre —* in your way
facteur m. mailman
faction f.: *être en —* to be on watch, on guard

facture f. bill
fade dull; insignificant; stale (*odor*)
faible feeble, weak; faint (*noise*); short (*distance*)
faiblesse f. weakness
faillir to fail; almost (do something), come near (doing something)
faillite f. failure; bankruptcy; *faire —* to become bankrupt
faim f. hunger; *avoir —* to be hungry
fainéant m. loafer
faire to do, make, perform (*feat*); be (*weather*); take (*walk, step*); cover, walk, drive, ride; have (*meal*); take (*step*); *comment ça s'est fait?* how did that happen? *savoir —* to know how
fait m. fact; deed; feat; *de —, en —* as a matter of fact; *il n'était plus tout à — le même* he was no longer quite the same; *le — est que* the fact is that
fait (*p. part. of faire*): *j'y suis —* I am used to it; *il est trop bien —* he is too perfect
fait-divers m. news item
falloir to be necessary, have to; ought; need
fallut (*v. falloir*): *il s'en — de peu que* it almost
fameux famous; first-rate; great; *ce n'est pas —* it's not very good
familial f. family (like)
familiarité f. familiarity
familier familiar; chummy; *un — de la cour* a frequent visitor at the court
familièrement familiarly; intimately
famille f. family; *en —* as a family
fanatique fanatical
fané faded
fantaisie f. whim, fancy; fantasy; caprice

fantasque odd, fanciful
fantastique fantastic, incredible
fantôme m. ghost; *le vaisseau —* phantom ship
fardeau m. burden; plight
farouche fierce, wild; shy
fasciner to fascinate
fatal fatal, fateful; ill-fated
fatigant tiring
fatiguer to tire, fatigue
faubourg m. suburb; quarter
faussement falsely
fausset m.: une voix de — a falsetto voice
faute f. fault; mistake; *— de* for lack of
fauteuil m. armchair
faux f. fausse a. false; imitation; untrue
faveur f. favor
favoris m. pl. whiskers
favoriser to favor
fée f. fairy
feindre to feign, pretend
fêlé cracked; split
félicité f. happiness
femelle f. female
femme f. woman; wife
fendre to break; split; cleave; *— la foule* elbow one's way through the crowd; *se —* to open wide
fenêtre f. window
fente f. split; crack
fer m. iron; sword
fer-blanc m. tin
ferme firm, strong, hard; steady
ferme f. farm; farmhouse
fermer to close; lock; *— à double tour* fasten with a double lock
fermeté f. firmness; steadiness
fermier m. farmer
fermière f. farmer's wife
féroce ferocious
ferrant: le maréchal — the blacksmith
ferrer to shoe (*animal*)

ferveur f. fervor
festin m. feast, big meal; banquet
fête f. feast, holiday; party, celebration; *c'est —* it's a holiday
fêter to celebrate
feu n. m. fire; light; passion, ardor; *a.* deceased; the late
feuillage m. foliage, leaves
feuille f. leaf; sheet (*paper*)
feuillet m. sheet
feuilleter to leaf, turn the pages of, glance through
feuilleton m.: roman-— serialized novel
fiacre m. hackney coach
fiançailles f. pl. engagement (*of couple*)
fiancer: se — to become engaged
ficelé tied
ficelle f. string, twine
fiche f. filing card; card; *faire une — à qn* make out an identification card for someone
fichtre! my word! really! good heavens!
fichu darn
fidèle faithful
fidélité f. faithfulness, loyalty
fier v.: se — à to trust; *il ne faut pas s'y —* you mustn't count on it
fier a. proud; real; *c'est un — garçon* he's a very fine boy
fierté f. pride
fièvre f. fever
fiévreux feverish
fifre m. fife, flute
figé congealed, frozen
figuier m. fig tree
figure f. face; figure; design; shape
figurer to represent; imagine; *se —* imagine, fancy; *Figurez!* You know! *Vous figurez-vous bien!* You can well imagine!
fil m. thread; cotton; wire
filant: étoile -e falling star
filasse f. flax

filature f. spinning mill

file f. line (of people); rank; row

filer to spin; speed (run) along; leave quickly; *filez!* run! *filait son chemin* ran swiftly along the way

filet m. net; trickle; thin thread; streak

fille f. daughter; girl; *jeune —* young girl; *vieille —* spinster

fils m. son; *petit—* grandson

fin a. thin; refined; delicate, polished; *vins -s* superior wines

fin n. f. end, ending; *à la —* finally; *sans —* without stopping; *les vacances tiraient à leur —* the vacation was coming to an end; *une — en soi* an end in itself

finalement finally, in conclusion

finement subtly, cleverly

finesse f. refinement, subtleness

finir to finish, end; *ce couloir qui n'en finissait pas* that passageway which was interminable

fisc m. public treasury, treasury

fiscal: sans inquisition -e without (any) fiscal investigation

fit (v. faire): *—-il* said he; *il se —* there occurred, there happened

fixe fixed, set, steady; staring (*eyes*); *idée —* obsession

fixé: les yeux -s vers his (her) eyes turned toward

fixer to attach, set; stare at; set (*day*)

flairer to sniff, smell

flamme f. flame; passion, love

flanc m. side, flank; thigh; *— d'une colline* hillside

flânerie f. sauntering, strolling, loafing

flanquer to give; *— en l'air* throw into the air

flaque f. puddle

flasque flabby, limp

flatter to flatter; *à peine flatté* hardly flattered

flatteur m. flatterer

flèche f. arrow

fléchir: — sur les jarrets to flex one's knees

fleur f. flower

fleurir to bloom, blossom, flower; decorate (*with flowers*); flourish

fleuve m. river

flot m. wave, billow; tide; current; water

flotte f. fleet

flotter to float; wave (*flag*); flutter; hesitate; *flottant dans son pantalon* with his trousers too big for him

flou hazy, flimsy; light; gay

fluet thin

flux m. flow, flood; tide

foi f. faith; *de bonne —* in good faith; *ma —!* I should say! well! *par ma —!* 'pon my word!

foie m. liver

foire f. fair

fois f. time; occasion; *à la —* both, at the same time; *bien des —* many times; *une —* once, one time; *une — par hasard* for once; *des —* sometimes, at times; *que de —* how many times

fol, f. folle insane; *n.* insane man (woman); scatterbrain

folie f. madness; insanity; folly; *-s* wild ways (*behavior*)

foncé dark; *bleu —* dark blue

foncier a.: les biens -s real estate

fonction f. duty; function; job

fonctionnaire m. government official, civil service employee

fond m. bottom; end, rear; background; depths (*sleep*); *la porte du —* the door at the back (end) of the room; *au — de* in the bottom of, at the back of

fonder to found, establish; base

fondis (v. fondre): je — en larmes I burst into tears

fondre to melt; — *sur* pounce on
fonds m. business; store
forain m.: *marchand* — peddler
force f. force, strength; *à* — *de* by
dint (means) of; — *verres* many
glasses (drinks)
forcer to force, urge, impel
forêt f. forest
forgeron m. blacksmith
formalité: –s *à remplir* formalities
to go through; blanks to fill out
forme f. form; formality; outline;
sous la — *de* in the form of, as
formel explicit
formellement absolutely; posi-
tively
former to compose, make; *des
groupes se formaient* groups
formed
formidable terrific
formule f. formula
fors except, save
fort a. strong; hard; loud; big (*person*); broad (*face*); *adv.* very,
very much, extremely; *de plus en
plus* — louder and louder; *n. m.*
c'est pas mon — I'm not very
good at it
fort m. fortress
forteresse f. fortress
fossé m. ditch
fossette f. dimple
fou a. crazy, mad; wild; *ils en
étaient* –s they were crazy about
him; *n. m.* crazy man
foudre f. lightning, thunderbolt
foudroyant withering (*look*)
fouet m. whip
fouetter to whip
fouiller to search, dig
fouillis m. mess, tangle
foule f. crowd
four m. oven
fourche f. pitchfork
fourchette f. fork
fourmi f. ant

fournaise f.: *c'était la* — it was
terribly hot
fourneau m. stove
fournée f. batch; *par* –s in swarms,
droves
fournir to furnish
fourniture f.: *les* –s provisions,
supplies
fourrer to stuff; stick (*in pocket*)
foyer m. fireplace; *pl.* home
fracas m. noise; bang
fraîcheur f. freshness; coolness
frais, f. fraîche cool, fresh; recent;
m. pl. cost, expenses; *faire quelques* — to make the effort, take
the trouble; *faire des* — *de toilette* dress up; *à peu de* — at
little cost
franc, f. franche unmixed (*joy*)
franc m. franc (*in 1918 the dollar was
worth five francs; in 1959, about
500 francs*)
français a. French; *n. m.: le* —
the French language; *Français*
Frenchman
franchement frankly
franchir to pass through, step (leap)
over, cross
franchise f. frankness
frange f. fringe; ruffle
frappant striking, outstanding
frapper to strike, hit, knock; resound against; hit, clap; impress
frayer: *s'y* — *un chemin* to clear
a path through it
frayeur f. fear, fright, terror
frein m. brake
frêle frail, dainty; delicate
frémir to shudder, shiver; quiver
frémissement m. trembling, shiver
frénésie f. frenzy, madness; tem-
pestuousness
frénétique frantic, frenzied
fréquemment frequently
fréquenter to frequent; patronize;
visit

frère *m.* brother

fret *m.* cargo; freight

friable crumbly (*walk, earth*)

fripé crumpled, creased

frisé curled; wrinkled

frisson *m.* shiver, shudder; thrill; *J'avais le —* I was shivering

frissonner to shiver, shudder

froid *a., n. m.* cold; *faire —* to be cold

froidement coldly; coolly; with indifference

froisser to crush, crumble; rumple; hurt, vex (*feelings*)

frôler to touch lightly, brush against; graze

fromage *m.* cheese

froncer to wrinkle; *— les sourcils* scowl, frown

front *m.* forehead

frottement *m.* rubbing; friction

frotter to rub; scrub

frustrer to frustrate

fuir to flee (from); escape; avoid

fuite *f.* flight, escape; *mettre en —* to rout, scare away

fumée *f.* smoke

fumer to smoke; smolder

fumet *m.* smell

fumier *m.* manure

funèbre funereal; dismal, gloomy

funeste fatal, disastrous; tragic; ill-fated

fureter to search, rummage

fureur *f.* anger, fury; *entrer en —* become (get) angry

furieusement furiously

furieux furious, angry

furtif furtive, stealthy (*steps*)

fusil *m.* rifle; *— en bandoulière* gun slung over the shoulder; *— de chasse* hunting gun; *— à deux coups* double-barreled gun; *— à répétition* magazine rifle

futilité *f.* trifle

G

gages *m. pl.* salary, wages

gagnant *m.* winner

gagner to win; earn; begin to take hold of; come over; *— son pain* earn one's living; *la souffrance le gagnait* suffering was getting the better of him

gai: *c'est —!* that's fine! how exciting!

gaiement, gaîment gaily, joyfully

gaieté *f.* joy, mirth

gaillard merry; lively; strong, vigorous

gaillardet hearty, cheerful

galerie *f.* gallery; corridor

galette *f.* cake

galoper to gallop; run

gant *m.* glove

ganter to glove

garantie *f.* guaranty; security

garantir to guarantee; warrant

garçon *m.* boy; fellow; page; *— de café* waiter; *vieux —* bachelor

garde *m.* keeper; rural policeman; *f.* guard; *monter la —* stand watch; *prendre —* take care, be careful

garde champêtre *m.* rural policeman; game-keeper

garder to keep; guard; *se — de* be careful not to

gardien *m.* keeper; watchman; guardian; *— de la paix* policeman

gare *f.* station

gargouillement *m.* rattling, gurgling

garni furnished, garnished; provided (with, *de*)

garrigue *f.* stony wasteland

gars *m.* fellow, young man

gaspillage *m.* waste

gâteau *m.* cake

gâter to spoil; *se —* spoil; go bad

gâteux senile

gauche a. awkward; left; n. f. left; à —, *sur la* — on the left

gauchement awkwardly

Gaulois m. Gaul, early inhabitant of France

gazon m. grass, lawn

geignement m. groan, moan

geindre to groan, moan

gelé frozen

gémir to moan, groan; wail

gémissement m. groan; wail

gênant embarrassing; troublesome

gencive f. gum (*jaw*)

gendarme f. gendarme, state policeman

gendre m. son-in-law

gêne f. embarrassment; discomfort

gêner to bother, annoy; embarrass; hinder

généreux generous

générosité generosity

génie m. genius

génisse f. heifer

genre m. kind, sort; type

gens m. pl. people, persons; servants; *jeunes* — young people; — *du pays* natives

gentil pleasing, amiable; nice

gentilhomme, pl. gentilshommes m. gentleman, nobleman

gentillesse f. graciousness; prettiness

gentiment nicely

génuflexion f. kneeling

gérant m. manager, director

gerbe f. sheaf; cluster

gérer to administer, manage

geste m. gesture; motion; *faire un* — *de* to go through the motion of

gesticuler to gesticulate, wave one's arms; make signs

gifler to slap (the face of)

gilet m. waistcoat, vest

girouette f. weathervane

gîte m. shelter; lodging

glabre: — *de figure* with a clean-shaven face

glace f. mirror; *armoire à* — wardrobe with a glass door

glacé icy, chilly; glossy (*paper*)

glacer to freeze, chill, ice

glaner to glean; obtain

glaneuse f. gleaner

glisser to glide, slide; slip; thrust; — *le long de* follow

gloire f. glory, fame; honor

glorieux glorious

glou-glou m. gurgle

gloussement m. clucking, cluck

goélette f. schooner

goitre m. goiter

gonflement m. swelling; buckling

gonfler to swell; blow up; *se* — swell

gorge f. throat; bosom; *il hurlait à s'en briser la* — he sang at the top of his lungs

gorgée f. mouthful; *à petites* —es with small sips

gothique Gothic

gourd numb

gourde f. leather flask

gourmand greedy

goût m. taste; liking; fancy; inclination

goûter to taste; enjoy; n. m. (afternoon) snack

goutte f. drop

gouvernement m. government

grabat m. wretched cot

grâce f. gracefulness; charm; delicacy; *avec* — gracefully; *C'est la* — *que je vous souhaite* May the grace of God be with you!

gracieux gracious, pleasant; graceful

grain m. grain

graine f. seed

graisse f. fat

graisseux fatty, greasy

grammaire f. grammar

gramme m. gram (1/28 of an ounce)

grand big, large; important; tall, high

grandeur f. greatness; **–s** high positions, high honors

grandir to grow; increase

grand-mère f. grandmother

grand-père m. grandfather

grand-route f. highway, main road

grand-tante f. great-aunt

grand-voile f. mainsail

grange f. barn

granit m. granite

granitique granite-like

grappe f. cluster, bunch (of grapes)

gras fat; greasy; *matières* **–ses** fats

gratter to scratch; scrape out; *se* **– le front** scratch one's forehead

gratuit free

grave serious; important; low

graver to engrave

gravier m. gravel

gravir to climb

gravité f. seriousness

gravure f. engraving; print

gré m. liking, taste; *savoir* **– de** to be grateful for; be pleased with

grec, grecque Greek

gredin m. scoundrel, rascal; *ce* **–** *de Jacques* that vile Jacques

greffier m. (court) clerk

grège raw (*wool*)

grêle thin; tiny; light

grelotter to shake, tremble

grenier m. attic

grès m. stone

grève f. beach, sand; *le long des* **–s** along the beaches

griffonner to scribble

gril [gri] m. grill, gridiron

grillade f.: *des* **–s** *de sardines* grilled sardines

grille f. grating; metal bars; iron gate

griller to grill, broil; burn, scorch

grimace f.: *lui a fait la* **–** made a face at him

grimper to climb

grincer to creak, squeal; scratch; grind

grincheux grumpy, cross

gris gray; worn, threadbare

grisâtre grayish

griser: *se* **–** to get drunk

grogner to growl, grunt

grondement m. grumbling, rumbling

gronder to scold; rumble (*thunder*)

gros big, large, fat; serious; important; coarse; **–** *malheur* terrible misfortune

grossier m. coarse; vulgar

grossièrement roughly; vulgarly

grossir to grow bigger, louder; enlarge; become fat

grotte f. grotto, cave

grouillant crawling, swarming

groupe m. group

grouper to group, gather together

guère: *ne* **–** hardly, barely; not much, not many; *il n'y a* **–** *que* . . . there's hardly anyone but . . .

guérir to cure; *se* **–** get well

guérison f. recovery

guerre f. war; *à la* **–** in wartime

guet m. watch; *faire le* **–** to keep watch; be on the lookout

guetter to watch (listen) for; keep an eye out for

gueule f., *vulg.* face, mug

gueuler to yell; blare forth

gueusard m. rascal, rogue

gueuse f. hussy; unpleasant woman

guignon m. bad luck

guirlande f. garland

guise f. manner, way

H

habile clever, skilled; expert

habiller to dress, clothe; *s'* **–** to dress oneself, get dressed *habit m.* suit; *pl.* clothes; *en —* in a dress suit

habitant m. inhabitant, resident

habitation f. house; living quarters

habiter to live (in), dwell; inhabit

habitude f. habit, custom; *avoir l'— de* to be in the habit of; *d'—* usually

habitué m. customer

habituel habitual, usual

habituer: s'— à to get used to

hâbleur m. braggart, boaster

hache f. ax, hatchet; *un coup de —* an ax blow

haie f. hedge

haillon m. rag; *être en –s* to be dressed in rags

haine f. hate, hatred; *prendre en —* to take a strong dislike to

haïr to hate

haleine f. breath; *je perdais —* I couldn't breathe

haleter to pant, gasp; be out of breath

halluciné m. person with delusions

hameau m. hamlet, village

hanche f. hip

hanter to haunt

haranguer to harangue; address; lecture

hardes f. pl. clothes

hardi strong; bold, brave

hardiesse f. boldness, courage, bravery

harmonieux harmonious, melodic

harnais m. harness

hasard m. chance; accident; *au —* at random; *par (le) —* by chance; *à tout —* haphazardly

hasarder to venture, risk; *se —* take a risk, a chance

hâte f. haste; *qu'on se —!* make haste!

hâter to hasten; *— le pas* hurry

hâtif hasty, ill-considered

haubané braced

haussement m.: — d'épaules shrug of the shoulders

hausser to raise, lift (up); *se —* lift oneself up; *sa voix se haussa* his voice became louder

haut a. high, tall; loud; *tout en —* high up, way on top; *n. m.* height, top; upper part; *de —* in height; *du — en bas* from top to bottom

hautain proud, haughty

hautement highly; out loud; loudly, proudly

hauteur f. height; elevation; eminence; *à — de la poitrine* at chest level; *elle les regarde d'une certaine —* she considers them with a certain arrogance

hé! hey! really! *— bien!* well! really!

hebdomadaire weekly

hébété dazed, bewildered

hein? what? isn't it? oh? don't you think?

hélas! alas! too bad!

héler to call; hail (*boat*)

herbage m. grass; meadow; pasture land

herbe f. grass; *mauvaises –s* weeds

hérédité f. heredity

hérissé bristling

héritage m. inheritance

hériter to inherit

héritier m. heir

héroïque heroic

héros m. hero

hésiter to hesitate, waver; be reluctant

hêtre m. beech tree

heu well, perhaps; pooh! pshaw!

heure f. hour, time; *de bonne —* early; *à la bonne —!* fine! bravo! *à cette —* now, at this moment; *tout à l'—* a while ago; in a little while

heureusement fortunately

heureux, f. heureuse happy, fortunate; successful; pleasing; *c'est —!* that's lucky!; *n. m.* happy, successful man

heurter to knock against; *se —* bump into, run up against

hideux hideous, ugly

hier yesterday

hilarité f. laughter, mirth

hisser to hoist, raise, lift

histoire f. story; history; incident; *pas d'—* no fuss, now

historique historical

hiver m. winter

ho! hi! oh!

hochement m. shrugging, nodding, shaking

hocher to shrug, shake; *— la tête* nod

holà! hey there! stop! enough!

Hollande: la — Holland

homard m. lobster

hommage m. respect; tribute; *lui rendirent —* paid their respects to him

homme m. man; *colloq.* husband; *— de justice* man of law, legal man

Honduras: le — Honduras

honnête honest

honnêteté f. honesty, fairness

honneur f. honor; *être dans les -s* to have an important position

honte f. shame; *avoir —* to be ashamed

honteux shameful; *être —* to be ashamed

hôpital m. hospital

horloge f. clock

horreur f. horror; loathing; *avoir — de* to dislike intensely

hors on the outside, out; but; except, save; *— de* outside of; beyond; *— de portée* out of reach

hospice m. old people's home; orphanage

hôte m. host; guest; dweller

hôtel m. hotel; mansion, private home; *maître d'—* head waiter

hôtesse f. hostess

hublot m. porthole

huile f. oil

huilé oiled; smooth; slithery (*motion*)

huiler to oil

huilier m. oil and vinegar set

huitième m. eighth (part)

hum! hem! hm!

humain m. human being; *a.* humane

humanité f. mankind; human feeling; kindness

humblement humbly

humeur f. humor; temper, temperament; *être d'— à* to feel like

humide damp, moist

humilité f. humility

humoristique humorous

hurlement m. yell; shriek; howling

hurler to yell, shriek; howl

hypnotiseur m. hypnotist

hypothèque f. mortgage

hypothèse f. hypothesis

I

ici here, right here; *par —* this way

idée f. idea; *se faire à une —* to get used to an idea

identité f. identity; *la carte d'—* identity card

idiot a. stupid, foolish; *n. m.* fool

ignorer to be ignorant of, not to know

île f. island

Ile-de-France f. province of ancient France, with Paris as its capital

illuminer to light (up)

illustre illustrious; famous

îlot m. small island

image f. picture

imaginaire imaginary

imaginer to imagine; suppose; picture; think, fancy
imbécile a. stupid, idiotic, foolish; *n. m.* idiot, fool
imiter to imitate
immédiatement immediately
immensité f. immensity
immeuble m. building; house
immobile motionless; fixed
immobilité f. motionlessness; fixity
impair odd (*number*)
imparfait imperfect
impassible impassive; motionless, unmoved; unfeeling
impatiemment impatiently
impérieux imperious; haughty; urgent, pressing
impersonnalité f. impersonality
impitoyable merciless, ruthless
impolitesse f. rudeness
importer to matter, be essential; *peu importe* it is (was) of no importance; *peu m'importe!* what do I care!
importun m. importunate (troublesome) person
importuner to bother, annoy
imposant imposing, impressive
imposer to impose; prescribe; *s'— à* to impose upon
impôt m. tax; *— sur le revenu* income tax
imprécation f. curse
imprégner to impregnate
impressionnant impressive, moving
imprévu unforeseen, unexpected
imprimer to print
imprimeur m. printer
impuissance f. helplessness; weakness
impuissant helpless, powerless, weak
inabordable inaccessible
inaccoutumé unaccustomed
inachevé unfinished

inadvertance: par — inadvertently
inaltérable unchanging, unchangeable
inaperçu unnoticed
inattendu unexpected
incendie m. fire
incertain uncertain, undecided
incertitude f. uncertainty
incessant incessant, unbroken
incisif sharp, cutting
incliner to bend down; lower; *s'—* bend down; bow
incoercible irresistible
incommode inconvenient; annoying
incommoder to inconvenience, bother, make uncomfortable
incommodité f. inconvenience, discomfort; disorder
inconfortable uncomfortable
inconnu unknown; strange
inconscience f. unconsciousness
inconscient unconscious; instinctive
inconvenance f. rudeness, indecency
inconvenant indecent
inconvénience f. inconvenience; objection
incrédule incredulous
incrédulité f. unbelief
incroyable unbelievable
indécis vague; indistinct; uncertain; dull (*color*)
indéfinissable undefinable
indemnité f. indemnity
index m. forefinger
indicible unspeakable, indescribable
indienne f.: étoffe d' — printed calico
indifférent so-so, mild
indigène m. native
indigne unworthy, infamous
indigner to make indignant, shock
indignité f. unworthiness
indiquer to indicate, show; mean; reveal

indirectement indirectly
indiscret indiscreet
indiscrètement indiscretely
indistinctement indistinctly, faintly
indubitalement undoubtedly
indulgent tolerant
indûment unduly
industriel m. industrialist
inégal unequal, uneven, crooked
inerte motionless
inespéré unhoped for
inestimable invaluable
inévitable unavoidable
inexplicable unexplainable
inférieur inferior; lower
infidélité f. unfaithfulness; *faire
une — à* to be unfaithful to
infini infinite; endless
infirme infirm; invalid; cripple;
weak
infirmerie f. infirmary
infirmité f. infirmity
infliger to inflict
informe shapeless
informer to inform; *s'— de* to ask
about
infortune f. misfortune
infortuné m. unfortunate person,
miserable creature; wretch
ingénieur m. engineer
ingénieux ingenious, clever
ingénu candid, innocent
ingrat ungrateful; ungracious; un-
attractive; barren (*land*)
inimitié f. hostility; unfriendliness
ininterrompu uninterrupted
injure f. insult, abuse
injurier to insult, abuse
injuste unjust, unfair
inlassable tireless
inné innate
innombrable innumerable, countless
innommable unnamable
inoccupé idle
inonder to flood, inundate

inouï unheard of, astonishing, amazing
inquiet worried, restless
inquiéter to worry, disturb, upset;
s'— to be worried
insaisissable elusive; unobtainable
insatisfait unsatisfied
inscription f. enrollment, registry
inscrire to inscribe, register; *s'—*
register
insensé senseless; mad, insane
insensible insensitive
insouciance f. indifference
insoutenable unbearable
inspecteur m. inspector
inspirer to inspire, prompt someone to action
installer to establish, settle; *s'—*
settle down, move in (*house*)
instance f. insistance
instant m. instant, moment; *à l'—*
at the moment, right away; *par
—s* off and on
instar: à l'— de like, after the
fashion of
instinctivement instinctively
institut m. institute; institution;
college
instituteur m. schoolmaster
instruction f. instruction; learning; teaching; investigation; inquiry (*law*)
instruire to instruct, teach
insu: à l'— de unknown to
insuffisant insufficient
insulter to insult
insupportable insufferable, unbearable
intelligence f. understanding, com-
prehension
intensément intensely
interdire to forbid, prevent
interdit disconcerted, amazed; for-
bidden
intéresser to interest; *s'— à* be
interested in

intérêt m. interest
intérieur a. interior, internal; inside; *n. m.* home, house; inside; *de l'—* from the inside; *le ministre de l'Intérieur* the Secretary of the Interior
interpeller to call, hail; challenge; *s'—* to speak with (call out to) one another
interprète m. interpreter
interrogateur: avec un air — with a questioning look
interrogation f. query, questioning
interrogatoire m. questioning, interrogation
interroger to question; examine
interrompre to interrupt; *s'—* be interrupted; stop
intervalle m. interval; distance; space
intervenir to intervene, interfere
intime intimate; inner
intimer to intimate, suggest
intimider to intimidate, scare
intimité f. intimacy
intituler: s'— to be entitled, named
introduire to introduce, show; usher in
inusité unusual
inutile useless
invectiver to abuse, curse, swear at
inventaire m. inventory
invité: la chambre d'— the guest room
involontairement unintentionally
invoquer to call for, put forward; invoke
invraisemblable unlikely, hard to believe
iode f. iodine; *la teinture d'—* iodine
ironie f. irony
ironique ironic(al)
irriter to irritate
isolé isolated; lonely
isoler to isolate

issue f. exit, end; outcome; *sans —* hopeless
Italie f.: l'— Italy
ivre drunk; *— mort* dead drunk
ivresse f. drunkenness, intoxication; enthusiasm; *avec —* ecstatically
ivrogne m. drunkard

J

jabot m. frill
Jacques James, Jim
jadis formerly; in the old days; *comme —* as before
jaillir to burst forth, spurt
jamais never, ever; *à —* for ever
jambe f. leg
janvier m. January
japper to yelp *(dog)*
jardin m. garden
jarret m. knee, bend of the knee
jaunâtre yellowish
jaune yellow
jauni yellowed; wan
jaunir to yellow
jet m. jet, spurt; gush; stream *(speech)*
jeter to throw; cast; utter; *se — dans* flow into; *se — sur* pounce upon; throw oneself on
jeu m. game; gambling; *remettre en —* to stake again
jeudi m. Thursday
jeune young
jeûne m. fast, fasting
jeunesse f. youth; young people
joie f. joy
joindre to join
joint joined, bound; tied; *mal —* loose *(window)*; *les mains —es* their hands clasped
jointure f. joint
joli pretty; good looking; *ça c'est —!* that's fine!
joliment prettily; *c'est — affreux* it's really quite horrible
joncher to litter; strew, scatter

joue f. cheek
jouer to play; act; pretend
jouet m. toy, plaything
joueur m. player; gambler; *a.* playful
jouir to enjoy; find enjoyment (in)
jouissance f. enjoyment; amusement
jour m. day; light; daylight; *par* — a day; *il fait* — it is day (daylight); *un beau* — one fine day
journal m. newspaper
journaliste m. newspaperman
journée f. day, day's work
jovial jolly, merry
joyeux joyous
juge m. judge; magistrate
jugement m. judgment; sentence
juger to judge; consider, decide, think
juillet m. July
juin m. June
jumelles f. pl. field glasses
jument f. mare
jupe f. skirt
jupon m. petticoat; slip
jurement m. swearing; cursing
jurer to swear; *je vous jure* I assure you
juron m. swear word; oath
jusque, jusqu', jusqu'à to, as far as, to the point of, up to, down to; until
juste just, exactly; accurate; right; *c'est tout* — it's hardly (barely) right; *au plus* — as accurately as possible
justement precisely; exactly; at that moment
justice f. law; *gens m. pl. de* — people of the law; *un homme de* — man of law
justicier m. judge
justifié justified
justifier: se — to justify oneself; prove

K

kilo m. kilogram (*1000 grams, about 2.2. pounds*)
kilomètre m. kilometer (*approx. 5/8 of a mile*)

L

l' him, her, it
là there; here; *de* — from there
là-bas over there; yonder
laborieux laborious; difficult
labourer to plow
lac m. lake
lâche a. cowardly; *n. m.* coward
lâcher to let go of; release; utter (*speech*); drop; give way
lacune f. gap
là-dedans in there
là-dessous underneath; under that
là-dessus up there, on top; thereupon; on that subject
là-haut up there; in heaven; *de* — from up there
laid ugly
laideur f. ugliness; homeliness
laine f. wool
laisser to let; allow; leave, quit; *à ne* — *personne* so as not to let anyone; — *faire* allow to be done; *se* — *faire* offer no resistance
lait m. milk
lame f. wave, waves; blade
lamentable pitiful
lampe f. lamp
lancer to throw; fling; utter; *se* — launch out, plunge; throw oneself forward
langage m. language; speech
langue f. tongue; language
languir to languish
languissamment languidly; droopingly
lapin m. rabbit
larcin m. theft

large a. big, broad, wide; ample; liberal; *n. m.* **au —** in the open sea; *marcher de long en —* to walk back and forth

largement widely; *qui s'était — fendue* which had split wide open

largeur f. width; breadth

larme f. tear

las tired, weary

lasser to tire; *se —* to tire, become fatigued

lassitude f. weariness, fatigue

laurier m. laurel

laver to wash; *se — les dents* brush one's teeth

leçon f. lesson

lecteur m. reader; **— à Harvard** exchange (foreign) instructor at Harvard

lectrice f. (woman) reader

lecture f. reading

ledit the said, the aforesaid

léger light (*weight*); slight; irresponsible

légèreté f. lightness

Légion d'Honneur f. Legion of Honor (*highest French decoration, created by Napoleon I*)

légume m. vegetable

lendemain m. morrow, next day; *le — matin* the next morning

lent slow; slow moving

lentille f. lentil

lequel, f. laquelle which, that (one)

lessive f. wash, laundry

lettre f. letter; *à la —* literally

leur a. their; *pron.* them, to them

lever to lift, raise; rise; *le temps se levait* the weather was clearing

lèvre f. lip; *— inférieure* lower lip

lézardé cracked, creviced

liaison f. affair

liasse f. bundle, package

liberté f. liberty

librairie f. bookstore

libre free

licence f. master's degree; **— en droit** law degree; *faire une — de lettres* to work for a master's degree in liberal arts

liège m. cork; *le chêne-—* cork tree

lien m. bond, tie; alliance

lier to tie, bind; link

lieu m. place, spot; premise; *avoir — * to take place, occur

lieue f. league (2 1/2 miles); *à des —s* miles away

lièvre m. hare

ligne f. line

limon m. silt

linge m. linen; laundry; piece of cloth; clothes; *vieux —* rag

lingot m. ingot

liquider to liquidate

lire to read

lisière f.: bretelles en — cotton suspenders

lisse smooth

liste f. list; roll

lit m. bed; *— de camp* camp bed; cot; *la descente de —* bedside rug

litre m. liter (1.05 U.S. liquid quart); bottle; mug

littéraire literary

livre m. book; *f.* pound (*weight, money*); franc (*before 19th cent.*)

livrer to deliver, hand over; subject (to, *à*); *se — à* indulge in

local m. (large) room; living room; wardroom

locataire m. tenant

logement m. lodgings; apartment; residence

loger to lodge; send (*bullet*) into; live; *se —* get lodged

logique logical, consistent

logis m. lodging; room; house

loi f. law; command

loin far, away, at a distance; *de —* from a distance, further away; *de*

— *en* — here and there, from time to time

lointain distant, remote; vague

loisir m. leisure; *à* — leisurely

long m. long; *le* — *de* the length of, alongside, along the side of; *marcher de* — *en large* to walk back and forth; *j'en sais plus* — *que vous* I know more about it than you do; *se coucher de tout son* — stretch out

longer to go alongside; skirt

longtemps a long time, long

longuement (for) a long time, at length; *je vous dirai plus* — *plus tard* I'll tell you more later on

longueur f. length

loqueteux ragged

lorgnon m. monocle

lors on the occasion (of); *dès* — from then on

lorsque when

lot m. lot, batch

louable commendable, praiseworthy; honest

louer to praise; rent

louis m.: le — *d'or* gold coin (*worth 20 francs; in World War I it was withdrawn from circulation*)

Louis-Philippe king of France from 1830 to 1848

loup m. wolf

lourd heavy, clumsy; painful; dull

loyalement loyally

Lucrèce Lucretius (*Roman poet, 1st century B. C.*)

lueur f. (soft) light; gleam; glimmer; flash

lugubre lugubrious, gloomy, dismal; mournful

lui he; her; him; to (from, for) her (him); *un ami à* — one of his friends

lui-même himself, itself; *de* — spontaneously, of his own accord

luire to shine

luisant shining; bright

lumière f. light; enlightenment; *pl.* knowledge; intelligence

lumineux: livre — brilliant book

lundi m. Monday

lune f. moon; *le clair de* — moonlight; — *de miel* honeymoon

lunettes f. pl. (eye) glasses; — *d'écaille* tortoise-shell glasses

lutte f. struggle; wrestling; fighting

lutter to struggle, wrestle; fight

lycée m. (French) high school

M

M., monsieur m. Mr.

mâcher to chew; masticate

machin m. machine, thing, gadget

machinal mechanical; automatic

mâchoire f. jaw

maçon m. bricklayer

madame (Mme) f. lady; Mrs.

mademoiselle (Mlle) miss; young girl

magasin m. store; *tenir le* — to take care of (to run) the store

magnifique magnificent; gorgeous

magot m. hoard (*of money*)

maigre skinny, thin; meager; paltry; spindly (*tree*)

main f. hand; *à la* — in the hand; *serrer la* — *de* (*à*) to shake hands with

maint many (a)

maintenant now

maintenir to hold, maintain; keep steady; *se* — maintain

maire m. mayor

mairie f. town hall

mais but; — *non!* certainly not!

maison f. house; firm, business; — *de santé* nursing home

maître m. master; lawyer; teacher

maîtresse f. mistress

maîtriser to control, master

majesté f. majesty; dignity

mal m. (*pl. maux*) evil; wrong,

harm; disease; ache, pain; difficulty; *avoir* — to be in pain; *faire* — *à* hurt; *pas* — *de* quite a few, many; *avoir du* — *à* have trouble (difficulty) in

mal a. bad; sick; *adv.* badly, bad, poorly; uncomfortable; *pas* — not bad (badly); *pas* — *de* quite a few

malade sick

maladie f. sickness, illness; disease

maladroit awkward, clumsy

malaise m. indisposition; *être pris d'un* — to feel weak (faint)

malaisé difficult

malédiction f. curse

malentendu m. misunderstanding

malfaisant evil-minded; mean

malfaiteur m. offender; evil person

malgré in spite of

malhabile clumsy

malheur m. misfortune; —*!* heavens! *le* — *est que* unfortunately

malheureux a. unfortunate, unhappy; wretched; *n. m.* poor man; wretch

malhonnête dishonest

malice f. maliciousness, slyness; trick, prank

malicieux mischievous; sly

maligne f. clever, shrewd

malin shrewd, clever; sly

malle f. trunk

malpropre unclean(ly), dirty, untidy

malséant unbecoming, improper

maltraiter to mistreat, beat

manège m. maneuver, intrigue; *le cheval de* — riding-school horse

manger to eat; *la salle à* — dining-room

mangeur m. eater

maniaque maniac

manie f. mania; eccentricity, oddity

manier to handle

manière f. manner, way; *à la* — *de* in the manner of; *de* — *à* so as to; — *habile de* clever way to

manivelle f. crank; handle

manne f. basket

manœuvre f. exercise; motion; scheme

manque m. lack, want; deficiency

manquer to miss; lack, be lacking; fail; to almost; *elle leur avait manqué* they had missed it, they did not get it

manteau m. coat; overcoat

maquereau-panama m. Panama mackerel

marais m. marsh, swamp; — *salant* salt marsh

marbre m. marble

marchand m. merchant; storekeeper; -*e f.* merchant (woman); saleswoman

marchandage m. bargaining, haggling

marche f. step (*of stairs*); walk, walking; *se mettre en* — to start (walking)

marché m. market; bargain; *il fallait se mettre dans le* — it was necessary to be in the market

marcher to walk; march

mardi m. Tuesday

mare f. puddle, pool

maréchal m.: — *ferrant* blacksmith

mari m. husband

mariage m. marriage, wedding

marié m. bridegroom

mariée f. bride

marier to marry; *se* — get married

marin m. sailor

marine: bleu — navy blue

marmite f. kettle

marmotter to mumble

maroquin m. moroccan leather

marotte f. hobby

marque f. trace, mark, sign; make, brand

marquer to mark; write (down); make a note of

marronnier m. chestnut tree

masquer to hide, screen; conceal

masse f. mass; crowd

masser: se — la jambe to massage one's leg

massif a. solid, massive; *n. m.* clump (of shrubs)

mat dull, lusterless

mât m. mast

matelas m. mattress

matelot m. sailor

mathématiques f. pl. mathematics

matière f. matter; material, substance; subject; *-s grasses* fats

matin m. morning; *de bon (grand)* — early in the morning

mâtin m. mastiff; mongrel dog; rascal

matinal a. morning

matinée f. (of the) morning; early

maudire to curse

mauvais bad, mean, evil

mauve mauve, purple

maux m. pl. of mal ills, aches; *— de tête* headaches

méandre m. turn, winding (*river*)

méchanceté f. meanness, spite

méchant mean, bad

méconnu misunderstood

mécontent discontented, dissatisfied

mécontenter to displease, dissatisfy

médecin m. doctor, physician

méditer to meditate, contemplate; mull over

Méditerranée f.: la — the Mediterranean (Sea)

médius m. middle finger

méduse f. jellyfish

méfait m. misdeed

méfiance f. distrust

méfiant distrustful, suspicious

méfier: se — de to mistrust, distrust; beware of

mégot m. butt, cigarette

meilleur better, best

mélancolique melancholy

mélange m. mixture

mêler to mix, mingle; *se — à* be mixed up in, take part in; *se — de* meddle with, be concerned with; blend

melon m.: un chapeau — derby, bowler hat

membre m. member; limb

même a. same; it (him, her) self; *adv.* even, also; *de —* the same; likewise; *tout de —* anyway, just the same

mémoire f. memory; *lui revenait en —* came back to him, to his mind

menacer to threaten

ménagement m. tenderness, consideration

mendier to beg

mener to lead, conduct; take, carry

mensonge m. lie

mentalement mentally

menteur m. liar

menthe f. mint; *le thé à la —* mint tea

mentir to lie

menton m. chin

menu: par le — minutely, in detail

mépris m. scorn, disdain

méprisant disdainful, scornful

méprise f. mistake, misunderstanding

mépriser to scorn, despise

mer f. sea, ocean

mercanti m. profiteer

merci thank you

mercredi m. Wednesday

mère f. mother

méridional m. southerner

mériter to deserve

merle m. blackbird

merveille f. wonder; marvelous creature; *à —* beautifully

merveilleux marvelous, wonderful

messe f. mass; *grand—* high mass

messieurs pl. gentlemen; sirs

mesure f. measure; *à — que* in proportion as; *en —* rhythmically

mesurer to measure, calculate

métallique metallic

métamorphose f. metamorphosis, change

métier m. job, profession; *on fait tous les —s* people do all kinds of jobs; *de son —* by profession

métis m. half-breed

mètre m. meter (1 1/10 *yard*)

mettre to put (on), set, place; *se — à* start to, begin

meuble m. piece of furniture

meubler to furnish; adorn

meugler to moo, low (*cow*)

meunier m. miller

meurtre m. murder

meurtri bruised; *il en avait le cœur —* he was broken-hearted about it

meurtrier m. murderer

mi-: à la — octobre in the middle of October, in mid-October

midi m. noon; south

mie f. crumb

mien: le —, les —s mine

miette f. crumb; bit

mieux better; *faute de —* for lack of something better; *pour — dire* to be more exact; *tant —* so much the better

mignon cute, pretty

mil m. thousand (*in dates*)

milieu m. middle, midst; environment; *au — de* in the midst of

militaire m. soldier

militairement in a military fashion

mille m. mile; *a.* thousand

mille-pattes m. centipede

millier: par —s by the thousands, in thousands

minauder to smirk; *en minaudant* in an affected way

mince thin; narrow; slender, slight

mine f. appearance, look; lead (*pencil*)

mineur m. minor

ministère m. cabinet; administration; job, position

ministre m. minister; *Premier Ministre* Prime Minister

minuit m. midnight

minuscule tiny, minute

minute f.: *—!* gently! wait a minute!

minutieusement minutely, scrupulously; following every detail

minutieux fussy; perfect

miroitant shining, glistening, glimmering

mis (*v. mettre*) put; *trop bien —* too well dressed

misaine f. foresail

misérable wretched; unhappy

misère f. misery, wretchedness, poverty; distress

miséricorde f. mercy; *je criais —* I cried for mercy

mite f. moth

mitron m. pastry cook boy

mi-voix: à — in a low voice, under one's breath

mobilier *a.: impôt —* tax on personal property; *n. m.* furniture

mobiliser to mobilize

moche *sl.* mean, ugly

mode f. fashion

modestement modestly, simply

modiste f. milliner

moellon m. rough stone

mœurs f. pl. ways, customs, manners; habits

moi me, to me; I, myself

moindre less, lesser; smaller; the least, the smallest; *c'était la —*

des choses it was the least he could do

moine m. monk

moineau m. sparrow

moins less; *à — de, à — que* unless; *au —, tout au —* at any rate, at least

mois m. month

moisi moldy

moisson f. harvest; collection; picking

moite moist, damp

moitié f. half; *plus d'à —* more than half

mol, f. molle soft

mollesse f. softness, indolence

mollet m. calf (*of leg*)

moment m. time; *au — où* when; *du — que* since, in as much as

mondain fashionable

monde m. world; people; company; *tout le —* everybody

monnaie f. coin; change; *— de tout repos* most reliable (sound) currency

monopole m. monopoly

monotone monotonous

Monseigneur m. (his) Lordship; Bishop

monsieur m. Mr., sir; man, gentleman

monstre m. monster

monstrueux monstrous

mont m. mount, mountain

montagne f. mountain

montant uphill, steep

montée f. ascent, climb; hill

monter to go up, climb; mount, ascend; rise; bring up; *— une pièce* put on (stage) a play

montre f. watch

montrer to show, present; point out; display

monture f. mount (*horse*)

moquer: se — de to make fun of

moqueur mocking

morbleu! by golly!

mordre to bite, nip

moribond m. dying man

morne mournful, gloomy; dull

mort a. dead; *n. f.* death; *n. m.* dead man; corpse

mortel m. mortal; fatal

morue f. codfish

mot m. word; *en un —* briefly; *sans — dire* without saying anything

moteur f. motor

mou, f. molle soft, flabby; limp

mouche f. fly

mouchoir m. handkerchief

moue f. pout

mouette f. seagull

mouiller to wet, dampen; *se —* get wet

moulin m. windmill

mourant (*v. mourir*) dying; *voix —e* fading voice

mourir to die

mousquet m. musket

mousquetaire m. musketeer

mousse m. sailor boy; *f.* moss

mousseline f. muslin

moustache f. mustache; *— en brosse* closely-clipped mustache

moustiquaire f. mosquito net

mouton m. sheep

mouvement m. motion, movement; impulse

mouver to move, stir

mouvoir to move

moyen m. means, way; average; *le Moyen Age* the Middle Ages; *au — de* by means of

moyennant by means of, in exchange of

moyenne f. average

muet, f. muette mute, silent; dumb

mule f. slipper

muletier m. mule driver

munir to furnish; provide

mur m. wall

mûr ripe, mature; *d'âge* — middle-aged

muraille f. high wall

mûrir: tout en mûrissant le projet while mulling over the plan

murmurer to murmur, mumble; whisper

musclé muscular

musique f. music

mutualité f. sameness, reciprocity

mystère m. mystery

mystique mystical

N

nage f. swimming

nager to swim

naguère formerly

naïf, f. naïve simple; credulous, naïve

nain m. dwarf

naissance f. birth

naissant (v. naître) being born; budding; rising

naître to be born

naïveté f. ingenuousness, simplicity

nanti provided with, in possession of

Naples city in Italy

napolitaine Neapolitan, from Naples

nappe f. cloud

narguer to make fun of, taunt; defy, challenge

narine f. nostril; *pl.* nose

narrateur m. narrator

naseau m. nostril

natal native

nature f. character, disposition; soul; *il est sujet de* — he is by nature

naturel a. natural; illegitimate; *n. m.* disposition, character; *avec* — normally; *un bon* — a good disposition

naturellement naturally; *tout* — quite naturally

nausée f. nausea; *il fut pris de* — he was nauseated

naviguer to navigate

navire m. ship

navrant distressing, painful; pitiful

ne: — ... *pas* not; — ... *que* (*qu'*) only

néanmoins yet, nevertheless, notwithstanding

nécessaire necessary; obligatory

nécessité f. necessity

nécessiter to necessitate, make necessary

nécessiteux needy

nef m. nave (*church*)

négligemment carelessly

négliger to neglect

négoce m. trade

négroïde Negroid, like a Negro's

neige f. snow

neiger to snow

neigeux snowy

nerf m. nerve; energy

nerveux nervous

nervosité f. nervousness

net a. clean, neat, pure; *adv.* sharply, outright; distinctly; *s'arrêter* — to stop short; *couper* — cut dead; *tuer* — kill outright

nettement clearly, plainly, sharply (*outlined*)

netteté f. clearness; sharpness (*of vision*)

nettoyer to clean, cleanse; wipe

nettoyeur m. cleaner

neuf new; nine; *à* — anew, afresh

neutre neutral

neveu m. nephew; *petit-* — grand-nephew

nez m. nose; — *à* — face to face; — *en l'air* turned-up nose; *lever le* — to look up

ni: — ... — neither ... nor

niche f. kennel

niché nestled

nid m. nest

nier to deny
niveau m. level
noblesse f. nobility
noce f. wedding; *ses habits de —* the suit he was married in; *—s travesties* fake weddings
noceur m. rake, reveller
noctambule m. noctambulant
Noël m. Christmas
nœud m. knot; bow
noir black; dark; gloomy
noirâtre blackish
noisette f. hazelnut
nom m. name
nomade m. nomad
nombre m. number; quantity; *sans —* numberless
nombreux numerous, many
nommer to name, call; choose, appoint; *se —* to give one's name, to be named
non no, not; *ni moi — plus* nor I either
nord m. North
normalien m. student at the École Normale Supérieure in Paris, which prepares for teaching
normand Norman, of Normandy
nostalgie f. nostalgia, homesickness
notaire m. notary, attorney
note f. bill; grade; account; sound
noter to notice; jot down
nôtre: le — ours, our own
Notre-Seigneur m. Our Lord Jesus Christ
nouer to tie, knot; tighten; *j'avais la gorge nouée* I had a lump in my throat
nourrice f. (child's) nurse
nourrir to feed, nourish; *se — de* to live on; be filled with; *il se nourrissait de* he ate, his food was
nourrisson m. nursing-child
nourriture f. food
nouveau new; *à —, de —* again
nouveauté f. newness, novelty

nouvelle f. news; short story; *pl.* tidings, news of; gossip
noyau m. stone (*of fruit*)
noyé drowned; *yeux —s de sang* bloodshot eyes
noyer v. to drown; *se —* drown
noyer m. walnut-tree
nu nude, naked; bare, barren; *mettre à —* to bare
nuage m. cloud
nuance f. shade; degree
nuancé with shades of expression
nuire to hinder, bother
nuit f. night; darkness; *il fait —* it's night; *en pleine —* in the middle of the night; *table de —* bedside table
nul a. no, not any; *pron.* none, no one, nobody; *-le part* no place, nowhere
nullement in no way, not at all
numération f. system of numbers
numéro m. number
nuque f. (back of) neck

O

ô oh!
obéir to obey
obéissance f. obedience
objet m. object; thing
obliger to force; make; *je vous serai obligé de* I will be obliged if you
obscur dark, gloomy
obscurité f. darkness; *dans l'—* in the dark
obséder to obsess, haunt
observateur a. observing; *n. m.* observer
observer to watch; notice, observe
obstination f. stubborness; persistence; *avec —* stubbornly
obstinément obstinately; with persistence
obstiner: s'y — to stick to it; persist

obtenir to obtain, win
occasion *f.* opportunity; chance; **à l'—** occasionally; **bonne —** (good) bargain
occiput *m.* back of the head
occupé busy, preoccupied
occuper to occupy; take up; **s'— de** to busy oneself with
odeur *f.* smell, odor
odieux hateful, awful
odorant fragrant
odorat *m.* sense of smell
œil *m.* (*pl. yeux*) eye; **—-de-bœuf** round (oval) window; **en un clin d'—** in the bat of an eyelash; **coup d'—** glance; **voir qch d'un mauvais —** to look with disapproval at something; **à vue d'—** visibly
œuf *m.* egg
œuvre *f.* work
offenser to offend; insult
office *f.* pantry; servants' quarters; *m.* mass
officier *m.* (commissioned) officer; **sous-—** noncommissioned officer, noncom
offrande *f.* offering
offrir to offer, present; propose
ohé! hey!
oie *f.* goose
oiseau *m.* bird
oisif idle
ombre *f.* shadow; shade; darkness; **à l'—** in the shade; **dans l'—** in the dark
ombré shadowed, shaded; darkened
ombreux dark, shadowed; gloomy
on people; they, we; **— ne sait pas** we don't know
oncle *m.* uncle
onde *f.* wave, water
ondée *f.* shower
ongle *m.* fingernail
onzième *m.* eleventh
opérer to work, act

opposé opposite
or *m.* gold
or *conj.* but, now, well
orage *m.* storm
orageux stormy
oraison *f.* prayer
oranger *m.* orange tree
orateur *m.* orator
oratoire oratorical; eloquent
ordinaire common, usual; **d'—** usually; **comme d'—** as usual
ordonnance *f.* order, decree
ordonner to command; arrange; prescribe
ordre *m.* order; command
oreille *f.* ear; **dormir sur les deux —s** to sleep soundly
oreiller *m.* pillow
orgueilleux proud
origine *m.*: **à l'—** originally
ornement *m.* embellishment, adornment
orner to embellish, adorn
orphelin *m.* orphan
orthographe *f.* spelling
os *m.* bone
oser to dare, venture
osseux bony
ôter to take away (off, from), remove
ou or; **— bien** or, or else
où where; when; **d'—** from where
oublier to forget (*de,* to)
ouest *m.* West
ouf! Whew! phew!
oui yes; **mais —** naturally, surely
ouïr to hear
oursin *m.* sea urchin
outil *m.* tool
outrager to insult
outrageux insulting
outre *prep.* beside(s), beyond; further; **en —** besides
outré angered
outre-tombe: d'— from beyond the grave
ouvert *a.* open; *p. part.* opened

ouverture f. opening
ouvrage m. work
ouvrier m. workman, worker
ouvrir to open
ovation: lui faire une — to give him a big hand

P

paiement m. payment
paille f. straw
pain m. bread; *— blanc* loaf of white bread
pair even (*number*)
paire f. pair
paisible peaceful
paissaient (v. paître): ils — they were grazing
paix f. peace; *—!* silence!
palais m. palace
pâle pale
pâleur f. pallor; *les premières –s du jour* the first signs (light) of dawn
palier m. landing (*of stairs*)
pâlir to grow pale
palmier m. palm tree
palpiter to beat, flutter
pan m. flap; *—! —!* bang! bang!
pancarte f. sign, poster
panier m. basket
panique f. panic
panne: se trouver en — to be in trouble; have engine trouble
panneau m. panel, door; board; *sous le — des mariages* under the bulletin board with the marriage announcements
panser to groom (*horse*)
pantalon m. trousers; *son — de toile* his linen (duck) trousers
pantelant panting
papier m. paper; *— de verre* sandpaper; *— peint* wallpaper
papillon m. butterfly
Pâques m. sing. Easter
paquet m. package, bundle; parcel; lump

par by, through, for, on; across; *— ici* this way, here; *c'est — là* it's that way; *— malheur* unfortunately
paradis m. paradise
paragraphe m. paragraph; sentence
paraître to appear; seem; look; be published (*book*)
parallèle: faire (présenter) un — to draw a parallel
paraphe m. flourish (*of the pen*)
parapluie m. umbrella
paratonnerre m. lightning rod
paravent m. screen
parbleu! by golly! to be sure! good heavens!
parce que because
par-ci par-là here and there
parcourir to travel over; skim over; run through; visit
parcours m. track, course, circuit
par-dessous below
par-dessus above, over; on top of
pardieu! why of course!
pareil like, similar; *— à* like; *un coup —* such a trick
parenté f. relationship
parents m. pl. parents; relatives
paresseux n. m. lazy (man, boy)
parfait perfect
parfaitement perfectly, exactly
parfois sometimes, occasionally
parfum m. perfume; smell
pari m. bet
parier to bet
parisien a., n. m. Parisian
parler to speak, talk; *— de* speak about, mention; *manière de —* (by) way of speaking
parleur m. talker
parmi among
paroi m. wall; partition; side
paroisse f. parish, community
paroissien m. parishioner
parole f. word, speech; *avoir la — brève* to speak curtly

parquet m. floor; dance floor

part f. part; *à* — aside, except; *autre* — elsewhere, any other place; *d'autre* — besides; *de la* — *de* from, on behalf of

partage m. division, sharing

partager to share, divide; *se* — share

partenaire m. partner; competitor

parti m. (political) party; *prendre un* — to decide, make a decision; choose; *en prendre son* — make the best of it

particulier special; characteristic; peculiar

particulièrement particularly

partie f. party; game; excursion; battle; *faire* — *de* to belong to

partir to go away, leave, start; go off (*shot*); *à* — *de* beginning, from (that time on)

partout everywhere

parvenir: — *à* to succeed in; reach

pas not; *ne* — not; — *mal* quite a few; — *du tout* not at all

pas m. step, pace; *faire un* — take a step; *faire un faux* — make a false step; *à* — *pressés* hurriedly; *il se mit au* — he buckled down, he conformed

passant m. passer-by

passe f. pass; fairway; channel

passé m. past; *par le* — in the past

passer to pass, go by; ferry; stop in at; draw (*blade*); *qui s'était fait* — who had had himself ferried across; *se* — take place, happen

passionner to excite

pasteur m. pastor

patauger to wade, flounder

paternellement paternally

pâte f. dough

pater m. paternoster, the Lord's Prayer

pâteux thick, sticky

pathétique touching, moving

patience f.: faire des —*s* play solitaire

patienter to be patient, wait patiently

patron m. employer, boss; skipper; patron-saint

patrouiller: — (*dans*) to patrol

patte f. leg, foot, paw (*of animal*); *à quatre* —*s* on all fours

pâturage m. pastureland

paume f. palm (*of the hand*)

paupière f. eyelid

pauvre poor; scanty, meager

pauvreté f. poverty

pavé n. m. pavement, cobblestone; *p. part.* — (*de*) paved (with)

payer to pay

pays m. country; region; home town; *les gens du* — the natives

paysage m. countryside, landscape

paysan m. peasant

peau f. skin

pécaïre! bless my soul! dear me! well now!

pêche f. fishing; peach

péché m. sin

pécher to sin

pêcher to fish

pêcher m. peach tree

pécheur m. sinner

pêcheur m. fisherman

peigne m. comb

peigner to comb

peindre to paint; depict

peine f. pain, sorrow; *à* — hardly, barely, faintly (*marked*); *ce n'est pas la* — (*d'être poli*) there's no use (being polite); *faire de la* — *à* to hurt (the feelings of)

peiner to toil; hurt

peintre m. painter

peinture f. painting

pelé hairless, bald

pèlerin m. pilgrim

pelletée f. shovelful

pelouse f. lawn

pencher to lean, bend; incline; *se — sur* to lean over

pendant hanging; sagging; dangling; *les bras –s* arms dangling

pendant prep. during, while

pendre to hang; *se —* hang oneself

pendule f. (wall) clock

pénétrer to penetrate; understand, see through

pénible painful, difficult

pénombre m. semi-darkness

pensée f. thought

penser to think; *j'y pense* I'm thinking about it

pension f. boarding house (school)

pente f. slope; *à mi-—* halfway up the slope; *— raide* steep slope

percer to pierce

percevoir to perceive, notice

perdant m. loser

perdre to lose; *se —* get lost

perdu out of the way, remote; lost

père m. father

périr to perish, die

perle f. pearl; bead

permettre to permit; allow; *se — de* take the liberty of

perpendiculaire f. perpendicular; *dans la — de* at right angles with

perron m. flight of stairs

persévérance f. perseverance

persienne f. shutter, blind

personnage m. person; character; rôle

personne f. person, being; *pron.* nobody, no one, anybody

perspective f. outlook, view, prospect

persuader to persuade, convince

perte f. loss; downfall

pesant heavy, weighty

peser to weigh; *— sur* hang over

peste f. plague

petit small, little; short; *merci, —!* thanks, son (kid)!

petit-fils m. grandson

pétrir to knead

peu little; few; *— à —* little by little; *un —* a bit; *sous —* very soon; *tant soit —* ever so little

peuple m. people, nation

peupler to people

peur f. fear, fright; *avoir —* to be afraid; *de — de* for fear of; *faire — à* scare; *prendre —* be scared

peureux shy, timid; cowardly

peut-être perhaps

philosophe m. philosopher

philosophique philosophical

photographie f. photograph

phrase f. sentence; *à cette —* at these words

physionomie f. face; expression; appearance

physique physical

piailler to cheep; squeal; cry, yell

piano m.: — à queue grand piano

pièce f. piece; coin; item; room; play

pied m. foot; *donner un coup de — * kick; *sur —* afoot

pierre f. stone, rock

Pierre Peter

pile f. pile, heap

piment m. peppers

pin m. pine

pincer to pinch; catch

pinçon m. pinch mark

pipé loaded (*dice*); doped

piquer to prick, sting; pin; hurt (*feelings*)

pire a. worse

pis a. worse; *tant —!* it can't be helped!

piste f. trail

piteux ashamed; pitiful

pitié f. pity; *avoir — de* to pity

pitoyable pitiful, piteous; compassionate

pittoresque picturesque

pivoter: l'homme pivota sur lui-

même the man turned completely around

placard m. closet, cupboard

place room; seat; position; job; *prendre* — to sit down

placement m. investment

placer to place; invest

plafond m. ceiling

plage f. beach

plaie f. wound

plaindre to pity; *se* — complain

plainte f. complaint

plaire (à) to please; *se* — *(à)* take pleasure (in); enjoy

plaisant pleasing; amusing, funny

plaisanter to joke, tease

plaisanterie f. joke

plaisantin m. joker

plaisir m. pleasure; *faire* — *à* to please; *une partie de* — party

plancher m. floor

planté standing

planter to plant; set; *un homme était planté devant* a man was standing in front of

plaque f. badge; slab; plate; — *de boue* patch of mud; — *de liège* cork plate

plaqué sticking

plat a. flat

plat m. dish; *se servant au* — serving oneself from a dish

plateau m. plateau, tableland

plate-forme f. platform; level stretch of rock

plein full; complete

pleurer to weep, cry

pleurs m. pl. tears

pleuvoir to rain, pour down

pli m. fold, crease; wrinkle; envelope, letter

pliant m. folding chair

plier to fold; bend; yield; *se* — bend

plisser to crease, pleat

plomb m. lead; *un soleil de* — a

leaden (heavy, scorching) sun

pluie f. rain

plume f. feather; pen; quill *(for writing)*

plupart f.: la — *(de)* (the) most, the greater part of; mostly; *pour la* — mostly, for the most part

plus adv. more; besides; plus; *de* — more; *de* — *en* — more and more; *en* — moreover; *une fois de* — once more; *ne . . .* — no longer; neither

plusieurs several

plutôt rather; sooner; — *que* rather than

pochard a. tight, drunk; *n. m.* drunkard

poche f. pocket; pouch *(under eyes)*; *en être de sa* — to lose money

poêle m. stove

poème f. poem; poetry

poids m. weight; importance; *sans* — light

poignant gripping, painful

poignet m. wrist

poil m. hair

poing m. fist; *au* — in his hand

point m. (ration) ticket; place, spot; dot; *à* — just right; *être sur le* — *de* to be on the verge of; *en tout* — in all respects

point adv. not; *ne* — not; *pour ne* — so as not to

pointe f. point, tip; touch; cape; *sur la* — *des pieds* on tiptoes

pointu sharp

poirier m. pear tree

poisson m. fish; — *d'argent* silver fish

poitrine f. breast, chest; *tour de* — bust size *(measurement)*

poivre m. pepper

poivron m. pimento

poli polished, shiny

poliment politely

politesse f. politeness

politique a. political; *n. f.* politics; policy

pomme f. apple; — *de terre* potato

pommette f. cheekbone

pompe f. pump; — *à eau* water pump

pomper to pump (drink, suck) up

pompon m. tassel

ponctuation f. punctuation; pointing; *la — d'une taloche* the noise of a slap

ponctuel punctual

ponctuer to emphasize

pont m. bridge; deck (*ship*)

populaire of the people; popular

popularité f. popularity

port m. harbor; shelter

portail m. portal, gate; large doorway

porte f. door; gate; doorway; *à pleine —* jamming through the entrance

portée f. reach, range; importance; *à — de voix* within hearing

portefeuille m. billfold, wallet; *avoir le — de* to have a Cabinet position for, be Secretary for

porte-plume m. penholder

porter to take, carry; wear; *portez-vous bien* keep healthy; *le terrain y était toujours porté* the plot (of land) was still registered

porteur m. bearer, carrier, messenger

portière f. door (*of carriage*)

portion f. part, share; piece

posé poised, steady; slow, careful

poser to put down, write down; pose, place; *se —* settle down, alight; *— une question* ask a question; *se — une question* ask oneself a question

posséder to possess

possible possible; fairly good; *adv.* possibly, perhaps

poste m. (police) station; f. post office; *un — de garde* guardhouse, quarters of the guard

poster: se — devant to place oneself in front of

potage m. soup

pouce m. thumb

poudré powdered

poule f. chicken; *la chair de —* goose pimples; *ma —* darling

poulet m. chicken

poumon m. lung

poupée f. doll

pourboire m. tip (*money*)

pourquoi why

pourri rotten

poursuivre to pursue; persecute

pourtant however, though

pourvu (v. *pouvoir*): *— encore qu'il soit bon!* let's hope it's still good

pousser to push; impel, urge; *— un cri* to give out a cry, to yell

poussière f. dust

poussiéreux dusty

poussin m. chick

poutre f. beam

pouvoir to be able to; can, may; *n'en — plus* not to be able to stand it anymore; *il n'y peut rien* there's nothing he can do about it; *il pourrait se faire* it might be; *n. m.* power

pratique a. practical; *n. f.* practice

pratiquer to use; perform; make; practice

préambule m. introduction

précédemment before, previously

prêcher to preach

précipitamment hurriedly

précipiter to precipitate; throw (hurl) down

précis precise, exact

précisément exactly, precisely

préciser to specify, state exactly

prédire to predict

préférer to prefer

prématurément prematurely

premier a. first; early (*show*); *n. m.
au —* on the second floor; *et ton
gars le —* and beginning with
your boy

prendre to take, take on, assume;
catch, seize; mistake; eat, drink;
— congé take leave; *— connaissance de* find out about; *qu'est-
ce qui le prend?* what's the matter with him?

prénom m. first name

préoccuper to worry, trouble

préparatifs m. pl. preparations

préparer to prepare; *se — à* get
ready to

près adv. near, close by; *prep.* near;
nearly, about; *à peu —* almost,
nearly; *tout —* quite near

présage m. forewarning

prescrire to prescribe

présenter to present, introduce;
show; *comment se présente la
région?* how does the countryside
appear?

presque almost

presqu'île f. peninsula

presse f. press

pressé hurried; urgent

presser to press; clasp, squeeze;
hurry; urge; *se —* hurry (up)

prestigieux fascinating

prétendre to maintain, claim

prêter to lend

prétexte m. pretext, excuse; *sous
— de* pretending to

prêtre m. priest

preuve f. proof

prévenance f. attention; kindness

prévenir to warn, forewarn; fore-
stall

prévoir to foresee

prier to beg; pray; ask, invite

prière f. prayer

prieur m. prior, priest

prime f. premium; bonus

principal main

principe m. principle; *en —* as a
rule

printemps m. spring

pris (*p. part. prendre*) inserted,
framed; *ça l'avait —* it had come
over him

prisonnier m. prisoner

priver to deprive

prix m. price, cost; prize

probablement probably

probe honest

procéder to proceed

prochain a. near by; next; forth-
coming; *n. m.* next one; neighbor

proche near

proclamer to proclaim

procurer: se — to obtain

prodigieux prodigious, formidable;
wonderful

produire to produce, form; *se —*
happen, take place

proférer to utter, pronounce

professeur m. professor

profit m. profit, benefit

profiter to take advantage of

profond deep, dense; *au plus — de*
deep down in

profondément profoundly, deeply;
soundly

profondeur f. depth; thickness

progressivement gradually

proie f. prey, booty, prize

projet m. project, plan

projeter to project

prolonger to extend, lengthen; *se
—* extend, continue

promenade f. walk, stroll; *faire
une —* to take a walk

promener to walk, lead, take; *se —*
take a walk

promesse f. promise

promettre to promise

promontoire m. headland

promptement promptly

prononcer to pronounce, declare

propice: — *à* good for

propos m. remark, conversation; words, speech; *à* — by the way; *à* — *de* speaking of, concerning

propre clean, neat; fit; — *à* appropriate for, capable of; *sa* — *vie* his own life

propret clean; *assez* — rather neat

propriétaire m. proprietor, landlord; owner

propriété f. property, estate, land

prospectus m. advertisement

prospérité f. prosperity

protéger to protect

proue f. bow, prow (*ship*)

prouver to prove

provenance f. origin, source

Provence f. province in the south of France

provenir de to come (proceed) from

province f.: *cousin de* — provincial cousin

provision f. supply

provisoirement temporarily

provoquer to provoke; bother; cause

prudence f. carefulness, care

prudent wise; careful, cautious

prunelle f. pupil (*eye*)

Psaume m. Psalm

puant stinking, smelly

publicité f. publicity

puce f. flea

pudeur f. modesty; decency

puérile childish

puis now; then; also; afterward, next

puiser: — *dans* to draw (take) from

puisque since, because

puissance f. power

puissant powerful, strong

puits m. well

punir to punish

pur pure; straight, undiluted

pureté f. purity, pureness

purgatoire m. Purgatory

puritain m. puritan

Q

qu' (*see* *que*)

quai m. platform; dock, wharf

qualité f. quality

quand when; — *même* even though, just the same

quant: — *à* as to, as for

quantité f. quantity, number

quarantaine f.: *faire leur petite* — to be quarantined for a short while; be on probation; *entrer dans sa* — to be forty years old

quarante forty

quart m. quarter; watch

quartier m. district, ward, section; piece

quasi all but, nearly

quasiment almost

quatorze fourteen

que why, what, how, as, why; let, may; to such a point that

quel, f. quelle what, which, what a, what sort of

quelconque whatsoever, any; commonplace, ordinary

quelque some, any; whatever; — *chose* something

quelquefois sometimes

quelqu'un someone, somebody

quelques-uns some

quereller: *se* — to quarrel

quérir to get, fetch

quête f.: *faire la* — to take (up) a collection

queue f. tail; *faire la* — to stand in line; *piano à* — grand piano

qui who; which

quiétude f. peace, tranquillity

quinquagénaire in one's fifties

quinzaine f. about fifteen

quinze fifteen

quitter to leave; take (cast) off (*armor*)

quoi: —! I tell you! for sure! *de* — enough; *sans* — or else

quotidien daily

R

rabaisser to lower; cheapen

rabattre to bring down, push down; retract

raccommoder to mend

raccompagner to accompany back

raccord m. joint, coupling; *avec deux ou trois -s de peinture* with new paint in two or three places

raccourcir to shorten

racheter to buy again; buy back

racine f. root

raconter to tell, narrate; *qu'est-ce que tu racontes?* what are you talking about? what's up?

radieux radiant, very happy

Radiodiffusion f. Broadcasting station

raffinement m. refinement

rafraîchi refreshed, cooled

rafraîchir to cool

rafraîchissement m. refreshment

rager to be in a rage, fume, be mad

rageur angry

raide stiff, difficult

raidillon m. steep path; abrupt rise

raidir: se — to stiffen

railler to mock, make fun of

raison f. reason; argument, proof

raisonnable reasonable; logical

raisonnement m. reasoning, judgment

raisonner to reason

rajuster to readjust; enliven (*eyes*)

râle m. rattle; wheezing

ralentir to slow down

râler to rattle, gasp

ralliement m. rallying

rallumer to light again

ramassé doubled up; massive

ramasser to pick up

ramener to bring back; lead back

ramper to crawl, creep

rancune f. spite; grudge

rang m. row, rank, line; *se mettre en — par deux* to form a column by (of) twos

rangée f. rank, line

ranger to arrange; put back in place

ranimer to revive; bring to

râpé threadbare; shabby

râpeux rough

rapidement rapidly, quickly

rapidité f. rapidity; quickness; *avec* — quickly

rappel m. reminder

rappeler to recall; remind; sum up; have a connection with; *se* — remember

rapport m. relation, connection; report, paper; relationship; *par — à* in connection with, in proportion to

rapporter to bring back (in); report; pay; *se — à* refer to

rapprocher to put closer together; *se — de* come nearer

raquette f. racket (*tennis*)

rarement rarely

raser to raze; shave; *se* — shave

rasoir m. razor

rassembler to assemble, get together

rasseoir to seat again; *se* — sit down again

rasséréner to clear, restore, invigorate

rassurer to reassure; cheer

rattacher to fasten, tie (up) again

rattraper to get hold of again; catch up with

rauque hoarse, raucous

ravager to wreck, ruin

ravir to delight, enchant; ravish

raviser: se — to have a second thought; change one's mind

ravitaillement m. supplies

ravitailler to supply; — *qn en grains* bring someone a supply of grain

ravoir to recover

rayon m. ray (*of light*); radius

rayonner to radiate

réagir to react

réalité f. reality; *en* — actually

réapparaître to reappear

rebelle rebellious

rebondir to rebound; bump

rebord m. ledge; brim; — *de la fenêtre* window sill

rebrousser: — *chemin* to retrace one's steps

recensement m. census

receveur m. collector (*of taxes*)

recevoir to receive; welcome

réchapper: en — to recover

réchauffer to warm up; get warm

rêche: pierres —*s* rough stones; rubble

recherche f. search; research; *habillé avec* — dressed with care

rechercher to search, look for; investigate

rechigner to grumble, complain

récif m. reef (in the sea); — *de corail* coral reef

récit m. story, tale, narrative

réciter to recite

réclamation f. claim, demand

réclamer to claim; demand; call for

récolte f. crop

récolter to harvest

recommander to recommend, counsel, charge

recommencer to begin again

récompense f. reward

reconduire (*qn*) to take (someone) back (home)

réconfortant comforting, refreshing

reconnaissance f. gratitude, gratefulness

reconnaissant grateful

reconnaître to recognize; admit; understand

reconquérir to reconquer, win back

reconstituer to reconstruct

recopier to copy over again

recoucher to lay down again; *se* — go to bed again

recourber to curve, bend

recourir (à) to have recourse (to)

recours m. recourse, appeal

recouvrir to find again; get back; cover up

récrier: se — exclaim

recroquevillé curled (snarled, tied, hunched) up; — *dans son indignation* all wrapped up in his indignation

recteur m. rector; provost

reçu m. receipt

recueil m. collection

recueillir to collect, gather; receive; pick up; *se* — collect oneself, reflect

recuire to cook again

recuit tanned, weathered (*skin*)

reculer to step (move) back; postpone; retreat; *se* — draw back, retreat

rédacteur m. editor (of a paper)

rédaction f. composition, theme; *le sujet de* — the subject of a composition

rédiger to compose, write (up)

redingote f. Prince Albert coat; frock coat

redonner to give again; give back again

redoré gilded again

redoubler to increase; double

redoutable formidable; feared, dangerous; dreadful

redoute f. redoubt (*fortified position*)

redouter to dread, fear

redresser to straighten up; *se* — straighten up

réduire to reduce

réduit a. small, reduced; *n. m.* retreat, nook; small room; hovel

réel real, true, actual

refaire to do again; make over; fix again; restore to health

référer: se — à to refer to

refermer to close (shut, lock) again

réfléchir to think (ponder) over, reflect

reflet m. reflexion; glitter

refléter to reflect

reflux m. ebbing, ebb

réformer to discharge (from army)

refouler to push back

refroidir to cool off; *se —* grow cold

réfugié m. refugee

réfugier: se — to take refuge

refus m. refusal

refuser to refuse

regagner to go back (return) to; win back

régal m. treat; luxury

regard m. look, glance; eyes; *jeter un —* to glance, throw a glance around; *considérer qn à bout de —* look at someone superciliously

regarder to look at, watch; consider; concern; *ça te regarde* it's your business; *se —* look at each other; consider oneself

régime m. treatment

régiment m. regiment; (military) service

région f. region; section; countryside

registre m. register; account book

règle f. rule, regulation; ruler, yard stick

règlement m. regulation

régler to regulate; control; settle (*account*)

règne m. reign

régner to reign; take over

régulier regular; exact, punctual

régulièrement regularly

rein m. kidney; *—s pl.* (small of the) back

reine f. queen

rejeter to throw back; discard

rejoindre to join again, overtake; meet; *se —* join

réjouir to cheer up; *se — (de,* at, in) rejoice; enjoy, delight in

réjouissant cheerful

relâcher to let go; relax; *se —* relax

relater to relate

reléguer to banish; seclude

relèvement m. raising, rising; rehabilitation; *le — du franc* recovery of the franc

relever to raise (again); turn up (*bat*); lift (up); relieve; bring (pick) out; *se —* get up, pick oneself up

relief m. relief (*on map or landscape*)

religieuse f. nun

religieux m. monk, friar, brother

reluire to shine; gleam

remarquable remarkable

remarquer to notice, observe; point out; *faire —* observe

rembourrer to stuff; pad

rembourser to reimburse

remède m. remedy; cure, treatment; *sans —* hopeless(ly)

remerciement m. thanks

remercier to thank

remettre to put back, put off; start again; *se — à* to begin again to

remonter to go up again; lift; wind

remords m. remorse

rempart m. fortification

remplacer to replace; substitute

remplir to fill; fulfill; fill out (*blank*)

remuer to stir, move; wiggle; *se remuer* move around

renaître to be reborn; revive

rencontre f. meeting, encounter

rencontrer to meet; *se — avec* meet

rendez-vous m. appointment; *prendre un* — to make an appointment

rendormir: *se* — to go back to sleep

rendre to render, give up (back); restore

renfermer to shut up; *se* — *dans* withdraw (retreat) into

renflé swollen

renfoncé pulled down (*hat*)

renforcer to strengthen; *qui s'était à peine renforcé* which had scarcely become brighter (*sky*)

renfort m.: *à grand* — *de* with plenty of, by dint of

renier to repudiate; renounce

renommée f. reputation; renown

renoncer to renounce

renouer to tie again; resume, renew

renouveler to renew; happen again

renseignement m. (piece) of information

renseigner to inform; *se* — be informed

rente f. income; *pl.* Government bonds

rentrée f. return; going back to school

rentrer to go (be) back; — *dans* enter, penetrate; draw in

renverse: *tomber à la* — fall over backward; be flabbergasted

renverser to upset, throw down; reverse

renvoyer to send back; dismiss

répandre to spread about; *se* — *en* burst into

reparaître to reappear

réparer to repair

repartir to leave again; set out

repas m. meal

repasser to iron, press (clothes); pass by again; *se* — *les ailes* smooth one's wings

repenser (*à*) to think again (about)

repentir m. repentance; *se* — repent, be sorry

repérer to spot, notice, single out

répertoire m. repertory

répéter to repeat; sum up

répit m. respite; delay, reprieve

replacer to put back again

replier to fold again; *se* — fall back, retreat (*army*)

répliquer to answer back, retort

replonger to dive in again

répondre to answer, reply; — *de* guarantee, answer for

réponse f. answer, response

reporter to carry back; refer to; *se* — (*à*) go back (to); *il reporta ses yeux sur elle* he looked back at her again

repos m. rest, repose; peace, calm; *de tout* — reliable

reposer to put down again; *se* — rest; *se* — *sur* count upon

repoussant repulsive

repousser to push back (aside, away)

reprendre to take again, take back; *il se reprit* he caught himself; — *la route* resume walking

représentant m. representative

représenter to present, show

réprimer to suppress, curb

reprise f.: *à plusieurs* -*s* several times

reproche m. reproach, blame

reprocher to reproach, blame; *se* — blame oneself

reproduire: *se* — to be reproduced

répugnance f. reluctance; distaste

répugner: — *à* to feel repugnance for, be repelled by; loathe

requérir to solicit, ask

requête f. request

réquisitionner to requisition

rescousse f.: *à la* — to the rescue

résigner to resign; *se* — become resigned

résolument determinedly, boldly

résolution f.: *prendre une —* to make a decision

résonner to resound; clink, clank

résoudre to resolve, decide; *se —* make up one's mind

respectueusement respectively

respectueux respectful

respirer to breathe

resplendir to shine, glitter; blossom forth

resplendissant resplendent, bright, dazzling

responsabilité f. responsibility

responsable responsible

ressaisir to seize again, get hold of again

ressembler to look like; *qui se ressemble ne s'assemble pas* birds of a feather don't (always) flock together

ressentir to feel

resserré tight

resservir to serve again

ressort m. spring

ressortir to go out again; take out again; bring out

ressource f. support; f. pl. resources, income

restaurer to restore, treat; board

reste m. remainder, left-over; extra; *du —* besides

rester to remain, stay

restreint restricted

résulter to result; *il en résulte que* the result of it is that

résumé m. summary

rétablir to reestablish, straighten up; *se —* recover, get well

retard m. delay; *être en —* to be late

retenir to retain, hold back; keep from

retentir to resound, sound; ring, echo

rétif stubborn

retirer to withdraw, pull out (back)

retomber to fall again, fall back

retour m. return

retourner to return; turn back (over); *voir de quoi il retourne* see how matters stand, what it is all about; *se —* turn around, turn over; *s'en —* return, go back

retrait: *en —* on the side

retraite f. retreat; retirement

retraité retired

retraverser to cross again

retrousser to turn up; reverse; curl up (*lip*)

retrouver to find again; *se —* meet

réunir to reunite; *se —* gather, assemble

réussi successful

réussir to succeed

réussite f. success

revanche f. revenge; *en —* on the other hand

rêve m. dream

réveiller to awaken, wake up; *se —* wake up

révéler to reveal

revenir to come back, go back; *lui revenait en mémoire* came back to his mind; *s'en —* come back; *— sur ses pas* retrace one's steps

revenu m. income; *impôt sur le —* income tax

rêver to dream

révérence f. curtsy, bow

rêverie f. meditation, dreaming

réverbération f.: *— du soleil* glare of the sun

rêverie f. day dreaming

revers m. reverse, other side; lapel; *— de fortune* money reverses

revêtir to clad, clothe, attire

revêtu (*de,* with) covered

rêveur m. dreamer

revisser to screw on again

revoir to see again; *au —* good-bye, see you again

revoler to fly again

révolter to revolt; **se —** revolt, rebel

revue *f.* review, magazine

révulsé upturned; disgusted

rez-de-chaussée *m.* ground level, street level; first floor

rhabiller: se — to put one's clothes back on

rhétorique *f.*: **employer toute sa —** to have recourse to all one's eloquence

Rhône *m.* one of the four most important rivers in France. It has its source in Switzerland and empties into the Mediterranean at the Camargue Delta.

rhum *m.* rum

rhume *m.* cold

richesse *f.* richness

ride *f.* wrinkle

ridé wrinkled

rideau *m.* curtain

ridicule *m.* ridiculous habit, ridicule

rien nothing; **— que** nothing but; **— que d'y songer** just thinking about it

rieur *m.* laugher, joker

rigueur *f.* rigor; severity

rime *f.* rhyme

rimer: **à quoi rimait** what was the sense of

riposter to retort, counter

rire *m.* laughter; **fou —** hysterical laugh

rire *v.* to laugh; **éclater de —** burst out laughing; **on va —** we'll have a good laugh

risible laughable; ludicrous

risquer to risk

rivage *m.* shore, bank

rive *f.* bank

rivière *f.* river, stream

riz *m.* rice

robe *f.* dress; **— de chambre** bathrobe

robinet *m.* faucet

roc *m.* rock

roche *f.* rock

rocher *m.* rock; cliff

rocheux rocky

rôder to roam, prowl

rogner to gnaw; cut corners

roi *m.* king

roide stiff

rôle *m.* role, part; **tenir un —** to act a part

romain Roman

roman *m.* novel

roman-feuilleton *m.* serial novel

romancier *m.* novelist

rompre to break, separate; break off

ronce *f.* bramble, briar

ronchonner to complain; growl

rond *m.* circle; **tourner en —** to walk in a circle

ronde *f.* circle, ring; round; **— de nuit** night watch

ronflement *m.* snoring

rongé worn out; tormented

ronger to gnaw, bite; **se — les ongles** bite one's nails

rose pink

roseau *m.* reed; **— tressé** braided reed

rossignol *m.* nightingale

rôti *m.* roast

rôtir to roast

roue *f.* wheel

Rouen city on the Seine, 125 miles northwest of Paris; famous for its twelfth century cathedral

rouge red

rougeâtre reddish

rougeur *f.* redness

rougir to blush

rouille *f.* rust

roulé fleeced, gypped (*in gambling*)

roulement *m.* rolling

rouler to roll; revolve

roussâtre reddish

route f. road; way; *faire la — à pied* to go on foot
rouvrir to reopen
roux, f. rousse red (*hair*)
royaume m. kingdom
ruban m. ribbon
rude rough, tough; harsh
rudement harshly, toughly; violently
rudesse f. harshness
rue f. street
rugueux rugged, rough
ruisseau m. brook, stream
ruisseler to stream, run down (*liquid*); drip (*perspiration*)
rumeur f. rumor; sound; uproar, rumbling
ruse f. cunning, sly trick
Russie f. Russia
rustique rustic, countrylike
rythme m. rhythm

S

sable m. sand
sabot m. wooden shoe; hoof
sac m. bag, sack; hand bag; *être dans le même — que lui* to be in the same fix as he; *— de voyage* traveling bag
saccade f. jolt; *par –s* jerkily
sage a. wise; sensible; good, well behaved; *n. m.* wise man
sagement wisely
sagesse f. goodness; wisdom
saignant: viande –e rare meat
saigner to bleed
saillir to jut out, protrude
sain healthy
saint saintly
saisir to seize, catch; (*law*) attack
saisissant striking
saison f. season
salaud m.: beau — dirty bum
sale dirty; rotten
salé salted
saleté f. filth(iness)

salière f. salt shaker
salir to dirty
saliver to salivate
salle f. room; hall; *— d'attente* waiting room; *— à manger* dining room
salon m. living room
saluer to salute, greet
salut m. salute, salutation; safety; *faire son —* to find (work out one's) salvation; *—!* hi! hello!
salutaire safe; wholesome
salutation f. greeting; *faire un geste de —* to wave a greeting; bow
samedi m. Saturday
sanctuaire m. sanctuary
sandale f. sandal
sang m. blood; *un coup de —* stroke; *la folie du —* blood lust
sanglant bloody; blood-spattered
sanglot m. sob
sangloter to sob
sanguin sanguine, red-faced; red
sans without; *— doute* of course; *— mot dire* without saying a word
santé f. health; *une maison de —* nursing home; *la Santé* French prison in Paris
sapristi! good heavens!
satisfaire to satisfy, gratify
satisfait satisfied; *avec un air —* with a self-contented look
saucisse f. sausage
sauf save, but, except
saugrenu absurd, ridiculous
saumure f. pickling water
saut m. jump
saute f.: — de vent gust (shift) of wind
sauter to jump; skip; explode, burst
sauvage wild; savage
sauver to save, rescue; *se —* run away

savane *f.* savanna, (tropical) grassy plain

savant *a.* wise, intellectual, learned; *n. m.* scholar

saveur *f.* taste, savor, flavor

savoir to know; know how to; *à ne pas —* be at a loss; *Je n'avais pas à le —* It was none of my business

savon *m.* soap

savourer to enjoy; taste

scène *f.* scene, encounter; *entrer en —* to appear

scintiller to shine

scrupuleux scrupulous

séance *f.* sitting; meeting; *lever la —* to adjourn

sec, *f.* **sèche** dry; wiry, gaunt; curt; abrupt; sharp

sèchement dryly; abruptly

sécher to dry

sécheresse *f.* drought

second *m.* executive officer; second in command

secondaire secondary

seconde *f.* second, moment

secouer to shake; rattle *(door)*; *se — shake* oneself

secourir to help, aid

secours *m.* help, assistance; *au —!* help! *porter — à* give aid to

secousse *f.* shake, jolt; commotion

secrétaire *m., f.* secretary

sécurité *f.* security; safety

séduire to seduce; captivate; charm

seigneur *m.* lord

sein *m.* breast, bosom

Seine *f.* One of the four most important rivers of France. It takes its source north of Dijon and flows through Paris and into the English Channel at Le Havre.

seize sixteen

séjour *m.* stay, sojourn

sel *m.* salt

selon according to

semaine *f.* week

semblable similar

semblant *m.: faire — de* to pretend to

sembler to seem, appear

semer to sow, strew

semi- half-

sens *m.* sense; meaning; *bon — common* sense

sensation *f.* feeling

sensé sensible

sensibilité *f.* sensitivity

sensible sensitive; noticeable

sensiblement noticeably, perceptibly

sentier *m.* path, trail

sentir to feel; smell

septembre *m.* September

sergent *m.* sergeant; *— (de ville)* policeman

sérieux serious; *prendre au —* to take seriously

serment *m.* oath, vow

sermonner to preach; scold

serpe *f.* billhook, hooked ax

serpent *m.* snake

serré tight, close together

serrer to squeeze, tighten; put away *(money)*; clasp, hug; *— les gencives* clench one's gums, one's teeth

serrure *f.* lock

servante *f.* servant, girl, maid

serviette *f.* napkin; briefcase

servir to serve, wait on; *se — de* use; *pour vous —* at your service

seuil *m.* threshold; entrance; *passer (franchir) le —* go through the door

seul alone; *—e pensée* mere thought

seulement only; even; just; *non — not* only

sévérité *f.: avec —* severely

siècle *m.* century, times

siège *m.* seat, center; siege

sien, *f.* **sienne** his, hers; *le —, la sienne* his, hers; *mettre du —*

to give one's best; cooperate; *les
-s* one's own people (family)

sieste f.: faire la — to take a
nap

sifflant shrill; whistling

sifflement m. whistling, whistle;
hissing

siffler to whistle

sifflet m. whistle

signaler to point out; report; mention

signe m. sign; signal; *il fit un
grand —* he waved his hand

signer to sign

silencieux silent

sillage m. wake

sillon m. furrow

simplement simply

simplette f. very simple; naïve

singe m. monkey

singulier singular, particular; odd

singulièrement oddly, strangely

sinon except, but; otherwise; if not

sitôt: — la porte ouverte as soon
as the door was open

situation f. position, job

situer to situate; locate

société f. company, society; organi-
zation; firm

sœur f. sister

soi oneself, itself; self; *chez —* at
home

soi-disant a. so-called

soie f. silk

soif f. thirst; *avoir —* to be thirsty

soigner to take care of; feed (*chickens*)

soigneusement carefully, prudently

soi-même oneself

soin m. care, attention; duty; *avoir
— de* to take care of

soir m. evening, night

soirée f. evening

soixante sixty

sol m. ground, earth; soil

soldat m. soldier

soleil m. sun; *il faisait —* the sun
was shining

solennel solemn

solidité f. solidity; strength

solitaire a. solitary; *n. m.* solitaire
(*card game*)

sombre dark, gloomy; melancholy

somme: en — as a matter of fact;
after all

sommeil m. sleep

sommet m. top, summit

son m. sound; ringing (*bell*)

songe m. dream

songer to think; dream

songerie f. (day)dream, meditation

sonner to ring, sound, blow; strike
(*clock*)

sonnerie f. (bell) ringing

sonnette f. bell; *un coup de —*
doorbell ring

sonore sonorous

Sorbonne f. the seat of the faculty
of liberal arts and sciences, the
University of Paris; named after
the 13th century theologian Robert
de Sorbon

sort m. fate, lot; *le mauvais —* bad
luck

sorte f. sort, kind; *en quelque —*
in a way

sortie f. exit; outing; *à la — de* on
leaving

sortir to go out, leave; take out

sot stupid

sottise f. foolishness, nonsense

sou m. sou, penny; small French
coin; *pl.* money

souci m. worry, care

soucier: se — de to care about

soucieux anxious

soucoupe f. saucer

soudain suddenly; sudden

souffle m. breathing; blowing

souffler to blow; breathe; whisper;
puff

soufflet m. slap

souffrance f. suffering; suspense
souffrir to suffer; endure
souhait m. wish
souhaitable desirable
souhaiter to wish; desire
soulagement m. relief
soulager to relieve, soothe
soulever to lift, raise; *se —* lift one-self up; revolt
soulier m. shoe; *— de marche* walking shoe
souligner to underline, emphasize
soumettre to submit, refer (to)
soumis submissive, obedient
soupçon m. suspicion
soupçonner to suspect
soupçonneux suspicious
soupe f. soup
souper m. supper
soupir m. sigh; *pousser un long —* to utter (let out) a deep sigh
soupirer to sigh
souple supple, flexible
souplesse f. suppleness, flexibility
sourcil m. eyebrow; *les –s froncés* scowling, frowning
sourd a. deaf; muffled; *n. m.* deaf man
sourde f. deaf woman
sourdement in a deep (hollow) voice; dully
sourdine f.: en — in a muffled tone
sourire m. smile; *prendre un — ravi* to smile delightedly
sournoisement slyly, craftily
sous under; *—-entendre* to imply
sous-chef m.: — de bureau assistant office manager
sous-officier m. noncommissioned officer
soutenir to sustain, resist; hold out against (*siege*)
souvenir m. remembrance, memory; *se — de* to remember
souvent often
spacieux spacious

spectacle show; play; performance
spirale f. spiral
spirituel witty, clever; spiritual
splendeur f. splendor, glory; brilliance
spontanément spontaneously
stentor: une voix de — stentorian (very loud) voice
stoïque stoical, impassive
store m. (window) shade
stratégie f. strategy
strictement strictly
stupéfait stupefied, amazed
stupeur f. amazement, stupefaction
stupide a. stupid; *n. m.* nit-wit, fool
stupidité f. stupidity; stupor
stylo m. fountain pen
suave suave, urbane
subir to undergo, suffer; submit to
subit sudden
subitement suddenly
sublunaire under the moon; earthly
subordonné m. subordinate
subside m. subsidy; aid
subtil subtle; smart, clever
succéder to succeed, follow
succès m. success
succession f. inheritance
successivement in succession
succursale f. branch (office)
sucer to suck
sucre m. sugar
sud m. South
Suède f. Sweden
suer to sweat; ooze (with)
sueur f. sweat, perspiration
suffire to suffice
suffisamment sufficiently
suffisant sufficient; enough
suffocant suffocating, choking
suggérer to suggest
Suisse f. Switzerland; *m., f.* Swiss
suite sequel; following; *à la — de* after which; *dans la —* afterward; *qui appelle une —* which calls for something to follow

suivant following

suivre to follow; — *un cours* to take a course

sujet m. subject; *au — de* about, concerning

superbe proud, haughty

supérieur m. superior; upper

supplémentaire supplementary, additional

supplier to supplicate, beg; implore

supportable bearable

supporter to support, carry; endure

supposer to suppose, imagine; figure out

supprimer to suppress

sûr sure, certain; *bien —* naturally; *à coup —* for sure

surcroît m.: *par —* in addition, on top of

sûrement surely

sûreté f. safety; *mettre en —* put in a safe place; *la Sûreté* the French equivalent of the F. B. I.

surgir to rise; emerge; *faire —* bring forth

surhomme m. superman

surhumain superhuman

sur-le-champ on the spot, right away

surlendemain m.: *le —* the day after next, two days later

surmenage m. overwork, overexertion

surmonter to surmount; overcome

surnaturel m. supernatural

surnom m. nickname

surpasser: se — to outdo oneself

surplus: au — moreover, besides

surprenant surprising, amazing

surprendre to surprise, overhear; overtake; catch

surpris (de) amazed (at)

sursaut m. start; *en —* with a start; *il eut un — terrible* he gave a dreadful start, he started violently

sursauter to start, be startled, jump

surtout especially

surveillance f. supervision, watching

surveiller to watch, observe, supervise

survenu taken place, happened

survivre to survive; outlive

susdit above-mentioned

suspect a. suspicious; n. m. suspicious character

suspendre to hang

sympathie f. sympathy; attraction

T

tabac m. tobacco

table f. desk; *mettre la —* to set the table

tableau m. painting, picture; board, blackboard

tablette f. shelf

tablier m. apron

tabouret m. stool, footstool

tache f. spot, stain; flaw

tâche f. task, duty

tâcher to try, endeavor

tacheté spotted, speckled

tactique f. tactics

taille f. waist; body, size; height; *de — moyenne* of medium height

taillé cut, shaped; tailored; *— par le hasard* shaped at random

tailler to cut, carve, shape

tailleur m. tailor

taire to conceal; not to mention; *se — * be silent, stop talking

taloche f. slap

talocher to slap, beat up

talon m. heel

tandis que while; whereas

tanière f. den

tant so much; *— que* so long as; *si — est que* if indeed; *— soit peu* the least bit, ever so little

tante f. aunt

tantième m. percentage, share

tantinet m.: *un — de* ever so little

tantôt presently, soon; in a little while, a little while ago; *— ... —* now ... then ..., sometimes ... sometimes

tapage m. noise, raucus; *faire un —* to make an uproar

tape f. slap

taper to hit, knock; type

tapis m. rug

tapisserie f. tapestry, embroidery; wall paper

tard late; *plus —* later; *sur le —* late in life

tarder to be late, delay; put off; *Il me tarde de* I am anxious to

tardif late; backward

tare f. blemish, fault

tarif m. tariff, rate

tartine f.: *— de beurre* slice of bread and butter

tas m. pile, heap; crowd; swarm

tasse f. cup

tassé hunched over, crowded together; piled up

tasser: se — hunch; squat; to subside

tâter to feel

tâtonner to grope, feel

tâtons: à — gropingly

taux m. rate

technique technical

teint m. complexion

tel like, such; *en tant que —* such as he (she) is; *un —* so-and-so

tellement so much (many)

téméraire bold, rash, reckless

témoignage m. testimony

témoigner to testify

témoin m. witness

tempe f. temple (*head*)

tempérer to moderate

tempête f. tempest, storm

temps m. time; weather; pause;

quel — fait-il? what's the weather like?

tenace tenacious; lasting

tendance f. leaning to, (to)ward

tendre a. tender; soft (*light*); v. to extend; hand out (over); stretch; *— l'oreille* listen attentively

tendresse f. tenderness; affection

tendu stretched, made tight; tense

ténèbres f. pl. darkness, shadows; gloom

tenez! here! now listen! see here!

tenir to hold; belong to; *— à* want; like; *il ne se tenait plus de joie* he was overjoyed; *elle tenait à peine dans sa robe* she hardly fitted into her dress; *il tenait pour impossible que ...* he considered it impossible that ... ; *s'il n'avait tenu qu'à lui* if it had been up to him; *— un rôle* act a part

tentation f. temptation

tentative f. attempt

tenter to attempt, try; tempt; *— fortune* try one's luck

tenue f. appearance; clothing

terme m. term; end; quarter (*of rent*); *en d'autres —s* in other words; *être dans les meilleurs —s avec* to be on the best of terms with

terminer to finish, end

terne dull, bleak

terrain m. ground, plot (*of land*)

terrasse f. terrace

terre f. earth; ground; property; field; *à —* on the ground; *par —* on the floor

terre-plein m. terrace

terreur f. terror, fright

terrifier to terrify

tête f. head; *avoir une bonne —* to have a good head on one's shoulders

têtu stubborn

thé m. tea
théorie f. theory
tiède lukewarm
tiédeur f. lukewarmness
tiédir to warm up
tiers m. third
tige f. stem; twig
timbre m. sound, tone; bell; stamp
timidement shyly
timidité f. shynesss
tiré: quand le vin est — when the wine is drawn; *je l'ai — à triple exemplaire* I typed it with two carbons
tiroir m. drawer
tissu m. material (*cloth*)
titre m. title
toile f. cloth; canvas; linen; *une chemise de — d'avion* a shirt made out of airplane canvas; *une chemise de — à voile* a shirt made of sail cloth; *son pantalon de —* his linen (duck) trousers
toilette f. washstand; *faire sa —* to wash; *faire un brin de —* clean up a bit
toise f. fathom (*two yards*)
toiser: la vieille le toisa the old woman looked him up and down
toison f. fleece, shock of hair
toit m. roof
tolérer to tolerate, endure
tombante: à la nuit — at nightfall
tombe f. tomb, grave
tombeau m. tomb, grave
tomber to fall
tome m. volume (*book*)
ton m. tone, voice; air; *de bon —* in good taste; *hausser le —* raise one's voice
tondu shaved; cropped
tonnant thundering
tonnerre m. thunder
torchon m. towel; rag
tordre to twist, warp; wring
torpeur f. daze, torpor

torréfié scorched
torse m. torso, trunk, bust
tort m. wrong; mistake; *avoir le — de* to be wrong in
tortillard m. cripple, limper
tortillé twisted
tortu crooked, twisted
tôt early, soon; *— ou tard* sooner or later
toucher to touch; feel; move
touffe f. tuft; shock (*of hair*); thatch
toujours always; still; in the meantime
Toulon French naval base on the Mediterranean, southeast of Marseilles
tour m. turn; *à — de rôle* one after the other; *— à —* by turns; *faire le —* to walk around
tourbillon m. whirlwind
tourment m. torment; pain
tourmente f. blizzard
tourmenté distorted; upset (*feeling*)
tourmenter to torment; worry
tournailler to keep turning around
tournant m. turn, curve, bend
tournée f. round
tourner to turn; curve, wind; *— en rond* turn round and round; *se — vers* turn toward
tousser to cough
tout all, whole, entire, complete; *— à coup, — d'un coup* all of a sudden; *après —* after all; after it was done; *— en ramassant* while picking up
toutefois however, nevertheless; yet
toux f. cough
tracas m. bother, worry
trace f. track, trail; mark; sketch
tracer to draw; write; describe; *— à la craie* draw with a chalk
traduire to translate
tragédie f. tragedy

tragique tragic

trahir to betray

trahison f. treason, betrayal

train m. mode of living; *en — de* in the act of; *il était en — de manger* he was eating

traînant dragging

traînée f. track, trail

traîner to drag, trail

trait m. feature; characteristc

traiter to treat; deal with

traître m. traitor

trajet m. journey; trip; *faire le — à pied* to make the trip on foot

tranche f. slice

tranquille quiet, calm; *laisse-le —!* leave him alone!

tranquillement calmly; deliberately

transférer to transfer

transfert m. transfer

transfigurer to transfigure

transi chilled

transmettre to transmit, hand over

transpiration f. perspiring, sweating

transport m. transportation; rapture

transporter to carry (away, off)

travail m. work

travailler to work; *le bois travaille* the wood is warping, shrinking

travailleur m. worker, laborer

travers: à —, au — through, across; *à tort et à —* without rhyme or reason; *tout de —* all which ways, all askew

traverse f.: *chemin de —* short cut, crossroad

traversée f. crossing, voyage

traverser to cross, go across (through)

trébucher to stumble, stagger

treizième m. thirteenth

trembler to tremble, shake

trembloter to tremble, shake; flicker (*light*)

tremper to dip

trentaine f.: *une —* about thirty

trente thirty

trépas m. death

très very; most

trésor m. treasure

Trésorerie f. Treasury

tressaillir to shudder, start; jump

tresser to braid; weave

trêve f. truce, peace

tribord m.: *à —* on starboard

tricolore three-colored; blue, white, and red (*for the flag of the French Republic*)

tricot m. sweater

trinquer (à) to drink (to)

triomphant triumphant, victorious

triompher to triumph

triste sad, dismal; pitiful

tristesse f. sadness

trompe f. proboscis (*of fly*)

tromper to deceive, fool; betray; *se —* be mistaken

trompette f. trumpet

trompeur m. deceiver, cheat

tronc m. (tree) trunk

trôner to be sitting in state; be enthroned

trop too much, too many; *c'en était —!* it was too much!

trophée f. trophy

trot m.: *au —* at a trot

trottoir m. sidewalk

trou m. hole; gap; *— de la serrure* keyhole

troublant confusing

trouble a. dull, lusterless; n. m. confusion, disturbance

troublé: être — to be perturbed, bothered

troubler to confuse, disturb; bother; *qui ne le troublait pas médiocrement* which troubled him quite a lot *troué* full of holes

troupe f. troop, gang; herd

troupeau m. herd, flock; band; troop

trouver to find; *se —* to be found, be situated; happen

tuer to kill

turbulent restless; boisterous

type m. fellow; chap; *le — même de ces gens* very much like these people

tyrannie f. tyranny

U

un one; *l' — l'autre* one to the other

uni smooth; level; united

unique only (*child*)

uniquement only; solely

unir to join, unite

univers m. universe

université f. university, college

Uruguayen m. Uruguayan

usage m. use, custom; *d'—* customary

user to use, make use of; wear out

usine f. factory

usuel customary, common

usurier m. loan shark

utile useful

utilité f. usefulness

V

va (*v. aller*) go; *ça —?* O.K.? all right?

vacances f. pl. vacation

vache f. cow

vacillant vacillating, shaking

vaciller to shake; waver

va-et-vient m. back-and-forth movement, coming-and-going

vagabond m. tramp

vagabonder to roam

vague f. wave

vaguement vaguely

vain useless, vain; *en —* uselessly

vaincre to conquer, overcome, overwhelm

vainement in vain

vainqueur m. conqueror

vais (*v. aller*): *j'y —* I'm coming (going)

vaisseau m. vessel, ship; *— fantôme* phantom ship

vaisselle f. dishes; *faire la —* to wipe (dry) the dishes

valable valid, good

valeur f. security; value; asset

valise f. suitcase

vallée f. valley

vallon m. small valley

valoir to be worth; *faire —* set off; *il valait mieux agir* it was better to act

vanille f. vanilla

vanité f. vanity

vanter to boast; *se —* boast

vapeur f. vapor, breath; mist; *m.* steamship

varice f. varicose vein

variété f. variety

vaste immense, great

veau m. calf; veal

végéter to vegetate

véhémence f. violence

véhément impetuous

veille f. day before; *l'avant-—* two days before

veillée f. evening (*spent in company*)

veiller to watch; sit up with; be awake

velours m. velvet

velu hairy

vendanges f. pl. grape-gathering

vendangeur m. grape picker

vendeur m. seller, salesman

vendre to sell

vendredi m. Friday

vénérer to worship

Vénézuélien m. Venezuelan

vengeance f. vengeance, revenge

venger to avenge; *se* — *de* take revenge on

venir to come; — *à* happen to; — *de* have just; *où voulez-vous en* —*?* what do you mean? what are you driving at? *j'en suis venu à* I came to the point where

vent *m.* wind

vente *f.* sale; *un acte de* — deed of sale

ventre *m.* stomach

venue *f.* coming, approach; *les premières* —*s* the first arrivals

vêpres *f. pl.* vespers

ver *m.* worm; *mangé aux* —*s* worm-eaten

verbe *m.* word; way of speaking

verdâtre greenish

verdoyant verdant, green

verdure *f.* greenery, greenness

verger *m.* orchard

verglas *m.* thin coating of ice

véridique truthful, true

vérifier to verify, check; prove

véritable true, real

vérité *f.* truth; reality; *à la* — to be truthful; *en* — really, truthfully

verre *m.* (drinking) glass

verrou *m.* lock; *fermer la porte au* — to bolt the door; *mettre le* — set the lock

vers *m. pl.* verses, poetry

vers toward; in the direction of

versant *m.* slope, bank; side

verser to pour; spill; shed (*tears*)

verset *m.* verse, stanza

verso *m.* reverse, back side

vert green; vigorous

vertige *m.* dizziness

vertigineux dizzy, giddy

vertu *f.* virtue; *en* — *de* by virtue of

vertueux virtuous

verve *f.* enthusiasm, spirit

veste *f.* suit coat; jacket; — *de chasse* hunting jacket

vestibule *m.* hall(way)

veston *m.* (man's) jacket

vêtement *m.* dress; clothing

vêtir to dress, clothe

vêtu (*v. vêtir*) dressed

veuille (*v. vouloir*) be kind enough to

veuve *f.* widow

viande *f.* meat

vibrer to vibrate

victoire *f.* victory

vide *m.* emptiness, gap; space; *a.* empty; *le regard* — with a vacant look

vider to empty

vie *f.* life

vieil (*f. vieille*) (*modified form of vieux before a vowel*) old

vieillard *m.* old man

vieille *f.* old woman

vieillesse *f.* old age

vieillir to grow old

vierge *f.* virgin; *la Sainte Vierge* the Blessed Virgin

vieux, *f.* **vieille** *a.* old; *n. m.* old man; *mon* — old chap

vif alive, lively; strong

vigne *f.* vineyard; grapevine

vigneron *m.* wine grower

vigoureux vigorous

vigueur *f.* vigor, strength, force

vilain ugly; bad

vilainement badly, nastily

ville *f.* town, city

vin *m.* wine; —*pur* undiluted wine; *quand le* — *est tiré* when the wine is drawn

vingt twenty; *quatre-vingts* eighty

vingtaine: *la* — *d'élèves* the twenty or so pupils

violemment violently, vigorously

violent violent; harsh (*light*)

violet violet, purple

violette *f.* violet

virgule *f.* comma

vis: — *à* — opposite
visage m. face
viser to take aim
visiblement obviously
visière f. visor
visionnaire m. dreamer
visite f. call; *faire une*— to pay a call
visiter to visit; check, inspect
visiteur m. visitor, guest
vitalité f. vitality
vite fast, quick; *faire* — to hurry
vitesse f. speed, rapidity
vitre f. windowpane
vitrine f. shop window, show case
vivacité f. alertness, promptness; vivaciousness
vivant living, alive; *de son* — during his lifetime
vivement eagerly; — *la retraite!* I can't wait for retirement!
vivre to live; make a living; *pays cruel à* — region cruel (hard) to live in; *il est difficile à* — he is hard to get along with
v'lan! bang!
vœu m. wish, vow; *faire un* — to make a wish
voguer to sail; drift
voici here is (are), this is
voie f. way, course
voilà there is (are); *et* — *que* and now, and it so happened that; — *tout* and there you are; that was the question
voile f. cloth, canvas; *une chemise de toile à* — a shirt made of sail cloth; *m.* linen; veil
voiler to veil, cover; conceal
voilure f. sails
voir to see; understand; foresee; *laisser* — show
voirie f. sewer disposal
voisin a. neighboring; *n. m.* neighbor
voisinage m. neighborhood
voiture f. carriage; auto
voix f. voice; *à* — *basse* in a low

voice, whisper; *donner de la* — to give tongue; cry out; speak loudly; *à mi*-— murmuring, muttering
vol m. flight; robbery; — *grouillant* swarm
volaille f. poultry
voler to steal, rob; fly
volet m. shutter
voleur m. thief
volontaire voluntary
volontairement voluntarily
volonté f. wish, will, will power
volontiers willingly; gladly; —*!* I'd love to!
voltiger to fly (about)
volupté f. voluptuousness; pleasure
vouloir to wish, want; — *bien* be willing to, want to; — *dire* mean; *en* — *à* bear a grudge against
voûte f. (arched) ceiling; vault
voyager to travel
voyageur m. traveler
voyons (v. voir): —*!* come now! let's see! really!
vrai a. true, real; *adv.* truly, really
vraiment really, truly; indeed
vraisemblable likely, real, convincing
vraisemblablement probably
vraisemblance f. probability
vrombissement m. buzzing
vu (v. voir): — *que* seeing that
vue f. view, sight; *à* — *d'œil* visibly; *en* — *de* considering
vulgaire vulgar, common

Y and Z

y there, here; to (in) it; by them; *allons-y* let's go
yeux m. pl. (see œil) eyes; *deux* — *ensanglantés* two bloodshot eyes; *les* — *dans le vague* eyes staring
zèle m. zeal
zic! cut! kreezh!
zigzagant a. zigzag